Das Buch

führt Ihnen exemplarisch vor Augen wie viel Lebenszeit, Freude und Selbstwertgefühl Ihnen verloren geht, wenn Sie aus Routine einer beruflichen Tätigkeit nachgehen, die Sie nie wirklich gemocht haben und von Montagmorgen bis Freitagnachmittag darauf warten, diesen „Pflichtteil" des Lebens endlich hinter sich gebracht zu haben, um die „Kür" des Lebens, das Wochenende einläuten zu können.

Erfahren Sie, dass diese Trennung von „Pflicht" und „Kür" nicht sein muss, dass es sehr wohl Möglichkeiten gibt, auch im Berufsleben, Zufriedenheit, Erfüllung, Glück und Selbstbestätigung zu erfahren, wenn Sie denn bereit sind, auf Ihr Bauchgefühl zu hören, die Weichen neu zu stellen, einen beruflichen Neubeginn zu wagen und dabei ggf. auch vermeintlich vernünftige Gesichtspunkte wie Sicherheit, Standort, gesellschaftliche Konventionen und monetäre Aspekte zurückzustellen.

Lesen Sie nach einer kurzen „wissenschaftlichen" Abhandlung zum Thema „Überlegenheit des Bauchgefühls gegenüber des Verstandes" eine spannende Sammlung von beruflichen „Bauchgefühl-Lebensgeschichten" ganz normaler Menschen, die den Mut aufgebracht haben, sich komplett neu zu orientieren oder von Kindesbeinen an eine klare - rein bauchgesteuerte - Vorstellung von ihrer beruflichen Ausrichtung hatten, diesen Weg bestritten haben und dabei absolut glücklich geworden sind.

Zudem erfahren Sie, warum der legendäre Satz „... *Kind, du musst auch an später denken, mach' was Sicheres, geh' zum Staat, den Banken oder Versicherungen* ..." die schlechteste Botschaft ist, die Sie Ihrem Kind im Zuge der eigenen beruflichen Orientierung mit auf den Weg geben können.

Abschließend bekommen Sie einen Einblick in Methoden, die es Ihnen ermöglichen sollen, sich Ihrem eigenen Bauchgefühl zu nähern und Erkenntnisse über Ihre eigenen Stärken und mögliche berufliche Ausrichtungen für sich zu erlangen.

Der Autor

Andreas Kakerbeck, Dipl.-Kaufmann, geboren 1958 in Hamburg genießt nach über 30 Jahren in der Versicherungswirtschaft den Vorruhestand, ist in zweiter Ehe mit seiner Frau Dagmar verheiratet und lebt mit ihr in einer kleinen Gemeinde in der Nähe der Lüneburger Heide. Er hat eine eigene erwachsene Tochter und zwei ebenfalls erwachsene Stiefkinder.

Neben seinem Beruf war er rd. 40 Jahre in der Kommunalpolitik tätig und im Zuge dessen auch eine Zeit Mitglied des Stadtrates seiner vorherigen Heimatstadt. Er hat der Politik inzwischen den Rücken gekehrt und nutzt die gewonnene Freizeit für Städtereisen mit seiner Frau und das ehrenamtliche Engagement als Betreuer einer ambitionierten Fußball-Oberligamannschaft.

Andreas Kakerbeck

Die beste Entscheidung meines Lebens

Warum Sie bei der Berufswahl Ihrer Intuition folgen sollten

Ein Ratgeber für Eltern, Jugendliche und Berufswechsler

www.tredition.de

© 2018 Andreas Kakerbeck

Verlag und Druck: tredition GmbH, Hamburg

Lektorat: Carina Mallwitz

Covergestaltung: Philipp Walch

Fotos: Andreas Naujoks

ISBN
Paperback: 978-3-7469-7553-5
Hardcover: 978-3-7469-7554-2
e-Book: 978-3-7469-7555-9

Den Menschen, die den Mut aufgebracht haben, sich auf ihre Intuition zu verlassen oder zumindest vorhaben, es zu tun, ganz besonders aber jenen „Helden des Bauchgefühls", die mit ihrer ganz persönlichen beruflichen Lebensgeschichte nachdrücklich zum Gelingen dieses Buches beigetragen haben

„… Was immer du tun kannst oder träumst es zu tun, fang damit an. Mut hat Genie, Kraft und Zauber in sich …“

Johann Wolfgang von Goethe (1749 – 1832)

„… Es gibt zwei Tage im Jahr, an denen man nichts tun kann. Der eine ist gestern, der andere ist morgen …“

Dalai Lama

„… Die größte Tragödie ist, am Ende des Lebens festzustellen, dass wir die ganze Zeit geangelt haben, obwohl wir gar nicht auf den Fisch aus waren …“.

Henry David Thoreau (1817 – 1862), amerikanischer Schriftsteller

Inhaltsverzeichnis

Teil I   Prolog

Teil II   Helden des Bauchgefühls

Teil III   Der Weg zum eigenen Bauchgefühl

Teil IV   Epilog

Kapitel 1 - Die Intention dieses Buches

Dieser Ratgeber richtet sich an jene drei Zielgruppen, bei denen das Thema „Berufswahl" für eine nachhaltige Verunsicherung sorgt, nämlich Eltern, Jugendliche und jene, die über einen Berufswechsel nach- denken. Er bietet besorgten Eltern, die sich nicht sicher sind, wie sie ihr Kind in Sachen Berufswahl unterstützen können, eine Hilfestellung. Im Fokus des Buches stehen aber auch Jugendliche, die vor einer der schwierigsten Entscheidungen stehen, die sie in ihrem Leben zu treffen haben, nämlich die Wahl ihres ganz persönlichen beruflichen Lebensweges. Ein besonderer Schwerpunkt ist aber den „gestandenen" Berufstätigen gewidmet, die schon länger darüber nachdenken, noch einmal ganz neu anzufangen, einen anderen Beruf auszuüben und endlich das zu tun, was sie eigentlich schon immer machen wollten.

Alle diese Menschen soll der Ratgeber darin bestärken, viel mehr auf das eigene Bauchgefühl zu hören und Ihrer Intuition zu folgen. Er soll Sie ermutigen, dabei ggf. auch vermeintlich „vernünftige" Gesichtspunkte wie Sicherheit, Standort, gesellschaftliche Konventionen und monetäre Aspekte zurückzustellen, um Ihr ganz persönliches Glück zu finden.

Dieser Ratgeber führt Ihnen exemplarisch vor Augen, wie viel Lebenszeit, Freude und Selbstwertgefühl Ihnen verloren gehen, wenn Sie aus einer gewissen Routine und Gewöhnung heraus einer beruflichen Tätigkeit nachgehen, die Sie nie wirklich gemocht haben. Führen Sie sich vor Augen, wie belastend es sein muss, von Montagmorgen bis Freitagnachmittag immer wieder darauf warten zu müssen, die „Pflicht" des Lebens hinter sich gebracht zu haben, um dann endlich die „Kür" des Lebens, das Wochenende einläuten zu können.

Diese Trennung von Pflicht und Kür muss nicht sein. Es gibt sehr wohl Möglichkeiten, auch im Berufsleben Zufriedenheit, Erfüllung, Glück und Selbstbestätigung zu empfinden. Sie müssen jedoch bereit sein, ins „kalte Wasser" zu springen und die Weichen neu zu stellen. Hören Sie auf Ihr Bauchgefühl und wagen Sie einen beruflichen Neuanfang!

Anhand einiger Beispiele wissenschaftlicher Experimente erfahren Sie etwas über die Überlegenheit des Bauchgefühls gegenüber des Verstandes. Ich kann mir allerdings gut vorstellen, dass Sie sich von derart theoretischen Abhandlungen nicht abschließend überzeugen lassen, Ihren eingeschlagenen beruflichen Lebensweg zu verlassen. Vielleicht schaffen das aber die beruflichen „Bauchgefühl-Lebensgeschichten" ganz normaler Menschen, die den Mut aufgebracht haben, sich auf Ihr Bauchgefühl zu verlassen und komplett neu zu orientieren. Neben den Erfahrungsberichten dieser Menschen finden Sie auch Geschichten von Menschen, die schon in früher Kindheit eine klare (bauchgesteuerte) Vorstellung von ihrer beruflichen Ausrichtung hatten und diesen Weg auch tatsächlich bestritten haben. Allen gemein ist, dass diese Menschen durch die Bank absolut glücklich geworden sind und den intuitiv gesteuerten Entschluss niemals bereut haben.

Die Eltern unter Ihnen werden zu der Erkenntnis gelangen, dass der legendäre Satz

> *„… Kind, du musst auch an später denken, mach' was Sicheres, geh' zum Staat, den Banken oder Versicherungen …"*

die schlechteste Botschaft ist, die Sie Ihrem Kind im Zuge der eigenen beruflichen Orientierung mit auf den Weg geben können.

Bei der Lektüre der wirklich authentischen Lebensgeschichten wünsche ich Ihnen viel Spaß, spannende Denkanstöße und vielleicht sogar den letzten „Schubser", um selbst einen solchen Schritt zu wagen und nunmehr endlich das zu tun, was Sie schon immer wollten!

Interpretieren Sie aber bitte diese Geschichten nicht dahingehend, dass Sie die Berufe der Protagonisten dieser Geschichten als „Traumberufe" auffassen sollten oder gar als Aufforderung, den jeweiligen Werdegängen Schritt für Schritt nachzugehen. Diese ganz individuellen Wege würden höchstwahrscheinlich nicht zu Ihnen und Ihrer eigenen Persönlichkeit passen. Die aufgezeichneten Wege führten zum Teil „im Kreise herum" oder auch um „viele Ecken", haben aber allesamt ihren „Helden des Bauchgefühls" Glück und Erfüllung gebracht. Es geht nicht um irgendeine Form von Berufsberatung oder um das Aufzeigen von „Karrieren", denen Sie nacheifern sollten. Sie werden vielleicht sogar den einen oder anderen beschriebenen Weg gar nicht als „Schritt nach vorn" betrachten, sondern als inkonsequent, unstetig, unvernünftig oder sogar als verrückt ansehen. Diese Sichtweise bleibt Ihnen natürlich unbenommen. Es geht in allen Fällen allein um Beispiele dafür, dass es sich lohnt, auf das eigene Bauchgefühl zu „hören", um den (neuen?) Beruf zur Berufung werden zu lassen. Ihren ganz eigenen Weg müssen Sie allein für sich finden.

Im dritten Teil des Buches bekommen Sie einen Einblick in Methoden, die es Ihnen ermöglichen sollen, sich Ihrem eigenen Bauchgefühl zu nähern und Erkenntnisse über Ihre eigenen Stärken und mögliche berufliche Ausrichtungen für sich zu erlangen.

Ich wünsche Ihnen viel Erfolg dabei!

<u>Anmerkung:</u> Ich verwende aus Vereinfachungsgründen jeweils nur die männliche Form der Ansprache. Alle Aussagen beziehen sich natürlich in gleicher Weise auch auf alle Leserinnen. Zudem ich bin auch kein Freund der scheinbar modernen sprachlichen „Verunstaltung" à la „Sachbearbeiter*Innen".

Kapitel 2 - Meine eigene Geschichte oder „... wie es zu diesem Buch kam ...“

Ja, auch ich habe diesen so einschneidenden, prägenden und nachhaltig wirkenden, nichtsdestotrotz aber törichten Leitsatz aus dem Abschnitt „Die Intention dieses Buches“ mit auf den Weg bekommen, diesen (natürlich) befolgt, folgerichtig BWL studiert und anschließend 31 Berufsjahre in der Versicherungswirtschaft verbracht.

Seit rund fünf Jahren befinde ich mich in der Lebensphase des sogenannten Vorruhestands und somit in der komfortablen Situation, zum einen einer Altersgruppe anzugehören, in der man glücklicherweise noch über den Vollbesitz seiner körperlichen und geistigen Fähigkeiten verfügt und zum anderen diese, im Rahmen der neu gewonnenen Zeit, auch tatsächlich nach Herzenslust einsetzen kann. Mir kam darüber hinaus auch der positive Umstand entgegen, dass ich diesen Schritt bereits rd. 2 ½ Jahre zuvor einvernehmlich mit meinem Arbeitgeber vereinbaren konnte und mich somit intensiv auf diese Lebensphase habe vorbereiten können.

Ich habe diesem Tag nicht mit Bedenken, Angst oder Ratlosigkeit entgegengesehen, sondern ihn eher mit gespannter Erwartung und Vorfreude auf mich zukommen lassen. Nicht zuletzt auch deshalb, weil sich das „klimatische Umfeld“ nach über 30-jähriger Berufstätigkeit bei nur einem Arbeitgeber zu seinem Nachteil verändert hatte.

Zum ersten Mal in meinem Leben hatte und habe ich nunmehr die Möglichkeit, mich auch über eine längere, zusammenhängende Zeitspanne ohne gesellschaftliche, berufliche und selbst auferlegte Zwänge und Termine „frei“ bewegen zu können. Es ist ein unglaublich befreiendes Gefühl, abseits von alten bzw. fremd- und selbst bestimmten Erwartungen und zudem ohne jeglichen Rechtfertigungsdruck, umfassend selbst über die eigene Zeit und sonstigen Ressourcen verfügen zu können, ohne vorher Outlook, Teamleiter und Mail-Account konsultieren zu müssen.

Zudem habe ich das Glück, dass mir meine Frau diese Möglichkeiten bzw. Freiheiten nicht nur einräumt, sondern mich sogar aktiv motiviert und darin bestärkt, diese segensreiche Option des Vorruhestands auch im Sinne ihres eigenen Lebensmottos „Träume nicht Dein Leben – Lebe Deinen Traum" jetzt zu nutzen. Wir haben beide im familiären Umfeld und Freundeskreis mehrfach die Erfahrung machen müssen, dass Lebensplanungen, Ziele und Visionen durch tragische Umstände von einem Moment auf den anderen zunichtegemacht worden sind, lange bevor diese auch nur ansatzweise gelebt werden konnten.

Nach der ersten, eher als „urlaubsähnlich" empfundenen bzw. euphorischen Phase des Vorruhestands, habe ich die sich daran anschließende Zeit genutzt, diese Gedanken zu Papier zu bringen. In erster Linie sicherlich für mich selbst, nicht zuletzt aber auch in der Hoffnung, dem einen oder anderen dabei zu helfen, vielleicht zeitiger den Weg zu einer - zumindest aus meiner Sicht - befriedigenderen beruflichen Lebensplanung zu finden.

Sukzessive bin ich gedanklich noch einmal alle wesentlichen Phasen meines beruflichen Lebens durchgegangen und habe diese einer kritischen Nachschau unter dem Gesichtspunkt unterzogen, inwieweit ich die jeweiligen Entscheidungen aus heutiger Sicht noch einmal so treffen würde.

Vorrangig habe ich mir dabei jeweils die Frage gestellt, inwieweit die seinerzeitigen Entscheidungen meinem heutigen Kriterium des „Lebe deine Träume" entsprechen würden. Als Fazit musste ich mir aber eingestehen, dass die seinerzeitigen Schritte - allein oder zumindest überwiegend - von gesellschaftlichen bzw. familiären „Zwängen" bzw. der eigenen Bequemlichkeit und der Erkenntnis der vermutlichen Erfolglosigkeit eines etwaigen, wie auch immer gearteten, Aufbegehrens geprägt waren.

Es ging somit um den Versuch, zu erahnen, wie mein weit überwiegend geordnetes, strukturiertes, behütetes und zielgerichtetes Leben wohl gelaufen wäre, wenn ich bereits in den früheren Lebensphasen meinen Träumen, Visionen und meinem Bauchgefühl ein stärkeres Gewicht bei der Entscheidungsfindung an den großen „Weggabelungen" des beruflichen Lebens eingeräumt hätte. Es waren aber die traditionellen Beweggründe, wie der Rat der Eltern, der Aspekt der vermeintlichen Sicherheit, die gesellschaftlichen Normen und die Lebenswege im Freundeskreis, die meinen beruflichen Werdegang geprägt haben.

Ich kann das Rad der Geschichte nicht zurückdrehen und im Nachgang eben nicht feststellen, ob der nicht beschrittene Weg auch tatsächlich der bessere gewesen wäre. Wichtig ist aber, zu erkennen, dass es durchaus Optionen in der Vergangenheit gegeben hätte, nicht um diesen nachzutrauern oder den vergeblichen Versuch zu unternehmen, zum letzten Schnittpunkt zurückzukehren, sondern um am eigenen weiteren Weg zu „arbeiten" und am nächsten Schnittpunkt (und davon gibt es im Lebenslauf viel mehr, als man gemeinhin denkt) eine neue Entscheidung auf Basis der neu gewonnenen Erkenntnisse zu treffen.

Die Abwägung von „richtig" oder „falsch" obliegt dabei allerdings keinen objektiv oder allgemeingültigen Kriterien, sondern der rein subjektiven Betrachtungsweise des Betroffenen. Beispielhaft für die parallele Existenz eben durchaus mehrerer Wahrheiten sei hier die Fragestellung angeführt, ob es denn besser ist, hochzufrieden einen eher schlecht bezahlten oder einen hoch bezahlten, gesellschaftlich geachteten Job auszuüben, dem man sich aber nicht gewachsen fühlt und der einem eher „Bauchschmerzen" denn Erfüllung bereitet. Heute fielen meine Entscheidungen anders aus, als ich sie seinerzeit getroffen habe.

Erst jetzt, in der ruhigen und nahezu „zwanglosen" Zeit, bin ich mir meiner eigentlichen Träume und Visionen bewusst geworden und habe erkennen müssen, in der Vergangenheit fast ausschließlich materiell geprägte und „vernünftige" Ziele verfolgt zu haben.

Ich habe zuvor nie ernsthaft darüber nachgedacht, dass ich auch ganz andere (eher immateriell geprägte) Ideale, Visionen, Lebensweisheiten und Ziele zu meinem Lebensinhalt hätte machen können bzw. diese aber in Ermangelung hinreichender Reife in der Vergangenheit vermutlich schmunzelnd und kopfschüttelnd zur Seite geschoben habe.

Ich bin froh, dass mir diese „Impulse" der Besinnung auf neue Werte bzw. die Findung und Verinnerlichung meiner ganz persönlichen Ziele und Visionen sowohl vonseiten meiner Frau als auch seitens meiner Heilpraktikerin gerade noch rechtzeitig und zu einem Zeitpunkt gegeben wurden, an dem es mir noch möglich war, mein Leben selbst aktiv im vorgenannten Sinne zu gestalten, wohl wissend, dass heute der Rest meines Lebens beginnt ...

Ein solches Resümee für sich selber zu ziehen, ist einfacher, als es auf den ersten Blick scheint, bei genauer Betrachtung subsumiert sich dieser „Blick in den Spiegel" nämlich auf die beiden „einfachen" Fragestellungen,

- Wenn ich könnte, wie ich wollte, würde ich ...

- Was hindert mich eigentlich daran, jetzt das zu tun, was ich schon immer tun wollte ...

derer wir uns bewusst werden und die wir uns aufrichtig und authentisch, ggf. auch mehrfach, selbst immer wieder neu beantworten müssen.

Wie und mit welchen einfachen Hilfsmitteln Sie für sich ganz allein die Antworten auf die o. a. Fragen finden können, erläutere ich Ihnen im Teil III dieses Buches (Der Weg zum eigenen Bauchgefühl).

Nun aber, weil Sie vermutlich schon darauf gewartet haben, folgt hier - kurz skizziert - mein eigener beruflicher Lebensweg:

Nach dem Abitur (auf dem Wirtschaftsgymnasium; die vernunftorientierte Prägung und Ausrichtung hatte somit schon recht früh eingesetzt ...) und der Ableistung des Wehrdienstes (im Gegensatz zur Mehrheit der anderen „Absolventen" möchte ich diese Zeit nicht missen) habe ich heimatnah ein BWL-Studium nahezu in Rekordzeit (sechs Semester plus Diplom-Arbeit) absolviert, ohne dass ich je das klischeehaft typische Studentenleben habe genießen können. Zu diesem Zeitpunkt hatte ich bereits zweimal den Konflikt „Bauchgefühl versus Vernunft" mit mir selbst ausfechten müssen.

Das erste Mal traf mich der „Entscheidungszwang" während der Ableistung des Wehrdienstes, zumal ich des Öfteren das ernst gemeinte Angebot unterbreitet bekam (es waren bereits alle Anträge fix und fertig für mich erstellt) bei der Truppe zu bleiben und die Offizierslaufbahn einzuschlagen. Ich entschied mich - wieder einmal vernunftbedingt - die Truppe zu verlassen und das Studium aufzunehmen. Auch intuitiv bin ich im Nachgang davon überzeugt, an dieser Stelle die richtige Entscheidung getroffen zu haben.

Das zweite Mal traf mich der zuvor beschriebene Entscheidungsdruck vor der Aufnahme des Studiums. Ich entschied mich, natürlich wieder rein vernunftbedingt und vom Antrieb gesteuert, endlich das „richtige Geld" verdienen zu wollen, für ein BWL-Studium, weil ich ja „schön blöd" gewesen wäre, wenn ich den Wissensvorsprung durch die Vorkenntnisse vom Wirtschaftsgymnasium nicht gewinnbringend einsetzen würde. Schon sehr früh habe ich gespürt, dass die dort vermittelten Inhalte recht weit von denen entfernt waren, die ich mir ausgemalt hatte, waren diese doch weit überwiegend mathematisch und eben nicht strategisch ausgerichtet. Eine Bestätigung für diese Einschätzung fand ich später im Vorstellungsgespräch bei meinem späteren Arbeitgeber.

Dort hieß es nämlich

„...Prima, mit dem absolvierten Studium haben sie bewiesen, dass sie über ein hinreichendes Maß an Abstraktionsvermögen und eine schnelle Auffassungsgabe verfügen, vergessen sie aber ansonsten alles Gelernte, zumal dieses mit der Realität wenig zu tun hätte...".

Frustrierend, oder?

Trotz des schon früh empfundenen „Störgefühls" im Bauche, habe ich das Studium durchgezogen (irgendwann würde ich als Entschädigung dafür dann ja bald „richtiges Geld" verdienen). Es gab aber durchaus Überlegungen meinerseits, das Studium abzubrechen und an einer anderen Fakultät neu aufzunehmen (das wäre dann höchstwahrscheinlich Jura gewesen; auch wieder so eine vernunftgesteuerte Entscheidung) oder aber die Uni zu verlassen und etwas ganz „Bodenständiges" zu machen.

Wenn ich als Jugendlicher völlig frei und allein aus dem Bauch heraus hätte entscheiden können, wäre ich - immer total fasziniert von der einmaligen Atmosphäre - am liebsten Croupier geworden, aber das war seinerzeit in einem sehr, sehr behüteten familiären Umfeld jenseits jeglicher Vorstellungskraft. Ob ich damit auf Dauer glücklich geworden wäre, weiß ich natürlich nicht, unglaublich fasziniert von dieser völlig eigenen Welt bin ich aber noch heute. Etwas mehr aus dieser „eigenen Welt" erfahren Sie später, denn zwei der folgenden „Bauchgefühl-Lebensgeschichten" stammen von Croupiers.

Das Gefühl, inhaltlich eigentlich nicht das zu tun, was ich im Inneren gewollt hätte, setzte sich im beruflichen Alltag fort. Die Tatsache, dass ich dann halt doch geblieben bin, war den Umständen einer unvergleichlichen Kollegialität (man konnte durchaus von einer nahezu familiären Atmosphäre sprechen), der überaus fairen und zuverlässigen Behandlung sowie der sehr guten Vergütung durch den Arbeitgeber geschuldet. Chancen zu einem Wechsel hätte es durchaus gegeben. Ich habe diese Optionen aber nicht zuletzt aufgrund meiner Träg- bzw. Feigheit und dem Unvermögen, meiner Intuition zu folgen, verstreichen lassen.

Ja, mir ist bewusst, dass ich letztlich davon profitiert habe, doch geblieben zu sein, zumal ich einen solch komfortabel ausgestatteten Vorruhestand vermutlich an keiner anderen Stelle angeboten bekommen und auch dieses Buch vermutlich nie hätte schreiben können. Nichtsdestotrotz, eine wirkliche seelische Erfüllung ist es nie gewesen.

Mein eigner Weg ist - mit Ausnahme des freiwilligen Übergangs in den Vorruhestand - somit kein vortreffliches Beispiel für die Kernbotschaft dieses Buches, nämlich der, der eigenen Intuition zu folgen. Er war und ist aber Auslöser dafür, diesen Appell - in Form des vorliegenden Buches - an Sie zu richten.

Es gab dann im weiteren Verlauf aber doch noch einige Entscheidungen, die ich rein bauchgesteuert getroffen habe, von denen ich hier drei etwas ausführlicher darstellen möchte.

Die eine dieser intuitiven Entscheidungen war der Entschluss, der Politik nach rd. 40 Jahren den Rücken zu kehren, alle Mandate (inkl. des Sitzes im Stadtrat meiner vorherigen Heimatstadt) niederzulegen und meine angestammte Partei zu verlassen. Inhaltlich hätte ich diese Konsequenzen schon viel früher ziehen müssen, war doch die Schnittmenge der gemeinsamen Überzeugungen immer kleiner geworden.

Ich betone, dass ich diesen Schritt zu keinem Zeitpunkt bereut habe und mich nunmehr freue, die gewonnene Freizeit (und da reden wir durchaus über rd. acht Stunden pro Woche) viel befriedigender, motivierender und sinnvoller in neue Aufgaben und Lebensinhalte „investieren" kann, womit wir bei der zweiten bauchgesteuerten Entscheidung im vorgenannten Sinne sind.

Es war die Erfüllung eines Traumes seit der Jugendzeit, nämlich einmal unbeschwert für ein paar Monate in Schottland zu leben, einer Region, die mir mit ihrer einmaligen Landschaft und ihrem besonders authentischen und überaus sozial geprägtem Menschen- schlag besonders ans Herz gewachsen ist.

Ich habe in dieser Zeit nicht etwa in einer der Hotels der großen weltumspannenden Ketten gewohnt (bei denen man aufgrund des einheitlichen Designs nicht mehr erkennen kann, wo man sich gerade befindet), sondern Erfahrungen in einer - in Edinburgh - sehr verbreiteten Form des Wohnens, nämlich der der Wohngemeinschaften, sammeln können. Ich habe zusammen mit einer pensionierten Lehrerin in ihrem Reihenhaus gelebt, mit ihr gemeinsam eingekauft, gekocht und so manchen Single Malt Whisky genossen. Ja, so lernt man ein Land wirklich kennen und lieben. Jene Zeit fiel (nicht zufällig) in die Monate der Kampagne und des Referendums zur Unabhängigkeit Schottlands vom Vereinigten Königreich. Ich habe in dieser Zeit das Vorhaben mit Herz, Leib und Seele und all meinen politischen Erfahrungen tatkräftig unterstützt, das dann aber leider knapp scheiterte. Im Falle einer politisch bereits angedachten Neuauflage des Referendums bin ich dann mit absoluter Sicherheit wieder vor Ort, in meiner zweiten Wahlheimat.

Last but not least: Die dritte intuitiv gesteuerte Entscheidung führte zu dem Umstand, dass ich seit rd. fünf Jahren Betreuer und „Mädchen für alles" bei einer überaus ambitionierten, und trotz der sehr begrenzten Mittel recht erfolgreichen Fußball-Oberligamannschaft (das ist immerhin die höchste Ebene, die man auf der reinen Amateurbasis erreichen kann) in der Nähe meines Heimatortes bin.

Auch wenn der Zeitaufwand für diese rein ehrenamtliche Tätigkeit weit über das hinausgeht, was ich mir am Anfang vorgestellt hatte (meine Frau dichtet mir mitunter schon schmunzelnd Affären an, weil die Jungs doch nur 90 Minuten spielen würden, ich aber den ganzen Tag weg sei...), gehört dieses „Amt" zu den befriedigendsten Aufgaben meines bisherigen Lebens. Es ist ein überaus beglückendes Gefühl von diesen Jungs, die allesamt meine Kinder oder sogar Enkel sein könnten, aufrichtig als Teil des Teams akzeptiert zu werden bzw. für kleine Gesten und Dinge, die eigentlich Selbstverständlichkeiten darstellen sollten, in glänzende und dankbare Augen zu schauen. Es ist eine abwechslungsreiche und spannende Tätigkeit (wer hat denn sonst die Chance, einmal leibhaftig bei einer „Kabinenpredigt" dabei zu sein).

Dieser „Job" ist aber auch umfangreich (Sie machen sich keine Vostellung von der Länge der Liste der zu verpackenden Ausrüstungsgegenstände) und verantwortungsvoll (es sind die Jungs auf dem Platz, die die Konsequenzen zu tragen haben, wenn ich etwas vergessen haben sollte; zum Glück bin ich nicht allein mit dieser Aufgabe betraut).

Lange Rede – kurzer Sinn: Die Entscheidung zur Übernahme dieser so befriedigenden Aufgabe war absolut bauchgesteuert und uneingeschränkt richtig. Ich bin froh, endlich einmal - mit allen Konsequenzen - meiner Intuition gefolgt zu sein, auch wenn diese rein vernunftgemäß vielleicht kontraproduktiv gewesen sein mag, weil ich in den Stunden - an anderer Stelle - natürlich auch auf Entgeltbasis hätte arbeiten können. Dann wären mir aber all die unzähligen Glücksmomente, die allesamt wichtiger und nachhaltiger waren als irgendwelche lieblosen Stundenzettel, mit der „Truppe" rund um Forni, Fritzi, Glenno, Gordon, Jonesi, Keule, Knobi, Luki, Metze, Mili, Möhrle, Schmalle, Schulle und all den anderen Jungs bzw. dem gesamten Stab mit Schniedel, Taka und Konsorten entgangen.

Kapitel 3 – Die Botschaft an die Eltern

„... Kind, Du musst auch an später denken! Mach etwas Sicheres! Geh' zum Staat, den Banken oder den Versicherungen! Da kann Dir nichts passieren! Wir wollen doch nur Dein Bestes und dass es Dir später mal besser geht als uns ...".

Erkennen Sie sich im Eingangszitat wieder? Dann gehören Sie vermutlich meiner Generation an (ich bin Jahrgang 1958), in der Zeit meiner Jugend bzw. in der Phase der Berufsorientierung waren diese Sätze nahezu obligatorisch. So lieb, so wohlgemeint, so authentisch diese mit umfassend aufrichtigem Blick auf das Kindeswohl gerichteten Sätze auch gemeint gewesen sind, so fatal haben sie sich später auf viele berufliche Lebensbilanzen nachteilig und nachhaltig ausgewirkt. Mir sind persönlich eine Vielzahl von Personen in meinem, aber auch deutlich jüngeren Alters bekannt, die jetzt freimütig bekennen, ihren Job zwar loyal, pflichtbewusst, besten Wissens und Gewissens Tag für Tag zu vollbringen, aber nie wirklich glücklich, innerlich befriedigt, mit Freude und Erfüllung dabei gewesen zu sein und eigentlich tief in Bauch und Herz etwas ganz, ganz anderes viel lieber hätten machen wollen. Es „schickte" sich in dieser Zeit nicht, zu opponieren, weil die Eltern doch vermeintlich besser gewusst hätten, was denn fürs Kind das richtige zu sein schien. Sehr viele Jugendliche hatten aber auch schon damals, als es noch deutlich weniger Berufsbilder und Studiengänge gab, schlichtweg keine Vorstellung davon, wohin denn die „Reise" gehen solle und waren froh, dass die wohlmeinenden Eltern ihnen diese schwere Entscheidung abnahmen. Heute dürfte die Quote der Unentschlossenen eher noch viel größer sein. Insofern fassen Sie diesen - vielleicht tendenziösen - Fingerzeig bitte keinesfalls als harsche Kritik auf.

Fragen Sie sich einmal selbst, ob Sie den Beruf, den Sie noch ausüben oder schon haben abschließen dürfen, heute noch einmal so wählen würden, wenn Sie mit einer Zeitmaschine in die Jugendzeit würden zurückfliegen können.

> *„… Das Leben ist kein Ponyhof! Wir haben alle unsere Päckchen zu tragen! Es geht hier nicht um Lust, sondern darum, die nächste Miete zu bezahlen! Wohlstand fällt nicht vom Himmel! Wir sind hier nicht im Schlaraffenland, wer Früchte essen will, muss vorher dafür arbeiten …"*

Haben Sie selbst in Ihrer Jugend diese oder vergleichbare richtungsweisende „Anschübe" bekommen und sich im Nachhinein darüber geärgert?

Diese Zitate werden Sie so oder in abgewandelter Form natürlich auch kennen, sie kommen aus der gleichen Ecke wie das obige Eingangszitat.

Verstehen Sie mich nicht falsch, natürlich kommen wir alle am wahren Kern dieser „Lebensweisheiten" nicht vorbei. Nichtsdestotrotz liegt all diesen Thesen ein kolossaler und zugleich folgenschwerer Trugschluss zugrunde, nämlich jener, dass die Trennung des Lebens in ein von Pflichten geprägtes „Arbeitsleben" einerseits und ein „wahres Leben", das wir so gestalten können, wie wir es wollen, zwangsläufig sein muss.

Können Sie ermessen, wie viel Chancen Sie auf Freude, positive Erfahrungen, Selbstbestätigung und innerer Erfüllung verschenken, indem Sie dem Arbeitsleben gar nicht die Möglichkeit einräumen, ebenfalls Quelle positiver, erfüllender und motivierender Gefühle zu sein?

> *„… Für gewöhnlich leben wir ein Leben der Routine, vieles scheint aus einer Kette von Wiederholungen zu bestehen. Aufstehen, arbeiten, ein bisschen ausspannen, schlafen und wieder aufstehen. Wir funktionieren, müssen Geld verdienen, leben für die Wochenenden, den Urlaub, die Rente. Für viele ist der Alltag eine mühselige Pflicht, die Freude und das Vergnügen sind allein der Freizeit vorbehalten. Die schönen, erfüllenden Dinge des Lebens finden nach der Arbeit statt. „Erst die Arbeit und dann das Vergnügen" lautet ein altes Sprichwort und verdeutlicht, wie sehr sich die Freude am Tun in unserem Beruf von unserem wahren Leben entfremdet hat …" („Zur eigenen Berufung finden", Susan Friedrich in „Natur und Heilen" Ausgabe 11/2014).*

„Arbeitszeit ist Lebenszeit" und weil es so banal, aber gleichzeitig auch so nachhaltig wirkt und zudem auch sehr einprägsam ist, hier noch einmal: *„Arbeitszeit ist Lebenszeit".*

Wer von Montagmorgen bis Freitagmittag auf die Uhr schaut und das Wochenende herbeisehnt, gibt unendlich viel auf, verschenkt den Großteil seines Lebens, überträgt seine innere Unzufriedenheit auf den eigenen Rücken, den Magen und Darm, belastet die Partnerschaft und wirkt im übertragenen Sinne durchaus „klimazerstörend".

„... Was ist das denn für ein Träumer ...", werden Sie jetzt vielleicht sagen, *„... der hat gut reden, es kriegt nun mal nicht jeder seinen Traumberuf ...", „... Ich hab' nun mal diesen Beruf gelernt, also muss ich ihn auch ausüben, ob es mir gefällt oder nicht ..."* oder auch *„... das fehlt mir gerade noch, noch einmal neu anzufangen, noch dazu in meinem Alter, da nimmt mich doch sowieso keiner mehr ...".*

Sorry, aber das sind alles Ausflüchte. Und nein, jene, die positiver an dieses Thema herangehen, sind keinesfalls einfach nur Träumer.

Lesen Sie im zweiten Teil dieses Buches die authentischen beruflichen Bauchgefühl-Lebensgeschichten von Menschen wie Ihnen, die all diese nur scheinbar zwangsläufigen Weisheiten auf den Kopf gestellt haben und dabei rundum glücklich geworden sind. Lesen Sie z. B. von einem Topmanager, der seinen „Top-Job", der ihn aber seelisch zunehmend belastete, von einem Tag auf den anderen aufgab und Flugbegleiter wurde (natürlich verbunden mit einem extremen Einkommensverlust), jetzt aber einräumt, noch nie in seinem Leben so glück- lich gewesen zu sein. Lesen Sie von Menschen, die voll anerkannte Handwerksberufe mit gesicherter Zukunft bei renommierten Betrie- ben innehatten und diese aufgaben (auch in älteren Jahrgängen), weil sie schlichtweg die Aussicht, diesen Job noch ein weiteres, halbes Arbeitsleben ausüben zu müssen, erschreckt hat, die dann eine ganz andere Richtung einschlugen und jetzt allenfalls bereuen, diesen Weg nicht schon viel früher beschritten zu haben.

Lesen Sie die Bauchgefühl-Geschichte einer jungen Polizeikommissarin, die ihren Eltern im Alter von fünf Jahren verkündet hat, später zur Polizei gehen zu wollen, alles selbstständig auf dieses Ziel hin ausrichtete und tatsächlich zur Polizei gegangen ist und diesen Schritt (fast) keinen Tag bereut hat, obwohl den Eltern eine andere Laufbahn deutlich lieber gewesen wäre.

Wollen Sie sich später vorwerfen lassen, ihrem Kind den Wunschweg verbaut zu haben? Lassen Sie Ihr Kind (ist ja schon längst kein Kind mehr) laufen. Keine Sorge, es wird sich nicht im Kreise drehen und ist realistischer, was die beruflichen Optionen angeht, als Sie es ihm vielleicht zutrauen. Wenn es denn Sinologie, Sozialpädagogik oder Ozeanografie sein soll, dann soll es so sein.

Alle scheinbar vernünftigen Fingerzeige à la „*... was willst du denn damit anfangen ...*", „*... da findest du doch nie einen Job ...*" oder auch „*... damit kannst Du kein Geld verdienen ...*" gehen ins Leere und spiegeln ein überholtes Weltbild wider.

Stellen Sie sich doch selbst einmal die Frage, ob Sie bei Ihrer Vision dessen, was denn für Ihr Kind vermeintlich am besten sei, nicht vielleicht doch die Aspekte Sicherheit, Aufstiegschancen, Einkommen und regionale Verfügbarkeit der Jobangebote viel zu sehr in den Vordergrund geschoben haben und die Talente, Stärken, Charakter- und Wesenszüge bzw. die Wünsche ihres Kindes, die ja ggf. in eine ganz andere Richtung zeigen könnten, hingegen unterbewertet haben.

Um es deutlicher zu sagen, das Beste für Ihr Kind ist nicht Sicherheit, Erfolg, Reichtum und gesellschaftliche Anerkennung, sondern das spätere Glücksgefühl, die eigene Berufung zum Beruf gemacht zu haben. Ideal wäre es natürlich, wenn sich dieses alles in einem Job vereinigen ließe, aber das wäre vermutlich die Quadratur des Kreises.

Ihr Kind hat auch das Recht auf vermeintliche Unvernunft und Fehlentscheidungen und hat den berechtigten Anspruch, eigene Erfahrungen sammeln zu wollen.

Etwaige negative Konsequenzen, die Sie mit einem „*... siehst du, das hätte ich Dir gleich sagen können ...*" auf den Punkt bringen würden, stellen sich Ihrem Kind keinesfalls als Fehler und vertane Zeit dar, sondern vielmehr als Horizonterweiterung („*... hätte mir sonst später vorgeworfen, es nicht probiert zu haben ...*").

Einen Job anzunehmen, für den man total überqualifiziert und infolge dessen auch deutlich unterbezahlt ist, der einem aber das Glücksgefühl vermittelt, endlich im richtigen Beruf angekommen zu sein, ist kein Scheitern (vielleicht aus Sicht der Gesellschaft, aber diesen Standpunkt sollten Sie hinten anstellen), sondern ein absoluter Glücksfall, auf den Sie gemeinsam mit ihrem Kind stolz sein sollten.

In der Bauchgefühl-Geschichte von Thilo, der zwei erfolgreich absolvierte Studiengänge nachweisen kann, gipfelt diese Philosophie in dem Satz

> „*... Andreas (der Autor), Du brauchst es meinem Arbeitgeber ja nicht zu erzählen, aber ich würde diesen Job auch machen, wenn ich nicht dafür bezahlt werden würde...*"

Schöner kann man den Umstand, glücklich im Job zu sein, doch nicht ausdrücken, oder? Ich werde Ihnen die Spannung nicht nehmen und an dieser Stelle noch nicht verraten, um welchen Job es sich dabei handelt, die Studiengänge hätte er dafür aber definitiv nicht benötigt.

In eine vergleichbare Richtung geht eine Aussage, die Sie in der Geschichte von Ina finden und, die da lautet:

> „*... Ich fahre jetzt im Ruhestand immer noch weite Umwege um die „alte Firma" herum, um nicht mit Blick auf die alte Wirkungsstätte schmerzlich daran erinnert zu werden, dass ich den Job, der einmal mein Leben war, nicht mehr ausüben kann ...*".

Positiver kann eine berufliche Lebensbilanz wohl kaum ausfallen, oder? Auch in diesem Fall werde ich hier noch nicht offenbaren, welchen Job jene Ina denn ausgeübt hat.

Erinnern Sie sich noch an die einfache Weisheit vom Beginn, die ich sogar direkt wiederholt habe, weil sie sich jeder einprägen sollte,

„... Arbeitszeit ist Lebenszeit ..."

Nicht zuletzt mit dem Blick auf diese beiden Bauchgefühl-Lebensgeschichten können Sie hoffentlich nachvollziehen, was es damit auf sich hat.

Lesen Sie die Geschichte von Annette, die ihre Eltern mit dem Abbruch der Schule auf der Zielgerade zum Abitur fast in den Wahnsinn getrieben hat, ein Jahr auf der Fachoberschule für Soziales nachholte, das Fachabitur ablegte, um Sozialpädagogik zu studieren, und nunmehr als Bewährungshelferin ihren Traumjob gefunden hat. Stolz verkündet sie heute, dass dieser Weg die beste Entscheidung ihres Lebens gewesen sei. Würde Ihnen in diesem Kontext das Wort „gescheitert" in den Sinn kommen oder vielleicht doch eher ein *„... Respekt, alles richtig gemacht ..."*?

Vielleicht schmunzeln Sie jetzt und sagen, das sei - in diesem Kontext - Ihr geringstes Problem, und vielleicht bekommen Sie sogar schon Panikattacken, weil das Abitur ansteht, das Ihr Kind voraussichtlich problemlos absolvieren wird, es aber nichtsdesto-trotz absolut keine Vorstellungen davon hat, was denn danach passieren könnte. Vielleicht kann es nicht einmal die Kardinalfrage, ob es denn eher ein Studium oder eine Ausbildung anstrebe, zielgerichtet beantworten.

Dieses „Phänomen" ist viel verbreiteter als Sie denken und kommt bei Jungs deutlich häufiger vor als bei den Mädchen. Sie sind also in der scheinbar verzweifelten Situation beileibe nicht allein.

„... Ja, zu „unserer" Zeit war das aber alles anders, da ging es schnurstracks durchs Leben ohne Lücke im Lebenslauf ..." und *„... Wir blieben ein Leben lang bei einem Arbeitgeber ..."* werden Sie jetzt vielleicht einflechten.

Diese Zeiten haben sich grundlegend geändert. Die heutige Jugend wird in ihrem Berufsleben mehrere Jobs in unterschiedlichen Branchen ausüben müssen. Die emotionale Identifikation mit dem Arbeitgeber ist bei den Jugendlichen heutzutage somit (zwangsläufig) geringer als dieses zu meiner bzw. Ihrer Zeit noch üblich war. Natürlich gibt es auch heute noch Beschäftigungsverhältnisse, die ein Leben lang halten, insbesondere bei kleinen, mittelständischen und familiengeführten Unternehmen.

Bei den großen Konzernen hat es aber - zumindest nach meinen Erfahrungen - einen „Klimawandel" gegeben. Dort sind inzwischen tendenziell eher Zeitverträge denn unbefristete Anstellungen die Regel, sodass es immer mehr zur Ausnahme wird, sich nach 25 Jahren bei ein und demselben Arbeitgeber die „silberne Ehrennadel" abzuholen. Vielleicht ist diese Kontinuität seitens der Jugendlichen auch gar nicht mehr erstrebenswert, weil sie typbedingt eher stetig nach neuen Herausforderungen und Abwechslung suchen (so wie auch Bernd in seiner beruflichen Lebensgeschichte).

Haben Sie nicht auch schon den unausgesprochenen Vorwurf gespürt, Sie seien zu teuer und dass Ihnen Ihre Kollegen, die nur halb so alt, dafür aber doppelt so schnell wären, überlegen seien und noch dazu fürs „halbe Geld" arbeiten würden? Ja, die Dankbarkeit für die Leistungen in der Vergangenheit spielt in der schnelllebigen Zeit nur noch eine nachgeordnete Rolle. Arbeitgeberwechsel im mehrjährigen Turnus werden für unsere Kinder immer mehr zur Selbstverständlichkeit. Keiner der heutigen Jugendlichen wird die magische Grenze von 45 Berufsjahren erreichen, um vorzeitig in Rente gehen zu können, zumal es naturgemäß Lücken zwischen den Jobs geben und sich der erste Berufseinstieg immer weiter nach hinten verschieben wird. Eine übertriebene Eile mit dem Berufsstart ist nicht mehr zwingend geboten, wenn denn die Warte-/Überlegungsphase mit der Ansammlung von Lebenserfahrung und Horizonterweiterung (sinnvoll) gefüllt wird.

Wenn Sich die Chance auftut, in einem fremden Land, dessen Sprache man halbwegs gut versteht (i. d. R. Englisch) ein halbes bzw. noch besser ein ganzes Schuljahr zu verbringen, so sollten Sie als Eltern alle Hebel (und Mittel) in Bewegung setzen, um Ihrem Kind diese großartige Chance einzuräumen. Vorausgesetzt natürlich, dass sich Ihr Kind diesen Schritt selbst zutraut, was umso leichter fällt, wenn sich ein Mitstreiter aus dem Freundeskreis hierfür findet.

Ich kann Ihnen aus eigener Erfahrung berichten, dass Sie nach diesem Jahr ein ganz anderes, deutlich gereifteres, umsichtiges und weltoffenes Kind mit einer weitgehend gefestigten Persönlichkeit „zurückbekommen", auf das Sie stolz sein können und das in dortigen zehn Schulmonaten -zigmal so viel Lebenserfahrungen hat sammeln können, als es hier - in einem behüteten Umfeld - hätte verinnerlichen können. Dort hat es allein (mit gewisser Unterstützung durch die Gasteltern) alle Entscheidungen selbst treffen müssen (weil es viel zu peinlich gewesen wäre, wegen jedes kleinen Problems gleich in Deutschland anzurufen). Es hat dann die unglaubliche wichtige Erkenntnis

„... Ich kann, wenn ich muss ..."

für sich selbst gewonnen und wird noch oft davon profitieren können. Ja, mit hoher Wahrscheinlichkeit werden dort auch ein paar Tränen fließen, die Sie aber auf die Entfernung - zum Glück - nicht mitkriegen und zudem auch schnell wieder getrocknet sind.

Wenn es denn vor der Aufnahme des Studiums oder dem Beginn der Ausbildung noch ein Jahr zur Selbstfindung bzw. Orientierung in Australien, Neuseeland, Kanada oder Irland sein soll, so ist auch das förderlich für die Persönlichkeitsentwicklung und durchaus geboten. Nein, sagen Sie jetzt nicht *„...ich glaub' ich spinne, das sollen die Kinder doch machen, wenn sie ihr eigenes Geld verdienen ..."*, denn z. B. die Option des „Work- and Travel"-Visums für Australien gibt es nur bis zum 30. Lebensjahr.

Zudem ist es auch finanziell nicht so aufwendig, wie Sie es sich vielleicht vorstellen, denn „Work & Travel" beinhaltet ja auch die Komponente „Work (Arbeit)". Man kann zwar auf diesem Wege keine Reichtümer anhäufen, wohl aber die laufenden Kosten bestreiten.

Es sind keine Traumjobs, um die man sich selbst kümmern muss, aber genau dieser Weg führt zu einem hohen Maß an Selbständigkeit und birgt zudem wertvolle Erfahrungen und Sichtweisen, die nirgendwo anders so konzentriert gesammelt werden können.

Nicht wenige sind nach diesem Jahr nicht zurückgekehrt, sondern haben dort ihren neuen Lebensmittelpunkt und einen Dauerarbeitsplatz gefunden. Sollte es auch in Ihrem Fall dazu kommen, sollten sie froh und glücklich mit und stolz auf Ihr Kind sein (mal abgesehen von der genialen Idee, auch mal einen Urlaub in der neuen Heimat Ihres Kindes verbringen und sich von ihm bedienen und seine neue Welt zeigen lassen zu können).

Wenn es denn doch nicht das ganz große Rad sein soll, das gedreht werden könnte, so unterstützen Sie Ihr Kind in dem absolut berechtigten Wunsch, vor der Aufnahme eines Studiums oder einer Ausbildung, sich zunächst einen Überblick in der Berufswelt in Form diverser Praktika zu verschaffen.

Die Aufrichtigkeit dieses wirklich verständlichen Wunsches könnte Ihr Kind auch dadurch unterstreichen, dass es die Bereitschaft erklärt, zum Beispiel die Hälfte der großen Ferien dafür zu „opfern" (wenn es ernst gemeint ist, wird es dieses nicht als Opfer empfinden).

Entstehen auch im Zuge der Praktika noch keine Visionen, in welche Richtung sich Ihre „Zöglinge" entwickeln könnten, sollten Sie sich gemeinsam mal mit dem „Tapeten-Experiment" im dritten Teil dieses Buches beschäftigen, mit dessen Hilfe Sie gemeinsam mit ihm die besonderen Stärken und Motive (auf neuhochdeutsch auch „Skills" genannt) Ihres Kindes herausarbeiten, um auf diesem Wege auf geeignete Berufsfelder zu schließen.

Mitunter reicht es auch, sich daran zu erinnern, welchen Berufswunsch es in der frühen Kindheit - wie auch in der Geschichte von Andrea - als erstes geäußert hat (ja, Intuition funktioniert auch im Kindesalter).

Bei den Jungs ist das oft der Beruf des Lokomotivführers, bei den Mädchen eher der der Krankenschwester. Für beide Berufe finden Sie im zweiten Teil des Buches jeweils eine eigene „Bauchgefühl-Lebensgeschichte". Ja, sie werden dabei nicht reich, die Chance, dort die eigene Berufung und Erfüllung zu finden, ist aber größer als in einer Vielzahl anderer Job und ist es nicht genau das, was „zählen" sollte?

Lange Rede – kurzer Sinn: Verzichten Sie auf die bewussten Eingangszitate dieses Kapitels und helfen Sie Ihrem Kind dabei, vorrangig sein Glück und seine Erfüllung zu finden, und freuen Sie sich, wenn es dabei darüber hinaus auch noch Erfolg hat und eben nicht umgekehrt. Ja, vielleicht ist das eine Abkehr von einer über eine lange Zeit entwickelten Vision, aber seien Sie sicher, dass Ihr Kind es Ihnen irgendwann einmal danken wird.

Es scheint sich - einer Studie folgend, die Sie bei *karrierebibel.de* im Detail nachlesen können - hier einiges zum Positiven entwickelt zu haben, denn das Ergebnis einer Erhebung sagt aus, dass es 64 % der befragten Eltern am wichtigsten ist, dass ihre Kinder im Leben glücklich sind. Nur 30 % halten beruflichen Erfolg für maßgebend. Glücklich zu sein ist ein Credo, das vor allem in westlichen Ländern gepredigt wird. Auf Rang eins liegt Frankreich vor Kanada, Großbritannien, Australien und den USA. Weniger ausgeprägt ist dieser Wunsch bei Indern, Malaysiern, Türken und Indonesiern. Bei der Frage nach dem Berufswunsch für die Kinder lagen - wie zu erwarten - der Mediziner (19 %), Ingenieur (11 %) und IT-Spezialist (8 %) ganz vorne. Und noch etwas Spannendes: Mehr als vier Fünftel (83 %) aller Eltern wünschen sich, dass ihre Kinder einen anderen Beruf ergreifen als den eigenen (erstaunlich, oder?). Abweichend hiervon wünschen sich (immer noch) 46 % der Mediziner, 31 % der Juristen und 28 % der Ingenieure, dass ihre Kinder ebenfalls diesen Beruf ergreifen (im Gegensatz zur vorherigen Aussage weniger überraschend, oder?).

Eine vergleichbare Studie mit der umgekehrten Fragestellung (wie viel Prozent der Jugendlichen mit Eltern aus diesen Berufen ebenfalls diesen Beruf ergreifen wollen) habe ich nicht gefunden, wäre aber mit Sicherheit sehr aufschlussreich. Sicherlich gibt es auch hier eine Art von „Graustufen", bei denen der Jugendliche zwar denselben Studiengang anstrebt, im Nachgang den beruflichen Alltag aber unter ganz anderen Rahmenbedingungen bestreiten möchte (z. B. als niedergelassener Hausarzt auf dem Lande statt als Chirurg in der Uniklinik zu arbeiten).

Eine großartige und überaus hilfreiche Quelle für Unterstützung Ihres Kindes in Sachen Bewerbung, Vorstellungsgespräch und z. B. Eignungstest finden Sie im Internet-Portal *„karrierebibel.de"*, das stetig ergänzt und aktualisiert wird. Verlassen Sie sich nicht auf die „ungeschriebenen Gesetze", die in unserer Generation seinerzeit noch gegolten haben. Insbesondere das Thema „Bewerbung" hat sich mittlerweile radikal verändert.

In diesem Sinne: Viel Spaß, neue Perspektiven, Ideen und Erkenntnisse beim Studium der Lebensgeschichten spannender Charaktere und vergessen Sie nicht:

„Sorgen berauben niemals das Morgen seiner Sorgen, sondern berauben das Heute seiner Freude."

Leo Buscaglia (1924 – 1998), amerikanischer Schriftsteller

Kapitel 4 – Die Botschaft an die Jugendlichen

Lasst mich drei Vorwegbemerkungen machen, bevor ich zum eigentlichen Thema des an Euch gerichteten Vorwortes komme.

1) Dieses Kapitel ist das einzige, bei dem ich in der persönlichen Ansprache das „Du" anstelle des „Sie" gewählt habe, nichtsdestotrotz könnt Ihr sicher sein, dass dieser Umstand allein dem Ziel einer besseren Erreichbarkeit und keinesfalls einem etwaig mangelnden Respekt meinerseits vor Eurer Rolle in dieser schweren Angelegenheit geschuldet ist. Wie schon im Kapitel 1 (Die Intention dieses Buches) erwähnt, verwende ich auch in diesem Kapitel aus Vereinfachungsgründen jeweils nur die männliche Form der Ansprache. Alle Aussagen beziehen sich natürlich in gleicher Weise auch auf weibliche Jugendliche. Zudem bin ich - wie gesagt - auch kein Freund der modern sprachlichen „Verunstaltung" à la „Sachbearbeiter*Innen".

2) Ich habe mit Absicht darauf verzichtet, mir für dieses Kapitel einen gezielt jugendlichen Sprachstil „abzuringen", es wäre zum einen nicht authentisch und zum anderen würdet Ihr es merken und mir meine Botschaft nicht abnehmen. Ich verspreche Euch aber, mir Mühe zu geben, in Eurem Kapitel zumindest nicht allzu „altbacken" rüberzukommen.

3) Mir ist klar, dass Ihr bei diesem Thema den schwersten „Job" aller Beteiligten habt, schließlich geht es um Eure Berufswahl, Euer Leben und Eure Zukunft. Macht Euch bewusst, dass die Berufswahl neben der Partnerwahl (die meisten Arbeitsverhältnisse halten länger als eine Durchschnittsehe) die wichtigste Entscheidung ist, die Ihr im Laufe Eures Lebens zu treffen habt, umso intensiver solltet Ihr Euch mit allen Facetten, die daran geknüpft sind, beschäftigen.

Arbeit kann und sollte nicht nur etwas sein, was man halt machen muss, weil es eben nicht anders geht und man ja die Miete und den Sprit fürs Moped bezahlen muss, sondern Euch auch ein Gefühl der Befriedigung, der Selbstbestätigung, der Wertschätzung, des Selbstwertgefühls und des Stolzes vermitteln. Idealerweise gibt sie Euch das Gefühl, die eigene Berufung zum Beruf gemacht zu haben. Ohne Euch eine Empfehlung in eine bestimmte Richtung zu geben, habe ich im persönlichen Umfeld aber die Erfahrung gemacht, dass die Zufriedenheit im vorgenannten Sinne überdurchschnittlich oft in den sozialen, pflegerischen und medizinischen Berufen, aber verstärkt auch im künstlerischen Handwerk zu beobachten ist. Hier ist der Stolz, mit dem man am Abend auf das sichtbare Ergebnis seiner Hände Arbeit blicken kann, ein wesentlicher Teil des immateriellen Lohns.

Leider ist es zunehmend der Aspekt der Vergütung, der den entscheidenden Impuls bei der Berufswahl gibt. Haltet inne und fragt Euch einmal, was Euch der vielleicht verlockende, zusätzliche Hunderter nutzt, wenn Euch die Arbeitsinhalte nicht begeistern, Ihr schon am Montagmorgen genervt auf den Freitagnachmittag wartet, mit der dann sicherlich grausigen Perspektive diesen „gehassten", aber vielleicht etwas besser bezahlten Job noch rund 40 Jahre machen zu müssen …

Spätestens jetzt sollte der Gedanke „Sch… auf den Hunderter" aufpoppen, oder? Es sind nicht selten gerade die Jobs mit den höheren Ausbildungsvergütungen, bei denen es später etwas langsamer mit der gehaltlichen Entwicklung vorangeht. Es ist übrigens außerhalb Deutschlands absolut keine Selbstverständlichkeit, in der Ausbildung überhaupt eine Vergütung zu bekommen. So müssen z. B. in Kanada in nahezu allen Branchen die Eltern für Ausbildung der Kinder bezahlen (und das nicht zu „knapp"). Meist sind das nur Lehrgänge, um die Grundfertigkeiten zu erlangen, die bei Weitem nicht mit hochqualitativen Ausbildungen hier im Betrieb und in der Berufsschule zu vergleichen sind. Genau aus diesem Grund sind deutsche Gesellen im Ausland sehr willkommene Arbeitnehmer mit der Option, dort „richtiges Geld" zu verdienen. Behaltet diesen Aspekt mal im Hinterkopf.

Der zweite überbewertete Aspekt ist der der regionalen Verfügbarkeit von Job- und Ausbildungsangeboten. Erweitert Euren Horizont, habt den Mut, auch einmal - zumindest probeweise - das häusliche Umfeld oder sogar die Region zu verlassen und vielleicht sogar ins Ausland zu gehen, und nutzt zudem absolut jede Chance, Praktika abzuleisten, um in möglichst vielen, für Euch etwaig interessanten Branchen einen ersten Einblick zu erhaschen.

Es muss ja nicht das ganz große Rad sein, dass Ihr dreht, so wie es Jannike Stör getan hat, die auf der Suche nach ihrem Traumjob 30 völlig unterschiedliche Berufe in einem Jahr getestet und ihre Erfahrungen auf

https://jannikestoehr.com/

und in einem Buch (Jannike Stöhr, Das Traumjob-Experiment – 30 Jobs in einem Jahr; Eichborn Verlag, ISBN 978-3-8479-0606-3) veröffentlicht hat.

Ja, in der Konsequenz bedeuteten diese Praktika natürlich den Verzicht auf Unabhängigkeit bzw. freie Zeitgestaltung und die Glückseligkeit von Ferien, bieten aber die Chance, die eigene Berufung für ein künftiges sehr, sehr langes Berufsleben zu finden und sind somit diesen Preis doch wert, oder?

Ihr müsst Euch in der heutigen Zeit absolut darauf einstellen, uneingeschränkt flexibel und mobil zu sein. Über Nacht werden Firmen, ja sogar ganze Konzerne verkauft, verbunden mit einem Wechsel des Unternehmenssitzes, und von Euch wird selbstverständlich erwartet, diese „Reise" mitzumachen.

Wenn Ihr denn später schon erste Erfolge gesammelt habt und die Option, z. B. eine erste Führungsposition in einer neu zu schaffenden Zweigstelle 200 km entfernt zu bekleiden, eingeräumt bekommt, dann solltet Ihr diese Herausforderung annehmen, denn, das lasst Euch gesagt sein, eine - wie auch immer geartete und ggf. auch absolut nachvollziehbare - Ablehnung von Eurer Seite führt unweigerlich dazu, dass Ihr wahrscheinlich nie wieder „gefragt" werdet.

Eine in der Zeit meiner Jugend noch gängige Einstellung, seine geliebte Heimatstadt niemals verlassen zu wollen, ist heute nicht mehr haltbar.

Erkennt Ihr später, dass Ihr einen Job angenommen habt, der nicht zu Euch passt oder dass Ihr eine Ausbildung begonnen habt, die Ihr eigentlich nicht wolltet, die Ihr aber äußerst praktisch direkt „um die Ecke" absolvieren konntet und dieser Betrieb wird später örtlich verlegt, so steht Ihr vor einem „Trümmerhaufen", den Ihr Euch ein Stück weit selbst zuzuschreiben habt. Bei der neuen Wahl Eures beruflichen Werdeganges werdet Ihr Euch dann gewiss andere Prioritäten setzen.

Der dritte Aspekt, den Ihr nicht vorrangig als Kriterium bei der Berufswahl berücksichtigen solltet, ist der Blick auf die Entscheidungen im Freundeskreis. Ja, natürlich macht die Berufsschule mehr Spaß, wenn man von Beginn an den einen oder anderen schon kennt und ja, die Bewältigung der ersten Frustphase in der Ausbildung lässt sich mit der Solidarität des Mitstreiters und Freundes leichter bewältigen, aber eine solche „Zweckgemeinschaft" hält nicht ewig. Wenn später einer dieser Freunde ein besseres Angebot bekommt, wird er diese Option wahrnehmen und sie nicht schon deshalb ausschlagen, weil er Euch dann ja vermeintlich „verraten" würde. Ihr hättet dann einen Job, den Ihr nur angetreten habt, weil der Kumpel ihn auch gewählt hat, einen Job, der Euch eigentlich überhaupt nicht begeistert, einen Job der Eurem Naturell und Wesenszügen nicht entspricht, und der Kumpel, für den Ihr das alles auf Euch genommen habt, wäre weg. Was für eine Perspektive für die nächsten rund 40 Jahre, schrecklich oder?

Auch spielt der oft zitierte gesellschaftliche Stellenwert (wer legt den eigentlich anhand welcher Kriterien fest?) eines Berufes viel zu oft einen mitentscheidenden Faktor bei der Berufswahl. Wieso gilt jemand als „gescheitert", weil er aus einer Berufung heraus Friseur geworden ist, nur weil dieser Beruf wenig geachtet ist oder warum gilt er als „die nicht hellste Kerze auf der Torte", nur weil er sich entschieden hat, z. B. Berufskraftfahrer zu werden?

Es zählt doch allein der Umstand, dass er sich glücklich dabei fühlt, die Chance genutzt hat, die eigene Berufung zum Beruf zu machen und im Idealfall den Job nicht als Arbeit, sondern als Chance der Selbstverwirklichung wahrnimmt, oder was denkt Ihr?

Wenn Ihr die spannende Geschichte von Andrea lest, werdet Ihr erfahren, dass die Wahrscheinlichkeit dafür, dass eine Rechtsanwältin, eine Ärztin oder eine Ingenieurin Euch den Tomatensaft im Flieger reicht, gar nicht so gering ist und die haben sich alle nicht darum „geschert", dass eine solche berufliche Entwicklung bei dem einen oder anderen „Irritationen" auslösen könnte.

Nein, es sind in den meisten Fällen nicht gescheiterte Existenzen, sondern überaus mutige Menschen, die sich selbst eingestanden haben, dass sie im „alten" Leben - aus welchen Gründen auch immer - absolut unzufrieden waren, den Hintern vom Sofa hochbekommen haben, eine sehr einschneidende Veränderung von sich aus selbst angestrengt und auch durchgezogen haben. Sie haben den alten, zum Teil sogar sehr gut bezahlten Job gekündigt, für einen Bruchteil der alten Bezüge einen solchen Neuanfang gewagt haben und dabei auch in der rückschauenden Betrachtung durchgängig glücklich geworden sind. Es ist ihnen letztlich egal, ob irgendjemand vermutet, dass da ja wohl etwas „nicht ganz sauberes" passiert sein müsse, weil sie es selbst besser wissen. Ihr werdet dort aber auch erfahren, dass es im neuen Job immer noch zufällige Begegnungen mit Kontakten aus der „Alten Welt" gibt und ihnen dann und wann augenzwinkernd bestätigt wird, den richtigen Schritt unternommen zu haben.

Am schwersten wiegt aber in vielen Fällen immer noch der wohlmeinende Rat der Eltern und der Familie (früher war dieser Einfluss wesentlich massiver und oft auch das widerspruchslose „letzte Wort") und das hat sich seinerzeit in etwa wie folgt angehört:

> *„... Kind, Du musst auch an später denken! Mach etwas Sicheres! Geh' zum Staat, den Banken oder den Versicherungen! Da kann Dir nichts passieren! Wir wollen doch nur Dein Bestes und dass es Dir später mal besser geht als uns...*

Lacht jetzt nicht, das war - zumindest in meiner Jugendzeit - wirklich gang und gäbe. Wenn Ihr später die Geschichte von Hannes lest, werdet Ihr staunend und wohl auch irritiert erfahren, dass es sogar Fälle gab (ohne bösen Willen, sondern aus aufrichtiger, elterlicher Fürsorge zum vermeintlichen Kindeswohl), in denen die Eltern den Jugendlichen zur Ausbildung angemeldet und dann vor vollendete Tatsachen gestellt haben. Heutzutage vermutlich unvorstellbar, aber sicherlich nicht völlig ausgeschlossen.

Vielleicht allerdings wären einige der heutigen Jugendlichen bei der Schwere dieser Entscheidung angesichts der schier unglaublich großen Zahl an beruflichen Ausbildungsmöglichkeiten und Studiengängen froh, wenn Ihnen die Entscheidung auf diesem Wege abgenommen werden würde. Täuscht Euch nicht, es würde Euch nicht glücklich machen, es stünde ewig zwischen Euch und würde höchstwahrscheinlich irgendwann zu Vorwürfen führen.

Lasst Euch abschließend sagen, dass sich all diese Gedanken in einem einzigen Satz zusammenfassen lassen und dieser Kernsatz lautet:

„... Arbeitszeit ist Lebenszeit und noch einmal: Arbeitszeit ist Lebenszeit! ...“!

Wenn Ihr einen Job oder eine Ausbildung macht, die Ihr nicht mögt und schon am Montagmorgen auf den Freitagnachmittag wartet, verschenkt Ihr einen Großteil Eurer Lebenszeit, ohne zu wissen, wie viel Ihr davon haben werdet ... Macht Eure Arbeit zur Lebenszeit und nicht zur Wartezeit auf das Leben!

„... Wähle einen Beruf, den Du liebst und Du brauchst niemals in Deinem Leben zu arbeiten (Konfuzius)...“.

Sich jeden Tag unzufrieden zur Arbeit zu bewegen, dort die Zeit mit einer Tätigkeit „rumzukriegen", die Euch keinen Spaß macht und deren Sinnhaftigkeit sich Euch nicht erschließt, wird schnell zu einer - insbesondere psychischen - Belastung.

Ein Job hingegen, der Euren eigenen Interessen und Wertvorstellungen entspricht, wird von Euch gar nicht als Arbeit, sondern vielmehr als Berufung, im günstigsten Fall sogar wie eine Befreiung wahrgenommen ...

Wenn Ihr überhaupt noch keine Vision davon hast, wohin es Euch nach der Schule treibt, so bekommt Ihr anhand unterschiedlicher Berufsorientierungstests, die Ihr gebündelt auf der Plattform von „karrierebibel.de" unter dem Link

https://karrierebibel.de/berufsorientierung/#10-Berufsorientierungstests-im-Ueberblick

Vielleicht einen ersten Fingerzeig. Möchtet Ihr in Eurer Einschätzung dessen, was eigentlich Eure verborgenen Motive sind, sicherer werden, so findet Ihr im dritten Teil dieses Buches die Beschreibung einer Vorgehensweise, die diese für Dich - wenn Du magst - mit Unterstützung einer weiteren Person, die Dich wirklich gut kennt, herausfindet. Besser ist natürlich, sich an dieser Stelle professioneller Hilfe zu bedienen. Es gibt speziell für diese Zwecke ausgebildete Coaches, die verschiedene Formen der sogenannten Potenzialanalyse (die Findung Eurer ganz persönlichen Stärken) beherrschen und Euch abschließend ein Spektrum der für Euch geeigneten Berufe aufzeigen. Angesichts der zuvor aufgezeigten Bedeutung und Nachhaltigkeit dieser Fragestellung sollte Euch diese zielführende Investition wirklich als lohnend erscheinen. Es gibt inzwischen in vielen Regionen inzwischen auch öffentliche und gemeinnützige Stellen, die auf diesem Sektor sehr gute Arbeit leisten.

Neben den o. a. Tests zur Berufsorientierung findet Ihr im Portal „karrierebibel.de" auch zahlreiche weitere Hinweise rund um die Themen Berufswahl, Bewerbung, Vorstellungsgespräch, Studium und sogar eine Jobbörse. Packt die URL zu EurenLesezeichen, wenn Ihr das Portal einmal schätzen gelernt habt, werdet Ihr es häufiger nutzen.

Fragt Euch, was Eure Berufung ist und habt den Mut, diesen Weg zu gehen, völlig losgelöst von der Frage, wie viel Ihr verdienen könntet, was der Freund macht, oder ob diese nur mittels eines Umzugs in eine andere, unbekannte Region zu realisieren wäre.

Es ist unendlich viel wichtiger, dass Ihr glücklich, als dass Ihr erfolgreich werdet. Schön, wenn es eine Konstellation gibt, in der Ihr glücklich und zugleich erfolgreich seid.

Eure Partner, Eure Familien, Euer soziales Umfeld und Eure Teamkollegen werden es Euch danken, weil sie sich alle von Eurer Ausgeglichenheit, Eurer inneren Zufriedenheit und Eurer Zuversicht, die Ihr auch unbewusst ausstrahlt, werden anstecken und inspirieren lassen.

Folgt Eurem Bauchgefühl, es ist der beste Berater, den Ihr habt und zugleich „derjenige", der Euch ganz persönlich mit allen Euren Facetten, Erfahrungen und Gefühlen am besten kennt. Und wenn Euch eben dieses Bauchgefühl, Intuition genannt, einen für andere vermeintlich unvernünftigen Weg aufzeigt, so habt den Mut, Euch über die „Ohnmachtsanfälle" in Eurem persönlichen Umfeld hinwegzusetzen und eben diesen Weg zu gehen. Vermutlich werdet Ihr dabei nicht vermögend, aber höchstwahrscheinlich glücklich darüber, Eure Berufung leben zu können und Eure Arbeit nicht als Belastung, sondern vielmehr als Bereicherung zu erleben.

Ich habe die Geschichte von Thilo auch schon im vorherigen Kapitel („Die Botschaft an die Eltern") erwähnt, wiederhole es aber an dieser Stelle gern noch einmal für Euch (nichtsdestotrotz rate ich Euch, aufgrund einer Vielzahl zusätzlicher Aspekte, auch diesen Part zu lesen). Er ging bei der Darstellung eben dieses Glücksgefühls bei seiner Arbeit so weit, dass er sagte, er würde den Job selbst dann machen, wenn er dafür nicht bezahlt werden würde. Ich werde Euch - wie auch in der Botschaft an die Eltern - an dieser Stelle aber noch nicht verraten, um welchen Job es sich dabei handelt. Lest später seine faszinierende Geschichte.

Ich wünsche Euch an dieser Stelle ganz viel Erfolg bei dieser so unendlich schweren, weil ganz besonders nachhaltigen Entscheidung. Folgt Eurem Bauchgefühl und macht das, was Bauch und Herz Euch signalisieren, selbst wenn Ihr dafür das absolvierte Abitur oder Studium nicht gebraucht hättet.

Beide „Scheine" habt Ihr trotzdem nicht umsonst gemacht. Sie sind Eure Rückversicherung, auf die Ihr jederzeit zurückgreifen könnt, wenn der selbst gewählte Weg, aus welchen Gründen auch immer, wider Erwarten scheitern sollte. Geht aber mal davon aus, dass Ihr Euren intuitiven Weg glücklich und erfolgreich beschreiten werdet.

Dafür drücke ich Euch beide Daumen!

Kapitel 5 – Die Botschaft an die Berufswechsler

Sie haben in Ihrer Kinder- und Jugendzeit auch jene „Weisheiten" mit auf den Weg bekommen, mit denen ich die Botschaft an die Eltern eingeleitet habe? Sie sind dieser „Empfehlung" widerspruchslos gefolgt und sind nunmehr schon etliche Jahre in einem Beruf, den Sie von Bauch und Herz niemals wollten? Sie sind inzwischen gesellschaftlich etabliert, trauern aber immer noch der „falschen" Berufswahlentscheidung nach? Sie glauben, dass der Zug jetzt abgefahren sei und man die letzten 20 Jahre schon noch irgendwie rumkriegen würde, das „Schmerzensgeld" sei ja schließlich ganz ansehnlich?

Dann lesen Sie diesen Appell unbedingt weiter und lassen Sie sich von den authentischen beruflichen „Bauchgefühl-Lebensgeschichten", von denen ein erheblicher Teil auf Berufswechsler entfällt, dahingehend überzeugen, dass auch abenteuerliche, schier unglaubliche Wechsel in jedem Alter möglich sind, wenn man denn den Mut aufbringt, seiner Intuition zu folgen.

Sie stehen übrigens bei Weitem nicht allein in dieser unbefriedigenden Situation. 49 Prozent der Arbeitnehmer in Deutschland sind unzufrieden mit ihrem Job. Das sind vier Prozentpunkte mehr als in 2014. Zu diesem Ergebnis kommt die repräsentative Studie „Jobzufriedenheit 2015" der Manpower Group Deutschland. Im April wurden hierfür 1.011 Deutsche ab 18 Jahren befragt. Durch die steigende Unzufriedenheit im Job wächst gleichzeitig die Bereitschaft, sich beruflich neu zu orientieren. Fast die Hälfte (45 Prozent) der Angestellten erwog seinerzeit, ihren Job in den nächsten zwölf Monaten zu wechseln. 2014 waren es nur 42 Prozent. Rund jeder vierte Arbeitnehmer sucht eine Position, die besser bezahlt wird. Darüber hinaus geben der Wunsch nach Abwechslung (14 Prozent) und mehr Anerkennung (13 Prozent) häufig den Ausschlag, sich nach einer neuen Herausforderung umzuschauen.

Machen Sie sich klar, wie viel Lebenszeit Sie verschenken, vergeuden, verlieren, wenn Sie im ungeliebten Job von Montagmorgen bis Freitagmittag auf den „Gang ins wahre Leben" am Freitagnachmittag warten, um dann erst zu „leben".

„... Arbeitszeit ist Lebenszeit und noch einmal: Arbeitszeit ist Lebenszeit! ..."!

Arbeitszeit sollte Horizonterweiterung, Bereicherung, Erfüllung und nicht Wartezeit sein. Arbeitszeit kann nicht nur, Arbeitszeit sollte und muss Lebenszeit sein, zumal Sie (glücklicherweise?) ja nicht einmal wissen, wie viel Lebenszeit Ihnen ganz persönlich noch verbleibt. Schätzen Sie doch einmal, wie viel Zeit in Ihrem Leben Sie „auf der Arbeit" verbringen. Was haben Sie gesagt? Viel zu wenig! Es sind rund 70.000 Stunden, erschreckend, wenn man bedenkt, dass Sie diese Zeit schon längst nicht mehr als befriedigend empfinden, oder?

Wissen Sie, welchen „moralischen" Preis Sie jeden Tag dafür zahlen, dass Sie ungern zur Arbeit gehen? Er ist viel höher als nur schlechte Laune, sondern erhöht sich zudem um den Verlust des Selbstwertgefühls, bringt gesundheitliche Probleme mit sich (in den meisten Fällen schlägt sich der Unmut auf Magen, Darm oder Rücken nieder) und über kurz oder lang kommt unweigerlich Beziehungsstress hinzu. Je länger Sie damit warten, diese Situation zu verändern, desto schwieriger wird es.

In einem Job, der Ihnen keine Erfüllung bietet, werden Sie schnell vergessen, welche großartigen Fähigkeiten, Erfahrungen und Talente in Ihnen stecken. Wenn Sie sich mit Ihrer Arbeit nicht (mehr) identifizieren können, werden Sie nie stolz und mit Freude darüber reden, an Selbstrespekt und Authentizität verlieren und sind irgendwann schlichtweg „unerträglich" für Ihr soziales Umfeld, auch wenn Ihnen niemand das so direkt sagen wird. Sie verlieren Kraft, weil es anstrengend ist, sich durch einen Tag zu quälen, der durch einen Job geprägt ist, der nicht der Ihre ist.

Es geht um Ihre Lebenskraft, Ihre Lebensqualität und Ihr Selbstbewusstsein, nicht um mehr und vor allem nicht um weniger.

Wenn Sie ehrlich zu sich selbst sind, dann wissen Sie längst, in welchem Job Sie eben diese positiven Gedanken wirklich würden leben können. Jenen Job, den Ihnen Ihre Intuition, Ihr ganz persönliches Bauchgefühl schon in der Kinder- und Jugendzeit als mögliche Erfüllung signalisiert hat. Ihr Bauchgefühl ist der beste Berater, den Sie haben. Niemand - Ihr Partner eingeschlossen - kennt Sie so gut mit all Ihren Facetten, Erfahrungen, Gefühlen, Ängsten und Sehnsüchten wie eben Ihr Bauchgefühl.

Was spricht dagegen, den Mut aufzubringen, mit dem aufzuhören, was Sie schon immer gemacht, aber noch nie gemocht haben? Glauben Sie mir, ich kenne all die Argumente, die da kommen (schließlich hat man sie sich ja selbst auch immer gespiegelt), um eben doch nicht diesen Weg gehen zu „müssen", aber seien Sie auch versichert, dass keiner der Argumente einer ernsthaften Prüfung standhält und unwiderruflich einen Sprung ins kalte, aber glücklich machendes Wasser verhindern könnte. Die Standard-argumente, die man gern als Selbstrechtfertigung für den fehlenden Mut, den man eigentlich so gern hätte) aufbringt, sind insbeson-dere:

a) *Ich bin dafür zu alt!*

   Lesen Sie die Geschichte von Andrea, die im „hohen" Alter diesen Schritt gewagt hat.

b) *Ein Wechsel wäre mit finanziellen Abschlägen verbunden!*

   Ja, vielleicht ist das so, aber ist es nicht viel wichtiger, glücklich als erfolgreich zu sein? Das gipfelt im unvergesslichen Kernsatz aus der Geschichte von Thilo, der bereit wäre „seinen neuen Job auch auszuüben, wenn er dafür kein Geld bekäme"

Natürlich müssen die grundlegenden Bedürfnisse gedeckt und das Dach über dem Kopf gesichert sein, aber muss es denn mehr sein, wenn es dafür Glück, Erfüllung und innere Zufriedenheit gibt?

c) *Das ist mir zu unsicher! Ich verliere meine Jahre der Betriebs-zugehörigkeit, muss wieder bei „Null" anfangen, mich der Kon-kurrenz der neuen Kollegen stellen und fliege als neuer Mitarbeiter als Erster raus, wenn es in der Firma kriselt ...!*

Ja, das ist so, aber es sind Ausflüchte. Warum sollten Sie die Konkurrenz der Bestandskollegen in der neuen Firma fürchten, Sie sind doch Leistungsträger, oder? Sie bringen doch neue Ideen und wertvolle Erfahrungen aus Ihrer alten Welt mit, die geschätzt, benötigt und respektiert werden, wovor also haben Sie Angst?

d) *Was sollen denn die Nachbarn denken, wenn ich auf einmal Barkeeper in einem 5*Hotel und eben nicht mehr Kreditsach-bearbeiter in der örtlichen Sparkasse bin ...?*

Das ist so ziemlich das „schlimmste" Argument, das man sich selbst einredet, um den gebotenen Wechsel doch noch zu umgehen. Es ist es völlig uninteressant, was die Nachbarn darüber denken. Gehen Sie ruhig davon aus, dass dieser Schritt vielleicht sogar eher auf Anerkennung und Bewunderung denn auf Skepsis stößt (Tenor: „Ich wünschte, ich würde diesen Mut auch aufbringen ...").

Aber selbst dann, wenn Sie in einer ultrakonservativen Gegend wohnen, wo Ihr Mut und Ihre Entschlussfreude eben doch mit Argwohn betrachtet werden würde (könnte übrigens ein Anstoß sein, den ganz großen Schnitt zu wagen und neben dem Job auch die Region zu wechseln), so wäre es doch völlig zweitrangig, zumal das Thema schon in Kürze wieder von der "Tages- und Tratsch-Agenda" verschwunden wäre, oder? Sie kämen endlich dazu, das zu tun, wovon Sie schon immer geträumt haben und das ist es, was zählt, oder?

e) *Mein Partner würde das nicht mittragen!*

Sind Sie sich dessen sicher? Haben Sie ihn das je ernsthaft gefragt? Kennt er überhaupt Ihre eigentlichen, verborgenen und nie ausgelebten beruflichen Sehnsüchte? Was spricht dagegen, ihn zeitnah bei einem externen Essen oder einer Flasche guten Weines daheim darauf anzusprechen? Wenn Sie Loyalität in der Partnerschaft leben, hat Ihr Partner vielleicht sogar viel mehr Verständnis als Sie glauben und unterstützt sie sogar vorbehaltlos in Ihrem Vorhaben, Ihren Traum zu leben. Probieren Sie es aus, zeitnah, nicht irgendwann, neue Erkenntnisse werden nicht hinzukommen.

f) *Woher weiß ich denn überhaupt, ob der vermeintliche Job überhaupt so erfüllend ist, wie ich es mir immer ausgemalt habe?*

Sie werden es nie erfahren, wenn Sie es nicht probieren.

Bodo Schäfer fragte einmal in einem seiner Vorträge „Wie viele Versuche braucht ein Mensch, um aufzugeben?" und es wurde so manche Zahl geraten, bis er selbst antwortete: „Keinen Einzigen! Die Menschen geben auf, bevor sie es überhaupt versucht haben." Zu viele Zweifel und Ängste stehen im Weg (zitiert in: Cornelia Cornels-Selke: Die Welt ist schön).

Sollte Ihnen der Sprung ins kalte Wasser noch zu gewagt erscheinen, könnten Sie zunächst temporär mit der „Rückversicherung" des bestehenden Jobs einen Blick hinter die Kulissen des „Traumjobs" werfen, indem Sie ggf. zunächst nur ein Praktikum absolvieren. Ja, das müsste Ihnen natürlich die Dreingabe eines Urlaubs wert sein. Aber für die Option, vielleicht die Erfüllung Ihrer beruflichen Träume zu finden, ist das doch ein akzeptabler Preis, oder?

g) *Das kann ich meinem Arbeitgeber nicht antun! Er baut doch auf mich, die Kollegen müssten es ausbaden!*

Seien Sie versichert, dass - und diese Erfahrung habe ich persönlich auch machen müssen - leider ein gehöriger Teil der Arbeitgeber Sie nicht so „liebt", wie Sie ihn, der Grad der Loyalität ist oftmals ein anderer (natürlich gibt es auch positive Ausnahmen). Wenn Sie diese zugegebenermaßen schmerzliche Erkenntnis einmal verinnerlicht haben, werden Sie anders bzw. besser mit den Problemen im beruflichen Alltag und der Unzufriedenheit umgehen können und es sich leichter machen, auch loslassen zu können.

Machen Sie sich bewusst, dass der Arbeitgeber Sie „eingekauft" hat, weil er Ihre Talente, Ihr Fachwissen und Ihr Geschick braucht und bereit ist, dafür einen gewissen Preis, nämlich Ihr Gehalt, zu zahlen. Es handelt sich um ein kalkuliertes Geschäft und in der Regel kein Akt persönlicher Verbundenheit. Tut weh, ist aber so. Es ehrt Sie, wenn Sie auch die Nachwirkungen Ihres etwaigen Handelns im Blick haben, von Ihrem Vorhaben sollte Sie dieser Aspekt aber nicht abhalten.

Ihre Kollegen würden in einer solchen Situation - völlig zu Recht - auch vorrangig die eigenen Interessen in den Vordergrund stellen.

Wir können die Kette noch fortführen, aber Sie dürften an dieser Stelle schon erkannt haben, dass nichts wirklich Unverrückbares einem Wechsel entgegensteht, wenn Sie ihn denn im Herzen wirklich wollen und bereit sind, einen etwaigen Komfort-, Bequemlichkeits- und ggf. auch Einkommensverlust als Preis dafür zu zahlen.

Machen Sie es! Jetzt! Der „Preis" für einen Wechsel wird morgen nicht kleiner, die Sehnsucht zu wechseln wird sich nicht von selbst auflösen und die Unzufriedenheit wird sich sogar eher noch steigern.

Grundvoraussetzung für den Entschluss, den Beruf zu wechseln, ist vordergründig natürlich auch eine Frage der materiellen Ausstattung dieses Schrittes. Nur von Luft und Liebe können Sie ja schließlich nicht leben. Bei der Lektüre der Lebensgeschichten im zweiten Teil des Buches werden Sie aber erfahren, welche auch sehr weitgehenden Einschnitte einige der Protagonisten zu akzeptieren bereit waren, nur um die Berufung zum Beruf zu machen, bzw. um endlich das tun zu können, was sie schon immer tun wollten.

Zuvor müssen Sie aber für sich zu der nachhaltigen und verinnerlichten Überzeugung kommen, dass der Job eben doch nicht alles im Leben ist. Erst dann werden Sie erkennen, dass es hinreichende andere Möglichkeiten gibt, aus denen man die essenzielle Selbstbestätigung ziehen kann, die für das Selbstwertgefühl und die innere Zufriedenheit unerlässlich ist.

Dabei kann z. B. ein aufrichtiges „Danke" im Rahmen eines ehrenamtlichen Engagements im vorgenannten Sinne sogar wesentlich wichtiger sein, als die in der Vergangenheit routinemäßig angefallene variable Vergütung für irgendwelche geschickt formulierten beruflichen Projekterfolge und Zielerreichungsgrade.

Ich hatte vor ein paar Jahren das Glück, einem Vortrag des Silbermedaillengewinners im Zehnkampf, Frank Busemann, beiwohnen zu dürfen. Mir ist eine Passage, die besonders gut zu unserem Thema passt, nachhaltig in Erinnerung geblieben:

> Die besten Entscheidungen habe ich dann aber doch aus dem Instinkt heraus entschieden und habe danach einen richtigen „Rauschzustand" erlebt, weil sich plötzlich alles fügte. Als ich Ende 2009 aus dem Bauch heraus entschied, dass ich ohne neuen Job, ohne Sicherheit einfach in meine Traumstadt Hamburg umzuziehen, fügte sich plötzlich alles. Ich fand direkt eine Wohnung. Plötzlich meldet sich ein Kontakt und bot mir ein Projekt als Vertriebsleiter und schnell passte alles zusammen. Vor dieser Bauchentscheidung habe ich versucht, per Kopfentscheidung nach Hamburg zu kommen, habe mich beworben, habe erfolglos nach einer Wohnung gesucht, habe alles durchdacht und nichts funktionierte.

Natürlich sind alle Menschen abhängig von einem sicheren Einkommen, aber mit ein wenig mehr Leichtigkeit, einer gehörigen Portion Mut und Vertrauen in die eigenen Träume und Fähigkeiten lässt sich so manche eingefahrene Berufs- und Lebenssituation (auch in fortgeschrittenem Alter) noch ändern (Zur eigenen Berufung finden von Susan Friedrich in „Natur und Heilen" Ausgabe 11/2014).

Ich wünsche Ihnen viel Erfolg, Glück und nachhaltige Zufriedenheit für all Ihre Entscheidungen, appelliere aber an Sie, sich ernsthaft die folgenden Geschichten von Menschen zu Gemüte zu führen, die alle eben diese „mutigen" Schritte bereits vollzogen haben und dabei ausnahmslos glücklich geworden sind.

Vielleicht motiviert es Sie zusätzlich, wenn Sie später die „Bauchgefühl-Lebensgeschichte" der Krankenschwester Dorina lesen, in der sie aus ihrem Erfahrungsschatz zu berichten wusste, dass keiner der von ihr betreuten Patienten am Ende bereut hatte, Risiken (wie einen Berufs- oder Arbeitgeberwechsel) eingegangen und der Intuition gefolgt zu sein, weil die Zufriedenheit darüber, es tatsächlich getan oder zumindest ernsthaft versucht zu haben, sie nachhaltig positiv geprägt hätte, hingegen aber sehr viele den Umstand, diesen Mut eben nicht aufgebracht zu haben, zum Schluss zutiefst bedauert hätten.

Kapitel 6 – Bauchgefühl schlägt Verstand

Natürlich wäre es wünschenswert, über möglichst viele Informationen zu verfügen, um gute, sachlich fundierte und nachvollziehbare Entscheidungen zu treffen. Aber zum einen gibt es nur selten den glücklichen Umstand, über vollständige Informationen zu verfügen und zum anderen meist auch schlichtweg nicht genug Zeit, um eine Entscheidung zu treffen, die alle Faktoren berücksichtigt. Wir sind also somit damit darauf angewiesen, letztlich auch intuitiv - mit einem gewissen Restrisiko - entscheiden zu müssen. Es ist aber nicht so, wie viele meinen, dass Bauchgefühlentscheidungen allein auf Emotionen zurückzuführen seien, sondern diese - nachweislich - auf einen schier unglaublichen Fundus an Informationen und Erfahrungen im Unterbewusstsein fußen, die wir aber rational so nicht abrufen können.

Längst ist bewiesen, dass unser Bewusstsein (Verstand bzw. Ratio) die auf uns einströmenden visuellen und akustischen Reize bzw. Informationen des Alltags nur zu einem verschwindend kleinen Bruchteil auch tatsächlich auf- bzw. wahrnehmen kann. Angeblich sind es rd. elf Millionen Sinneseindrücke, die pro Minute auf uns einwirken und nur rund 40 davon - so sagt die Wissenschaft - kann unser Bewusstsein gleichzeitig „geordnet" aufnehmen. Der riesige Rest an - nicht bewusst wahrgenommenen - Eindrücken ist aber trotzdem nicht verloren, sondern wird unterschwellig mitgeführt und als wertvoller „Erfahrungsschatz" im Unterbewussten gehortet, um dann irgendwann eine intuitive Entscheidung auf breiter „Erfahrungsbasis" zu beeinflussen. Es ist dem Bauchentscheider nicht einmal bewusst, dass er über diese Informationen verfügt.

Diese Erkenntnis sollte aber keinesfalls dahingehend missverstanden werden, alle künftigen Entscheidungen allein und ausschließlich nur noch intuitiv zu treffen, denn natürlich ist auch unser Bauchgefühl nicht frei von Fehlern, aber eben meist treffsicherer als unser Verstand, in jedem Fall ist aber unsere Intuition um ein Vielfaches schneller.

Der Psychologe, Biologe und Journalist Bas Kast kommt in seinem Standardwerk „Wie der Bauch dem Kopf beim Denken hilft" zu folgendem Schluss:

> Das Unterbewusste ist wie ein Schwamm. Es saugt alle Informationen der Umgebung in sich auf, ob wir wollen oder nicht. Aber das Unbewusste ist mehr als ein Schwamm. Es ist intelligent: Es filtert die relevanten Informationen für uns heraus und kann denken. Das Unbewusste ist ein Autopilot: Es steuert unser Verhalten, und zwar, ohne uns zu fragen, und ohne Rücksicht darauf, ob es uns überhaupt gefällt, dass und wohin es uns steuert. Das Unterbewusstsein ist nicht sehr präzise und kann doch Eins und Eins zusammenzählen. Das Unterbewusste komprimiert Informationen zu Intuitionen.

Hierzu gab und gibt es eine Vielzahl von wissenschaftlichen Experimenten, die die Überlegenheit des Bauchgefühls gegenüber des Verstandes fundiert belegt haben. Einen kleinen Abriss möchte ich Ihnen nachfolgend darbieten:

Das wohl bekannteste Experiment stammt von dem sehr bekannten Psychologen Prof. Dr. Gerd Gigerenzer und ist (deutlich umfangreicher) in seinem wichtigsten Werk „Bauchentscheidungen" zitiert. Es handelt von einem Mann, der zwei Frauen - aus völlig unterschiedlichen Motiven - liebte und nicht wusste, für welche er sich entscheiden sollte. „Dummerweise" wussten die Frauen voneinander und setzen ihm die Pistole auf die Brust: „… Sie oder ich! …"

In seiner Not griff sich der Mann ein Blatt Papier und verzeichnete nach der Lehre des Druckers, Pfarrers, Erfinders (Blitzableiter), Politikers, Naturforschers und Philosophen Benjamin Franklin (1706 – 1790), der später einer der Verfasser der amerikanischen Unabhängigkeitserklärung (04.07.1776) wurde, die Vor- und Nachteile der beiden Alternativen (Frauen).

Zuletzt gab er beiden für jedes - ihm wichtige - Kriterium Punkte, gewichtete diese und ermittelte dann mathematisch die vermeintlich fundierte Entscheidung für eine der beiden Frauen.

In dem Moment, als er den Schlussstrich unter dieser Berechnung zog und das klare Ergebnis (90:10) sah, wusste er intuitiv, dass das Ergebnis falsch war.

Er schob die wissenschaftlichen Erkenntnisse zur Seite und lebte glücklich mit der objektiv (sehr deutlich) „unterlegenen" Frau.

Er hätte in seiner Verzweiflung, sich nicht entscheiden zu können, auch eine Münze werfen können. In der winzigen Zeitspanne, in der sich die Münze in der Luft befindet, hätte ihm sein Bauchgefühl signalisiert „... bitte lass' jetzt Kopf oder eben Zahl ..." kommen und er hätte den Fall der Münze nicht mehr abwarten müssen, weil die Entscheidung mit dem empfangenen Impuls bereits intuitiv getroffen wurde.

Merke: Mehr Analyse führt nicht unbedingt zu einem besseren Ergebnis. Das bestätigen zahlreiche Experimente mit Pferdewetten und im Wertpapierhandel. Jene, die spontan - aus dem Bauch heraus - wetteten bzw. Aktien auf Gefühl erwarben, waren in einer signifikanten Zahl von Fällen deutlich erfolgreicher als die Strategen mit geballtem Fachwissen. Auf der einen Seite predigen wir unseren Kindern, sie mögen doch bitte mal ihren „Grips" anstrengen und auf der anderen Seite sollen wir ihnen nahebringen, sich auf ihren Bauch und eben nicht auf ihren Verstand zu verlassen. Passt das zusammen? Ja, durchaus! Die bewusste Ratio - so Bas Kast - ist begrenzter als wir glauben, aber die Intuition ist auch nicht frei von Fehlern. Es ist also ratsam, die Stärken und Schwächen beider „Welten", die des Verstandes und die der Intuition (in der Wissenschaft auch das „Erfahrungs-Ich" genannt) zu kennen und für sich zu nutzen.

Ein weiteres Experiment stammt von dem Amsterdamer Psychologen Ap Dijksterhuis. Er erweiterte 2004 das sogenannte Poster-Experiment, das seine US-Kollegen Timothy Wilson und Jonathan Schooler 1991 erstmals durchgeführt hatten, bei dem drei Studentengruppen Kunstdrucke bewerten mussten.

Die Rahmenbedingungen waren wie folgt definiert:

- Die erste Gruppe musste vor ihrer Entscheidung das für und wider jedes Motivs akribisch auflisten

- Die zweite Gruppe musste sich spontan entscheiden

- Die dritte Gruppe sah die Poster nur kurz, wurde dann abgelenkt und musste sofort danach ihr Lieblingsmotiv auswählen

Alle drei Gruppen durften ihr Lieblingsposter behalten. Wochen später aber riefen die Forscher bei den Studenten an – Ergebnis:

Wer sein Traumbild „verstandesgemäß" ausgewählt hatte (erste Gruppe), war nunmehr in der Rückschau damit mehrheitlich unzufrieden; die „Spontanentscheider" (zweite Gruppe) waren mehrheitlich noch glücklich mit ihrer Wahl - am glücklichsten aber waren die „Abgelenkten" (dritte Gruppe). Bei ihnen übernahm das Unterbewusstsein die Bewertung und weil dessen „Rechenleistung" offenbar größer ist, trafen sie die vermeintlich beste Wahl.

Wer an dieser Stelle tiefer in die Materie einsteigen will, dem empfehle ich die Bücher „Wie der Bauch dem Kopf beim Denken hilft - Die Kraft der Intuition" von Bas Kast (Fischer Verlag ISBN 978-3-596-17451-5) und „Bauchentscheidungen – Die Intelligenz des Unbewussten und die Macht der Intuition" von Gerd Gigerenzer (C. Bertelsmann Verlag ISBN: 978-3-442-15503-3).

Ich kann gut verstehen, wenn Sie jetzt anmerken, dass Sie sich von wissenschaftlichen Experimenten nun mal nicht abschließend überzeugen lassen würden. Vielleicht schaffen das aber die nachfolgenden „Bauchgefühl-Lebensgeschichten" von authentischen Menschen wie Sie und ich, die vor den gleichen Fragestellungen gestanden und lebensprägende Entscheidung getroffen haben, die sie bis heute nicht bereuen und die ihnen Glück gebracht haben, indem sie sich schlichtweg auf ihr Bauchgefühl verlassen haben bzw. ihrer Intuition gefolgt sind.

Teil II

Die Helden des Bauchgefühls

Kapitel 7 – Vorbemerkungen

Alle Geschichten sind absolut authentisch, ich verbürge mich für deren Wahrhaftigkeit und die tatsächliche Existenz aller Protagonisten. Mit allen Beteiligten habe ich sehr ausführliche, absolut offene und nachhaltig beeindruckende (in einigen Fällen sogar mehrere) Gespräche geführt. Im Interesse der betroffenen Personen sind jedoch nur die Vornamen genannt, der Name der Arbeitgeber wird ebenso wenig erwähnt wie die jeweilige Heimatstadt. In zwei Fällen sind auch die Vornamen geändert, um den Rückschluss auf eine bestimmte Person auszuschließen. Somit wäre es ein unglaublicher Zufall, wenn Sie eine der handelnden Personen erkennen würden, was aber auch nachrangig wäre, da diese Geschichten Sie ja eigentlich nur motivieren sollen, sich auf die eigene Intuition, Ihr ureigenes Bauchgefühl zu verlassen und dabei ggf. auch unvernünftige bzw. unkonventionelle Wege zu beschreiten.

Der Großteil der „Arbeitszeit" im Zuge der Erstellung dieses Buches entfiel (natürlich) auf die Suche nach eben jenen Protagonisten, deren Lebensgeschichten Sie nachfolgend lesen. So ist es auch erklärlich, warum es rund drei Jahre gedauert hat und mehrere Tausend Kilometer nötig waren, bis dieses Werk letztlich vollendet werden konnte.

Wie bzw. auf welchem Wege ich an diese hochinteressanten Menschen gekommen bin, bleibt mein Geheimnis. Ich kann Ihnen nur so viel verraten, dass der „offizielle Weg" über die Konsultation etwaig interessanter Arbeitgeber nach dem Motto „... haben Sie mal einen Mitarbeiter mit einem exotischen Profil für mich ...?" natürlich nicht von Erfolg gekrönt war.

Sie werden feststellen, dass eine Berufsgruppe in dieser Sammlung stark überrepräsentiert ist, was darauf zurückzuführen ist, dass es sich dabei um jene Berufsgruppe handelt, bei der die Quote der Seiteneinsteiger, die mit einem ganz anderen beruflichen Hintergrund hier einen Neuanfang gewagt haben, ganz besonders groß ist.

Wie bereits in Kapitel 1 (Die Intention dieses Buches) erwähnt, sollen die folgenden Lebensgeschichten auch keine Berufsberatung darstellen und schon gar nicht das breite Spektrum möglicher Werdegänge abbilden, sondern lediglich aufzeigen, dass es ganz „normalen" Menschen gelungen ist, das persönliche Glück zu finden, indem sie ihrem Bauchgefühl gefolgt sind und ihren neuen Beruf zur Berufung machen konnten.

Schmunzelnd muss ich aber auch eingestehen, dass ich in zwei Fällen der folgenden Geschichten selbst eine gewisse Affinität für den bewussten Beruf habe und auch gezielt in diesem Bereich nach möglichen Protagonisten gesucht habe.

Kapitel 8 - Andrea

„… Es war die beste Entscheidung meines Lebens neben der, meinen Mann zu nehmen …!"

Andrea wurde als jüngste von vier Töchtern eines Maurers und einer Hausfrau in einer Kleinstadt in einer regenreichen, ländlich geprägten Mittelgebirgsregion geboren und wuchs behütet in einer als absolut bodenständig zu bezeichnenden Familie auf. Ihr Elternhaus wird noch heute von ihren Eltern bewohnt, zu denen sie unverändert einen guten Kontakt unterhält.

Sie erlangte völlig problemlos die Mittlere Reife. Als Kind hatte sie davon geträumt, Flugbegleiterin zu werden und die Welt zu bereisen. Dieser Schritt war aber ihr dann aber doch zu groß und ungewiss, denn er wäre mit einem Umzug in eine der deutschen Metropolen mit einem internationalen Flughafen verbunden gewesen. Das Bauchgrummeln überwog, die vertraute und familiäre Umgebung war ihr wichtiger und die Scheu, nur noch von fremden Menschen umgeben zu sein, zu groß. So entschied sie, den „soliden" Weg zu gehen und eine Ausbildung zur Bürokauffrau unweit des Elternhauses in einem mittelständischen Großhandelsunternehmen der metallverarbeitenden Industrie zu absolvieren.

Nach der abgeschlossenen Ausbildung wechselte sie in ein Armaturenwerk, um dort die erworbenen Kenntnisse zu erweitern. Ihr Bauchgefühl ließ sie aber wissen, dass sie den Ort und den Platz ihrer Bestimmung noch nicht gefunden hatte. So wechselte Andrea nach einem weiteren Jahr nochmals den Arbeitgeber, fand ihren Weg in ein sehr renommiertes Familienunternehmen und blieb auch bei diesem Schritt sowohl der Region als auch der Branche treu. Dieser Wechsel stellte sich als absoluter Glücksfall heraus und unterstrich somit wieder einmal die These, dass das Bauchgefühl der beste Berater ist, den wir konsultieren können und sollten.

Sehr schnell erkannte ihr (neuer) Arbeitgeber, welches „Juwel" er in Sachen Führungsqualität, Durchsetzungsvermögen, Akribie und Zielorientierung mit ihr in den eigenen Reihen hatte. Um ja nicht Gefahr zu laufen, Andrea als Mitarbeiterin zu verlieren, finanzierte er ihr ein berufsbegleitendes Studium in einer deutschen Millionenstadt.

Angesichts des begrenzten Zeitraumes des damit einhergehenden temporären Standortwechsels war sie zu diesem Schritt bereit und nutzte erfolgreich diese großzügige Option. Zudem offerierte er ihr im Erfolgsfalle die vakante Stelle einer stellvertretenden Abteilungsleiterin in der Arbeitsvorbereitung. Es war eine „win-win"-Situation für alle Beteiligten, insbesondere Andrea war mit den Rahmenbedingungen und Perspektiven, die sich ihr boten, rundum zufrieden, hatte ihren Bauch- und Herzenswunsch, den Job als Flugbegleiterin, längst verdrängt und konnte sich sehr wohl vorstellen, diesem Arbeitgeber mit seiner familiär geprägten Atmosphäre in der ihr sehr vertrauten Region auf Dauer treu zu bleiben.

Dann trat ein Umstand ein, der ihr gesamtes weiteres Leben einschneidend verändern und Entwicklungen mit sich bringen sollte, die sie sich auch im Nachhinein niemals so hätte vorstellen können. Im Zuge der Arbeit lernte sie mit Harald den Mann ihres Lebens kennen und lieben. Er war seinerzeit mit einer führenden und besonders reiseintensiven Position im Vertrieb desselben Unternehmens betraut. Sein Einsatzort lag aber rd. zwei Stunden von ihrer „beschaulichen" Heimat entfernt und somit zu weit weg, um eine Beibehaltung beider bestehenden Beschäftigungsverhältnisse bei gleichzeitiger Wahl eines gemeinsamen Lebensmittelpunktes in Erwägung ziehen zu können.

Wie ein solcher Konflikt üblicherweise in der Mehrzahl der Fälle gelöst wird, erging es auch Andrea. Letztlich gab sie ihre Stelle, an der sie so hing, sowohl was die Arbeit als solche, insbesondere aber auch, was das kollegiale Umfeld und das Arbeitsklima anging, auf und ging mit ihrem Mann in eine - für sie - neue Region, in der bereits eine neue berufliche Herausforderung auf sie wartete.

Sie wechselte in den Öffentlichen Dienst mit der Perspektive, hier stabile, geordnete und klar geregelte „Umlaufbahnen" (letztlich auch zur Beruhigung der um sie besorgten Eltern) vorzufinden, die man eigentlich nur mit dem Diebstahl der sprichwörtlichen „goldenen Löffel" wieder würde verlassen müssen.

Was sie aber dort - weit ab jeglicher Vorstellungskraft - hat erleben müssen, verursacht ihr noch heute eine spürbare Gänsehaut und löst tief reichende Emotionen in einer Weise aus, die sie - zum Glück - nie zuvor und auch danach nie wieder hat erfahren müssen.

All ihre positiven Tugenden, die ihr vorher Lob, Anerkennung und Perspektiven, innere Zufriedenheit, Selbstbewusstsein, positiver Ausstrahlung, und Durchsetzungsvermögen beschert hatten, sollten sich hier zu einem massiven Problem entwickeln.

Ihr immanenter Antrieb, Prozesse und Regelungen auch einmal zu hinterfragen und die tief empfundene Selbstverpflichtung, stets ihren Beitrag und ihre Ideen zur permanenten Optimierung zum Wohle des Unternehmens einzubringen, waren hier absolut unerwünscht. Sie stellte mit ihrer Art - aus Sicht des neuen Umfeldes - eine massive Bedrohung der mühsam aufgebauten Strukturen (weit entfernt von jeglichem Leistungsprinzip) dar, der man in jedem Fall Einhalt gebieten müsse. Da kam (mit Andrea) jemand ins Haus, noch dazu eine Frau, die mit ihrem Elan den Leistungsdurchschnitt deutlich nach oben hin zu verschieben „drohte" und es sich erlaubte, eingefahrene Prozesse zu über-denken. Womöglich wolle sie sogar noch Positionen mit etwaiger Leitungsfunktion anstreben und mit ihrem fundierten Wissen die bestehende „Hackordnung" nachhaltig gefährden, so dachte man wohl unter den Alteingesessenen.

Andrea musste lernen bzw. sehr schmerzlich erfahren, dass sich Leistung leider doch nicht immer auszahlt, sondern wie in ihrem Fall, sogar subtil sanktioniert werden kann. Ihr sehr stark von Gerechtigkeit geprägtes Selbstverständnis wurde nachhaltig erschüttert. Es stellten sich im Nachgang auch gesundheitliche, sprich psychosomatische Folgen ein, die Andrea sich zunächst aber noch nicht eingestehen wollte. Die Verärgerung bzw. sogar tiefgreifende Erschütterung über die betriebsklimatische „Kaltfront" weitete sich zunehmend aus und sollte nicht ohne einschneidende gesundheitliche Folgen bleiben.

Es war nicht Andrea allein, die die Situation als zunehmend belastend empfand. Vielmehr litten eine Vielzahl von Mitarbeiterinnen und Mitarbeitern unter den Umständen und insbesondere den antiquierten, ja sogar unmenschlichen bzw. menschenverachtenden und ehrverletzenden Führungsprinzipien aus den 60ern, die eher an militärische Erziehungslager denn an ein, zumindest nach außen hin, modernes „Unternehmen" erinnerten. So gab es denn schon einmal Strafaktionen wie Liegestützen vor dem Team als Sanktion für angeblich übermäßigen Materialverbrauch in Form eines im Arbeitseinsatz abgebrochenen Bohrers oder einer geringfügigen Menge verschütteter Farbe.

Im Gegensatz zu Andrea, einer Frau mit einem unglaublichen Maß an authentischem Selbstbewusstsein, fügten sich diese Kolleginnen und Kollegen aber ihrem - aus ihrer Sicht - unabwendbarem Schicksal. Sie ließen Andrea gegenüber zwar durchblicken, dass sie sie für ihren „Kampfgeist" zwar bewundern würden, räumten aber auch ein, sich selbst ein solches Auftreten nicht zuzutrauen, ohne die kleinen - auch für die sonst so resolute Andrea - sehr schmerzhaften „Spitzen" zu unterlassen.

All das nagte sehr an Andrea, die Krankheitstage mit psychischer Erschöpfung (heutzutage wohl als „Burnout" zu bezeichnen) häuften sich in einem - für ihre Verhältnisse - bisher nie gekannten Ausmaß, durchaus mit der Gefahr bleibender, nachhaltiger Beeinträchtigungen des körperlichen und seelischen Wohlbefindens.

Sie hatte das Glück des Tüchtigen (das ist an dieser Stelle bezüglich des „Tüchtigen" nicht nur sprichwörtlich, sondern absolut wahrhaftig gemeint) und fand einen modernen, versierten, aufgeschlossenen und sensitiven Arzt, der sie in mehreren Schritten für ein halbes Jahr „aus dem Verkehr" zog und ihr somit zur Möglichkeit einer eingehenden Selbstreflexion verhalf.

Diese war einerseits von der Verzweiflung über den Umstand, dass hier das Gerechtigkeitsgefühl ad absurdum geführt wird, und andererseits von der massiven Enttäuschung geprägt, dass keiner der anderen Kolleginnen und Kollegen neben ihr den Mut aufbrachte, sich gegen diese Gegebenheiten zu wehren.

Ihr Bauch rebellierte, für sie stand nunmehr unverrückbar fest, dass sie sich aus dieser Zwickmühle niemals selber würde befreien und auch die Umstände, unter denen sie so litt, definitiv nicht würde ändern können.

In dieser besonders schwierigen und äußerst belastenden Phase hatte sie ihren überaus verständnisvollen Mann an ihrer Seite, der ihr nicht nur moralisch den Rücken stärkte. Er war es letztlich, der sie, zum Entsetzen ihrer Eltern, dazu „drängte" (hier im positiven Sinne gemeint), die doch so „sichere" Stelle im Interesse ihrer Gesundheit und ihres Seelenfriedens aufzugeben und sich neu zu orientieren.

Sie kündigte die Stelle (vermutlich zur Freude der dortigen Führungsebene, die nun nicht mehr Gefahr lief, an ihr gemessen zu werden), obwohl sie zu diesem Zeitpunkt keine Zusage für eine andere Beschäftigung hatte und stellte umgehend eine fast wundersame, positive Veränderung ihres körperlichen und seelischen Befindens an sich fest. Diese Wandlung zum Guten wirkte sich auch überaus positiv auf die Beziehung zu ihrem Partner aus, die natürlich auch unter der belastenden Situation der letzten Monate gelitten hatte. Auch an dieser Stelle war Andrea froh, endlich Ihrem Bauchgefühl gefolgt zu sein.

Sie nutze die zuvor zitierte „Auszeit" zur seelischen Rehabilitation und um die „Bauprojektleitung" des entstehenden neuen Eigenheims federführend in die Hand zu nehmen. Schon sehr schnell mussten die Architekten, Ingenieure und Auftragnehmer in den Gewerke-Besprechungen feststellen, dass dort eben nicht nur eine sympathische Bauherrin, sondern vielmehr eine sehr versierte „Powerfrau" in ihrer Runde saß, die unmissverständlich zu verstehen gab, wer letztlich die finale Entscheidung trifft, wie sie sich die konkrete Lösung im Einzelfall vorstellte und zudem in Teilbereichen auch fachlich auf Augenhöhe mitdiskutieren konnte. Natürlich wurde der Bau unter ihrer Regie termin- und budgetgerecht fertiggestellt.

Ja, sie hatte mit der Kündigung („aufzugeben" war eigentlich nie ihr Weg, Probleme zu lösen) zwar ihre innere Stabilität wiedergefunden, aber auch einen Konflikt mit ihrem Elternhaus losgetreten. Das Verständnis der Eltern („... *Kind, eine solche sichere Stelle gibt man doch nicht auf ...*"; „... *Du musst doch auch an später denken ...*"; „... *Wir müssen alle unsere Päckchen tragen ...*") hielt sich in Grenzen, nicht zuletzt auch deshalb, weil sie ihnen nie alle „Unglaublichkeiten" dieses doch so sicheren Jobs erzählt hatte.

Zur Ehrenrettung ihrer Eltern muss an dieser Stelle angemerkt werden, dass sie, immerhin achtzigjährig, inzwischen eingeräumt haben, dass die Tochter richtig gehandelt hätte, weil „Glück, Zufriedenheit und Wohlbefinden" denn eben doch wichtiger seien als eine scheinbar materielle, aber gesundheitsgefährdende und von Kummer geprägte Sicherheit. Nunmehr sind sie sogar stolz auf die Entschlussfreudigkeit und den Mut ihrer Tochter, die sich „die Butter nicht hat vom Brot nehmen lassen".

Dem Rat ihres Mannes folgend entsann sich Andrea im Zuge der zuvor zitieren Selbstreflexion und Neuorientierung ihres Kindheitstraums, den Beruf einer Flugbegleiterin zu erlernen und auszuüben, verwarf den Gedanken aufgrund des - aus ihrer Sicht- zu „hohen" Alters (sie war zu diesem Zeitpunkt bereits Mitte 40) aber zunächst wieder.

Schließlich „schubsten" ihr Mann und ihr eigenes Bauchgefühl sie, es doch trotzdem zu versuchen („... *Du hast doch dabei nichts zu verlieren ...*").

Das Ganze bekam eine Eigendynamik und ging dann viel schneller als gedacht. Sie wurde aufgrund ihres Werdegangs und des überaus positiven Leumunds dem Kreis der „ernstzunehmenden" Bewerber zugeordnet und somit einem Telefoninterview, bei dem es in erster Linie um die Abfrage der Fremdsprachen-Kenntnisse und der bisherigen beruflichen Erfahrungen ging, unterzogen.

Sie machte bei diesem Telefon-Interview eine so gute Figur (Andrea war sich da selbst keineswegs so sicher), dass sie für die nächste Stufe, einem persönlichen Vorstellungsgespräch und einer Testphase ausgewählt wurde.

Dort ging es um Kriterien wie Allgemeinwissen, sprachliches Ausdrucksvermögen, Lebenserfahrung und situationsgerechtes Auftreten. Auch dort hinterließ sie einen selbstsicheren und souveränen Eindruck, sodass seitens der Verantwortlichen überhaupt keine Zweifel daran bestehen konnten, dass man sie mit „ Kusshand" auf die fliegende Kundschaft würde loslassen können. Das von ihr selbst als vermeintlicher Nachteil eingeschätzte „hohe Alter" gereichte ihr - ganz im Gegenteil - sogar zum Vorteil, wurde doch gerade ihre Lebenserfahrung als Mittvierzigerin als positiver Input für das Team eingestuft.

Andrea hatte sich auf eine, in anderen Branchen übliche, mehrwöchige „Auswahl- und Konsolidierungsphase" eingestellt und war deshalb umso erstaunter, dass sie bereits eine Woche später seitens jener Airline zurückgerufen wurde. Sie nahm an, dass es um eine Nachfrage bezüglich eines Formulars ging, welches sie für die Agentur für Arbeit benötigte.

Sie blieb in diesem Kontext deshalb zunächst zurückhaltend mit der Erwartungshaltung (*„... rede nicht drum herum und sage endlich klipp und klar, dass ich es nicht bin ..."*), sodass sie den eigentlichen, den wichtigsten Satz ihres beruflichen Lebens (*„... Sind Sie noch daran interessiert, den Lehrgang zu absolvieren, und haben Sie ab der übernächsten Woche Zeit, zu uns zu kommen, wir würden Sie nämlich gerne in unserem Unternehmen beschäftigen? ..."*) nur halb und eher „schemenhaft" wahrnahm und sich deshalb im Nachgang eher unangemessen emotionslos gab. Diese völlig unerwartete Reaktion von Andrea löste wiederum eine irritierte Nachfrage ihrer Gesprächspartnerin (*„... Haben Sie mich denn nicht verstanden oder wollen Sie jetzt nicht mehr ...?"*) aus. Schlagartig war „unsere" Andrea wieder richtig wachgerüttelt.

„... Ja, natürlich will ich noch ..." war ihre höchsterfreute Reaktion, verbunden mit aufrichtiger Ungläubigkeit *(„... die können doch nicht wirklich mich meinen ...")* und der ersten echten Sprachlosigkeit ihres Lebens (ja, wer diese Frau kennengelernt hat, kann sich das tatsächlich kaum vorstellen). *„... Wo ist die versteckte Kamera? ..."* war ihr zweiter Gedanke, bevor sie mit Freudentränen die ersten rundum positiven Emotionen seit Langem wieder intensiv ausleben durfte.

Ihr sehnlicher Wunsch nach einem echten Neubeginn hatte sich erfüllt, sie war ausgewählt für die rd. zweimonatige (harte) Ausbildung zur Flugbegleiterin. Rückschauend sagte sie mir im persönlichen Gespräch, dass sie sich die „Rolle des Lernenden" nach all den aktiven Jahren im Berufsleben anfangs erst mühsam hätte wieder aneignen müssen. Auch sei die Fülle des Stoffs deutlich umfangreicher gewesen, als sie es sich vorher ausgemalt hätte.

Sie war die mit Abstand älteste Lehrgangsteilnehmerin, was sich später situationsbedingt mal als Vor- aber auch mal als Nachteil herauskristallisieren sollte.

So ergab sich z. B. später die skurrile Situation, dass sie im Mentoring als Mentee deutlich älter war als ihre berufserfahrene Mentorin. Andrea hatte und hat aber stets die Gabe besessen, souverän und professionell mit solchen ungewöhnlichen Situationen umzugehen.

Natürlich hat sie den Lehrgang souverän bestanden und somit die Zulassung für das erste Flugzeugmuster erstanden, um schon kurz darauf ihren - mit großer Vorfreude - ersehnten, aufregenden Jungfernflug im Rahmen ihrer Visualisierungsflüge (zum „Zusehen" in der Kabine und im Cockpit) nach Mailand und Kopenhagen hinter sich zu bringen.

Alle Erwartungen, die sie mit einem Wechsel in diesen Beruf - der inzwischen zu ihrer Berufung geworden war - geknüpft hatte, hätten sich mehr als erfüllt, ließ sie mich wissen. Ja, das Ganze sei verbunden mit einer gehörigen körperlichen Anstrengung und dem Erfordernis einer durchgängig vollen Konzentration, aber geschont habe sie sich ohnehin noch nie.

Ganz im Gegenteil, es hätte sie schon immer „kirre" gemacht, wenn es Situationen gab, in denen es - sei es auch nur für einen kurzen Moment - einmal nichts für sie zu tun gegeben hätte. So war es denn auch wenig verwunderlich, dass die allererste dienstliche Anweisung, die sie als Flugbegleiterin von ihrer Vorgesetzten (das „Wortgebirge" der dazugehörigen Funktionsbezeichnung erspare ich Ihnen) auf ihrem Jungfernflug entgegennahm, nicht etwa ein motivierendes „ ... komm jetzt, es geht los ...", sondern vielmehr ein eher beruhigend gemeintes „... jetzt setz' dich doch bitte erst einmal hin, es geht schon noch los ..." war.

Natürlich trifft sie auf ihren Flügen dann und wann Kontakte bzw. Wegbegleiter aus der „alten Zeit", die einerseits irritiert sind, sie hier zu treffen, andererseits aber durchaus durchblicken lassen, dass sie letztlich doch ihren Mut bewundern würden, tatsächlich jenen Brief, den wir gedanklich alle schon so oft geschrieben haben, und der mit den Worten „... Hiermit kündige ich meinen Arbeitsvertrag ..." beginnt, auch wahrhaftig geschrieben, ausgedruckt und tatsächlich mit allen Konsequenzen versandt zu haben.

Eine „Anekdote" gab sie noch zum Besten, die uns alle zum Nachdenken anregen sollte. Ein Gast aus der guten „Alten Welt", der sie aber nicht wiedererkannte, wollte ihr unter dem Motto „... Mädchen, ich erkläre Dir jetzt mal das Business und die Welt da draußen, da kannst Du als „Saftschubse" noch eine Menge lernen ..." mit extra einfachen Worten einen Umstand nahebringen, den sie aus dem Effeff beherrschte. Schelmisch grinsend zerlegte sie ihm im besten Fachvokabular alle Fehler und jede noch so kleine sachliche Ungenauigkeit seiner Thesen, hatte sie doch die Herstellung „seiner" Produkte zuvor selber geplant und brachte ihn somit nachhaltig zum erstaunten Schweigen.

Ein gehöriger Teil der Flugbegleiterinnen und Flugbegleiter hat - wie „unsere" Andrea - eine völlig andere, zum Teil sehr individuelle bzw. verschlungene, berufliche Vorgeschichte und Sie werden im Rahmen dieser Sammlung noch einige weitere „abenteuerliche" Lebensgeschichten aus dieser Branche erfahren.

Unterstellen Sie niemals, dass die Flugbegleiterinnen und Flugbegleiter diesen Job machen, weil es für ein Studium oder eine „anständige", höherwertigere Ausbildung nicht „gereicht" hätte, sondern gehen Sie positiv auf sie oder ihn zu, vielleicht hat Ihr Gegenüber diesen Beruf gewählt, weil die Leidenschaft zur Fliegerei oder die Erfüllung eines - für mich absolut nachvollziehbaren - Traumes dabei im Vordergrund stand.

Sind diese Beispiele nicht sogar Vorbilder für eine Lebensphilosophie, von der wir uns alle „eine Scheibe abschneiden" können und von der auch Sie bestimmt mehr als einmal geträumt haben, zu deren Umsetzung wir aber selbst nie den ersten und zugleich auch schwierigsten sowie mutigsten Schritt getan haben?

Denken Sie daran, wenn Sie das nächste Mal Ihren Tomatensaft im Flugzeug entgegennehmen, dass es durchaus sein könnte, dass er oder sie mit der eigenen beruflichen Vorgeschichte problemlos auch Ihr Chef sein könnte, diese Option aber gar nicht anstrebt, so vielleicht viel glücklicher ist und nicht zuletzt aus eigener Erfahrung den Druck kennt, dem Sie beruflich ausgesetzt sind und schon deshalb auch gar nicht mit Ihnen tauschen möchte.

So üben u. a. auch Ärzte, Rechtsanwälte, Pädagogen, examinierte Erzieherinnen und andere Individuen u. a. auch deshalb diesen Job über den Wolken aus, weil sie - aus unterschiedlichen Gründen - unzufrieden in der „Alten Welt" waren, den Mut aufgebracht, einen Schlussstrich unter dieses Kapitel gezogen, einen Neustart gewagt und das eigene Glück an genau dieser Stelle gesucht und gefunden haben.

Dieses ganz besondere Gefühl, Flugbegleiter sein zu können, weil man absolute Erfüllung dabei empfindet, aber eben nicht sein zu müssen, weil man durchaus auch über die Qualifikationen für „höherwertigere" Funktionen verfügt, stellt auch für Andrea eine äußerst befriedigende Situation dar, um die ich sie aufrichtig beneide. Dieses weitgehende Zugeständnis hätte ihr der zuvor zitierte „gönnerhafte" Gast vermutlich nicht gemacht. Die Lektion dürfte er nichtsdestotrotz verstanden haben und zumindest das hässliche Wort „Saftschubse" nie mehr in den Mund nehmen.

Die aufrichtigen Feedbacks der Gäste und der Kollegen, die authentischer und nachhaltiger wirken als die emotionslos überreichten „Tantiemen" in der Alten Welt, sind für Andrea ein ganz wesentlicher Baustein der Liebe zu diesem Beruf.

Sie ist immer noch freudig erregt, wenn sie von jenem (ersten) Kompliment berichtet, das ihr nach nur rd. zwei Wochen in der Luft gemacht wurde und das da lautete: *„... Oh, Sie machen das aber routiniert, Sie sind bestimmt schon lange dabei ..."*.

Ja, ich kann sehr gut nachvollziehen, dass man davon emotional länger zehren kann, als von einer „unpersönlichen" Einmalzahlung, die seitens der Chefetage mit der Erwartung nachhaltiger Dankbarkeit auf der Seite des Mitarbeiters einhergeht.

Andrea, ich beneide Dich um diese Momente des tief empfundenen „Seelenbalsams".

Bei meinen Interviews, die ich quer durch die Republik mit den unterschiedlichsten Charakteren und Vertretern aus den verschiedenartigsten Berufen führen durfte, habe ich mehrfach festgestellt, dass - aus meiner Sicht - die Gruppe der Flugbegleiter jene ist, die mit der größten Leidenschaft ihrem Beruf nachgehen. Das dürfte auch dem Umstand geschuldet sein, dass es wohl keinen anderen Beruf gibt, bei dem die Quote der Um- und Seiteneinsteiger so hoch ist wie beim Kabinenpersonal in den Flugzeugen.

In einer weiteren „Bauchgefühl-Lebensgeschichte" eines Flugbegleiters, die Sie später noch lesen werden, gipfelt diese Liebe zur Fliegerei in dem Satz *„... Ja, ich würde diesen Beruf auch ausüben, wenn ich nicht dafür bezahlt werden würde ..."*.

Schöner kann man doch die Freude, mit der man seiner Arbeit nachgeht, wohl nicht zum Ausdruck bringen, oder?

Ich jedenfalls zolle denen, die wie Andrea und die anderen Lebenskünstler und „Helden des Bauchgefühls" im entscheidenden Moment den Mut aufbrachten, aus dem Bauch heraus eine derart richtungsweisende Weichenstellung für ihr weiteres Leben vorzunehmen, meinen allergrößten Respekt.

Zum Zeitpunkt der Erstellung dieses Buches schwebte über Andrea noch das „Damoklesschwert" eines lediglich befristeten Beschäftigungsverhältnisses. Andrea selbst machte dieser Umstand überhaupt nicht nervös. Nein, einen „Plan B" habe sie nicht und sie würde sich auch nicht verrückt machen lassen.

Es sei leider üblich, dass Entfristungen erst kurz vor Ablauf der Befristungen ausgesprochen werden würden und es wäre in der jetzigen Situation viel zu nervenbelastend, aus jeder „Wasserstandsmeldung" positive oder negative Rückschlüsse auf die eigene Situation zu ziehen. Sie sei optimistisch, zumal immer mehr Destinationen (Flugziele) ins Programm genommen werden würden, was zwangsläufig einen Zuwachs an Personal nach sich zöge. Ja, andererseits würden auch Flüge auf größeren Maschinen zusammengelegt werden, was wiederum zu Personaleinsparungen führen würde. Ihr souveränes Fazit, das sie mir gegenüber zog, war ein authentisches „... Wenn es nicht sein soll, soll es nicht sein! Wo sich eine Tür schließt, öffnet sich eine andere! Ich finde definitiv eine andere Option und weiß mit meinem Mann einen zuverlässigen Partner in meinem Rücken ...".

Was für eine - von viel Lebenserfahrung geprägte - absolut glaubwürdige Gelassenheit!

Respekt, liebe Andrea!

Auf meine obligatorische Schlussfrage, ob sie denn diesen Schritt je bereut hätte und den gleichen Weg noch einmal so gehen würde, antwortete Andrea, ohne auch nur einen Moment innezuhalten, dass „... es die beste Entscheidung ihres Lebens gewesen sei, neben der, ihren Mann zu nehmen ..." Wer sie ein bisschen näher kennt, wird mich in meiner Wahrnehmung vielleicht bestätigen, dass sie das Wort „nehmen" an dieser Stelle genau so meinte, wie sie es gesagt hat ...

Ja, sie würde alles wieder so machen. Ja, der Beruf brächte einen ganz anderen Lebensrhythmus mit sich und ja, man könne diesen Beruf nur ausüben, wenn der Partner voll dahinter stünde, weil es die Dienstpläne nun einmal nicht zulassen würden, regelmäßige Termine in Volkshochschulen oder Sportvereinen wahrzunehmen und auch die Aufrechterhaltung sozialer Kontakte zu Freunden oder der Familie sei natürlich erschwert. Ihr Dienstplan sieht in der Regel vier- bis fünftägige „Umläufe" vor. Was es damit auf sich hat, lesen Sie ausführlicher bei einer der anderen Flugbegleiter-Lebensgeschichten.

Ja, sie sei zum Dienstschluss auch müde und erschöpft, aber noch viel wichtiger sei doch, dass sie dabei absolut glücklich sei. Ganz bewusst nehme sie auch die „Kehrseiten" dieser Medaille in Kauf, würde aber trotzdem mit niemanden tauschen wollen.

Unvergessen bleibt mir der letzte Satz ihres Fazits in Erinnerung, den sie mit glänzenden Augen vortrug und der da lautete: „... *Wer kann denn sonst von sich behaupten, täglich die Sonne zu sehen, wenn auch an manchen Tagen nur über den Wolken ...*", dort, wo bekanntermaßen die Freiheit grenzenlos ist.

<u>Persönliche Anmerkungen:</u>

Ich würde mir wünschen, dass auch Sie bei Ihren beruflichen Lebensentscheidungen mit der Souveränität „unserer" Andrea ausgestattet sind oder beim Studium ihrer Lebensgeschichte so viel Selbstbewusstsein „getankt" haben, um den Mut aufzubringen, sich bei Ihren Entscheidungen auch auf sich selbst und vor allem Ihre Intuition zu verlassen. Mögen Sie dabei Ihr ganz persönliches Glück finden, völlig losgelöst von der Frage ob Dritte das vielleicht für banal, betriebswirtschaftlich unvernünftig oder für unsicher halten.

Es muss zum Einstieg ja nicht gleich um eine derart lebenswichtige Weichenstellung gehen. Es reicht durchaus, sich im ersten Schritt zum Beispiel mit einer Entscheidung über den Kauf des nächsten Autos oder der Wahl des Urlaubsortes an das Thema „Konsultation des eigenen Bauchgefühls" heranzutasten.

Dabei wünsche ich Ihnen viel Erfolg sowie überraschende und überaus befriedigende Ergebnisse.

Das Gespräch mit Andrea war eines der nachhaltigsten und faszinierendsten, die ich im Zuge der Recherchen zu diesem Werke führen durfte.

Ich habe Andrea als eine besondere Persönlichkeit kennenlernen dürfen, die geprägt ist von einem ganz außergewöhnlichen Gespür für Gerechtigkeit, als einen Menschen, der sich nicht verbiegen lässt, als eine Frau, der es gelingt, mit weit überdurchschnittlichen Engagement Sachverhalte dezidiert vorzutragen, dabei stets sachlich bleibt, niemals persönlich verletzend agiert und auch bei Hierarchen kein Blatt vor den Mund nimmt.

Sie strebt im hohen Maße nach Unabhängigkeit, Selbstständigkeit und der Übernahme von Verantwortung, ohne dabei jemals die - in ihrem Job unabdingbare - Rolle des Teamplayers zu vergessen.

All diese Tugenden kommen ihr im neuen Berufsleben zugute. Der direkte Kontakt zum „Kunden" (ihren Fluggästen) vollzieht sich auf ihre ganz natürliche Art, die sie sich nicht erst antrainieren musste. Die weitreichende Lebenserfahrung ermöglicht es ihr, auf die unterschiedlichsten Verhaltensmuster, sowohl aufseiten der Gäste, als auch auf der der ständig wechselnden Kollegen angemessen und vor allem authentisch zu reagieren, ohne erst im „Leitfaden" nachschlagen zu müssen.

Allein mit ihrer rundum positiven Ausstrahlung gelingt es ihr, ausgleichend zu wirken und aufkeimende Konfliktpotenziale in einer Vielzahl von Fällen schon im Vorwege sanft zu entschärfen.

Vielleicht ist sie einfach zu früh geboren worden bzw. die heutige Denk- und Hierarchiestruktur in den Großunternehmen ist schlichtweg noch nicht „reif" genug für Charaktere à la Andrea, aber „Typen" wie sie werden eines Tages die Diskussionen über die Notwendigkeit der Einführung von Frauenquoten in Führungspositionen erübrigen und die erfolgreiche Implementierung ganz anderer Formen der Unternehmenskultur ermöglichen.

Es wäre den Konzernen in der Zukunft jedenfalls zu wünschen, dass sie hinreichend viele dieser loyalen, innovativen und authentischen Frauen in ihren Reihen identifizieren mögen, die mit neuen Führungsmethoden und stark ausgeprägter sozialer Kompetenz die Unternehmen nachhaltig voranbringen.

Andrea profitiert mit Sicherheit ein Stück weit vom Umstand, dass sie zunächst tendenziell unterschätzt wird.

Dass hinter diesem überaus sympathischen Menschen mit einer außergewöhnlich positiven, lebensbejahenden und absolut authentischen Ausstrahlung eine Persönlichkeit mit weit überdurchschnittlichem Durchsetzungsvermögen, einer klaren zielorientierten Handlungsweise, einem stark ausgeprägten Hang zur Führung und der Bereitschaft zur Übernahme weitreichender Verantwortung steht, erfährt man erst später, wenn man das Glück hat, sie mehr als nur oberflächlich kennenzulernen.

Danke, liebe Andrea, für die positiven Gespräche und Deine beeindruckende Geschichte!

Ihnen schwant, dass Sie Grundzüge dieser ganz persönlichen Geschichte schon einmal gehört haben? Sie könnten richtig liegen, der Werdegang von Andrea lief einmal als knapp zehnminütige Reportage im Rahmen eines Magazins im Regionalfernsehen.

Schlussbemerkung: Ich habe für die sehr persönlichen, sehr offenen, absolut nachhaltigen und beeindruckenden Gespräche mit der „Powerfrau" Andrea vier jeweils rund siebenstündige - nicht unbedingt bequeme - Busfahrten bewusst auf mich genommen und nicht eine Minute dieser „Strapazen" bereut. Im Nachgang kann ich sogar schmunzelnd sagen, dass ich für diese Erfahrung und die Faszination dieser Begegnungen, die alle meine kühnsten Erwartungen bezüglich eines „spannenden" Interviews bei weitem übertroffen haben, die Strecken sogar auch stehend im Bus bewältigt hätte.

P. S.: Der Arbeitsvertrag von Andrea wurde inzwischen entfristet, sie wird ihren Traumjob also noch lange glücklich und zufrieden ausüben können.

Kapitel 9 - Annette

„… Ich habe mich stets auf mein Bauchgefühl verlassen – und bin immer gut damit gefahren …“

Annette wurde nach zwei älteren Brüdern als drittes Kind eines kaufmännischen Angestellten und einer Hausfrau im Speckgürtel einer deutschen Metropole geboren. Sie wuchs behütet in einer sehr christlich geprägten Familie auf und lernte dort schnell, Verantwortung zu übernehmen. Sie verfügte schon in jungen Jahren über die Gabe, eigenständig zu agieren, zumal ihr viele Aufgaben zufielen, die ihre Mutter - krankheitsbedingt - nicht selbst hat erledigen können. Ihr, immer rührend um das Familienwohl bemühte, Vater hatte stets erfolgreich alle Anstrengungen unternommen, es den Kindern trotz allem an nichts fehlen zu lassen und ihnen so viel Kindheit und Jugend wie irgend möglich zu belassen. Annette hat es ihm dabei, nach eigenem Bekunden, mit dem typischen, pubertätsbedingten, Widerspruchsverhalten nicht immer leicht gemacht und sich mitunter auch nur mit Widerstand bei den häuslichen Pflichten einbinden lassen.

Zugleich musste sie sich von Beginn an eine gewisse Robustheit und Selbstsicherheit zulegen, um von den älteren Brüdern nicht nur wahr- sondern auch ernst genommen zu werden. Sie kleidete sich seinerzeit eher männlich oder zumindest „neutral" und interessierte sich für die Hobbys der Brüder (in aller erster Linie Fußball), um bei Ihnen, die für das eigene Ego so wichtige Anerkennung zu erfahren, was ihr auch nachhaltig gelang. Man empfand in ihrem Kinderzimmer, das mit Ausnahme der Hitliste der „Bravo", die akribisch von ihr gepflegt wurde, überhaupt keinen „mädchenhaften Touch", anstelle der Puppen gab es dort eher Tipp-Kick-Figuren und Fanschals.

Diese Wesenszüge der Robustheit, des selbstbewussten Auftretens und des im Alltag geschärften und wirklich beeindruckenden Durchsetzungsvermögens sollten ihr später als Tugenden im Beruf vortrefflich dienen, ohne dass sie sich dieses Umstandes damals bewusst gewesen wäre. Ihr Teenager-Leben mit allen seinen Facetten sollte sich als das beste Training für ihre spätere berufliche Entwicklung herausstellen, die sie so zu keinem Zeitpunkt in dieser Form geplant hatte und die mit ihren überraschenden Ergebnissen im Vorwege auch so wirklich niemals abzusehen war.

Im Alter von 14 Jahren reifte bei ihr der Wunsch, später einmal im Bereich der Sozialarbeit tätig zu werden. Eine konkrete Vorstellung vom Wege dorthin (Ausbildung oder Studium) hatte sie aber noch nicht entwickelt. In all ihrer Unsicherheit bezüglich des Weiteren beruflichen Lebensweges war sie sich eigentlich nur in einem einzigen Punkt wirklich sicher: Sie wollte das Thema Schule bzw. das Lernen per Frontalunterricht mit Inhalten, die sie nicht wirklich sonderlich interessierten, sobald als irgend möglich und für alle Zeiten abschließen. Sie habe sich, so sagte sie mir im persönlichen Gespräch, mehr oder weniger, immer nur von einer Versetzung zur nächsten „gehangelt". Ihr war aber natürlich klar, dass sie dieses Kapitel würde zu Ende bringen müssen, und da tat sich dann doch eine Portion Vernunft auf, wenn sie sich nicht selbst die Türen zu einem etwaigen Studium, das ihre beiden Brüder bereits durchschritten hatten, zuwerfen wollte.

Wie der Zufall oder auch die schicksalhafte Vorbestimmung es wollte, erfuhr sie von einem Mitschüler im Laufe der 11. Klasse des klassischen Gymnasiums, dass für das Studium der Sozialpädagogik nicht die Allgemeine Hochschulreife (das Abitur gab es damals nach 13 Schuljahren) sondern „nur" das Fachabitur (nach 12 Schuljahren) vonnöten sei.

Voraussetzung war allerdings, dass zuvor die zweijährige Fachoberschule erfolgreich absolviert wurde.

Als weiterer „Bonbon" kam der Umstand hinzu, dass sich die bewusste Fachoberschule in unmittelbarer Nähe befand.

Spontan und intuitiv wie Annette immer war (sie spricht von sich selbst auch als „Miss Intuition") rückversicherte sie sich eben dieser Informationen, quittierte noch am selben Tag den „Dienst" an ihrem klassischen Gymnasium und meldete sich zeitgleich bei der Fachoberschule an. Ja, wenn sie sich etwas vorgenommen hat, dann zöge sie dieses auch mit aller Konsequenz durch, wusste sie zu erzählen und ich kann diese Einschätzung nur voll umfänglich bestätigen.

Sie konnte aber dort nicht direkt ins verbleibende restliche Halbjahr einsteigen, zumal im ersten Halbjahr der 11. Klasse der Fachoberschule obligatorisch ein Berufspraktikum außerhalb des „sozialen Bereiches" zu absolvieren ist. Hintergrund dieser Vorgabe ist die Intention, dass die Absolventen die „normale" Arbeitswelt kennenlernen sollen, bevor sie sich später im „sozialen Background" dieser Welt bewegen würden. Sie musste also eine Warteschleife fliegen und den Neubeginn des Schuljahres abwarten.

Quirlig und agil wie Annette immer war und ist, hat sie die „Wartezeit" nicht auf der Couch verbracht, sondern mit Hospitationen gefüllt, um zumindest ansatzweise die Welt kennenzulernen, die (vielleicht) ihre berufliche Heimat werden sollte, die sie aber bisher so gut wie gar nicht im Blickfeld hatte.

Das bewusste obligatorische Berufspraktikum absolvierte Annette gleich an mehreren Stellen und schlug dabei einen Spannungsbogen von der Supermarkt-Kasse bis zum kaufmännischen Bereich in der Mineralölbranche und erfuhr so nachhaltig am eigenen Leibe, dass diese klassische Arbeitswelt nicht die ihre sein würde.

Ja, das - bei ihr ganz besonders stark ausgeprägte - Vertrauen in das eigene Bauchgefühl, dem sie immer gefolgt ist, hat sie in der Konsequenz ein Jahr „gekostet", aber sie war bereit, diesen Einsatz zu bringen, weil sie sich sicher war, dass ihr Bauchgefühl - wie stets zuvor - schon wissen würde, warum es ihr diesen Weg signalisiert hat. Sie hat diese „Warteschleife" in Anlehnung an Johnny Logans Titel „What's Another Year (…Was ist schon ein Jahr…)" nie bereut.

Schnell erkannte sie, dass sie bzw. vielmehr ihr Bauchgefühl mit diesem Schritt absolut richtig gelegen hatte, und war sich nunmehr absolut sicher, den idealen Weg und die richtige Ausrichtung für ihre berufliche Zukunft gefunden zu haben, selbst wenn dieser weiterhin mit dem so ungeliebten „Drücken der Schulbank" verbunden war.

Sie hat die berühmten „drei Kreuze" gemacht, auf Holz geklopft, sei froh gewesen, rechtzeitig aufgewacht zu sein und den Schritt weg aus der klassischen Schule unternommen zu haben, an dessen Ende vermutlich ein „normaler, vernünftiger" Berufsweg gestanden hätte, mit dem sie aber voraussichtlich absolut unglücklich geworden wäre, sagte sie mir. Sie sei zudem auch stolz darauf gewesen, all diese Schritte allein und im vollen Umfange eigenverantwortlich unternommen zu haben. An dieser Stelle hätte sich das häusliche Training in Sachen Selbständigkeit und Übernahme von Verantwortung erstmals wirklich ausgezahlt.

Wer sie kennt und deshalb aus eigener Erfahrung weiß, dass sie die Dinge, die sie anfängt, auch mit Power und Agilität zu Ende bringt, den wird es nicht überraschen, dass sie das Fachabitur mit Bravour bewältigte und genauso problemlos die Fachhochschule für Sozialpädagogik mit Top-Noten erfolgreich abschloss. Fortan durfte sie sich Diplom-Sozialpädagogin nennen, hat dieses aber nie an die „große Glocke" gehängt.

Im Rahmen des sehr praxisnah angelegten Studiums wurde natürlich auch die breite Palette der Berufe und Laufbahnen in den unterschiedlichsten sozialen Bereichen vorgestellt. Dabei hat Annette von Beginn an das Berufsbild der Bewährungshelferin ganz besonders fasziniert (war ja auch die „toughste" der vorgestellten Optionen). Es war ihr - mit dem Background ihrer christlichen Erziehung - schon zu Jugendzeiten ein besonderes Anliegen, im Sinne der Nächstenliebe, Benachteiligten zu helfen.

Ihr soziales Engagement reichte so weit, dass sie schon als Jugendliche Mitverantwortung in einem selbstverwalteten Jugendzentrum übernahm und dabei wo möglich auch bereits vom Absturz bedrohte Kids von der Straße holte.

Das Profil des Berufsbildes einer Bewährungshelferin schien vortrefflich zu ihr zu passen, hatte sie doch einerseits die erforderlichen charakterlichen sowie menschlichen Wesenszüge und verfügte andererseits aber auch über das Rückgrat und das Durchsetzungsvermögen, das man in diesem Beruf zwingend braucht, um sich den gebotenen Respekt bei dem nicht immer einfach zu handhabenden Klientel zu verschaffen. Der Großteil ihrer Mitstreiterinnen und Mitstreiter wäre wohl eher zu „soft" für diesen Job gewesen. Ihr hingegen, so muss man In der Rückschau konstatieren, war dieser Job sogar förmlich auf den Leib geschrieben.

Leider hatte das Ganze aber den entscheidenden Nachteil, dass es auch unter den anderen Kommilitoninnen und Kommilitonen (losgelöst von der Frage, ob diese im Sinne des vorgenannten Profils überhaupt geeignet gewesen wären) das begehrteste Berufsbild war und somit der Kreis der Konkurrenten entsprechend groß war. Der für viele ihrer Mitbewerber sicherlich sogar entscheidende Aspekt war dabei aber auch der Umstand, dass eben diese Laufbahn die besten Verdienstmöglichkeiten offerierte (allerdings - wie in allen sozialen Berufen üblich - auf immer noch niedrigem Niveau). Annette einen solchen Beweggrund bei der Auswahl des angestrebten Werdeganges zu unterstellen, wäre aber überaus ungerecht und stünde im krassen Widerspruch zu der absoluten Authentizität, die sie ausstrahlt. Sie macht diesen Job nicht des Geldes wegen, sondern primär aufgrund der Tatsache, dass sie die Resozialisierung als wichtigen Baustein eines menschlichen, christlich geprägten und demokratischen Rechtsstaates für unabdingbar hält, und sich an dieser Stelle berufen fühlt, ihren Beitrag für unsere Gesellschaft zu leisten.

An der Aufrichtigkeit und der Authentizität dieser Aussage habe ich nicht den Hauch eines Zweifels. Hierfür, liebe Annette zolle ich Dir großen Respekt und spreche Dir sicherlich im Namen vieler meine ausdrückliche Anerkennung aus.

Neben des schon „bedrohlichen" Umstands des großen Kreises an Bewerbern kam bzw. kommt erschwerend hinzu, dass es überhaupt nur eine verschwindend kleine Zahl von Stellen in dieser „Branche" gibt, die zudem weit überwiegend natürlich längst besetzt sind und somit selten als Vakanzen zur Disposition stehen.

Für „unsere" Annette kam sogar noch ein weiterer negativer Aspekt hinzu, der sich - zu diesem Zeitpunkt - als unüberwindbare Hürde herausstellen sollte, nämlich das Lebensalter. Sie war schlichtweg zu jung, um ihren Hut bei etwaigen Stellenbesetzungen in den Ring werfen zu können.

Unter Berücksichtigung der Besonderheiten der zu „betreuenden" Klienten sollte der „Job" im Idealfall von einer gewachsenen Persönlichkeit mit selbstbewusster Ausstrahlung ausgeübt werden, und an dieser Stelle macht es sich das Land als Dienstherr einfach und definiert diese Kriterien u. a. über das Lebensalter, weil „Reife" ansonsten naturgemäß schwer messbar ist. Annette, als längst gefestigte Persönlichkeit, hätte diese Funktion nichtsdestotrotz allemal ausfüllen können, die rein formalen Kriterien ließen es aber nicht zu.

Sie legte aber weder ihre Hände in den Schoß, noch gab sie frustriert auf, sondern „flog eine weitere Warteschleife" und verdiente sich ihre Sporen vorerst in anderen sozialen Berufsfeldern. So arbeitete sie ein paar Jahre als Betreuerin für Wohnungslose und bewarb sich dann - erfolgreich - bei der Justizbehörde auf eine Stelle im offenen Strafvollzug. Damit hatte sie nun „einen Fuß" im Bereich der Arbeit mit straffällig gewordenen Mitmenschen gesetzt und eine erste Duftnote bei der Justizbehörde hinterlassen.

Mit unglaublicher Hartnäckigkeit (mehr dazu in den persönlichen Anmerkungen am Schluss dieses Kapitels) gelang es ihr, nachdem sie endlich das formale Kriterium des Mindestalters erreicht hatte, mithilfe stetiger Nachfragen nach vakanten Stellen schließlich doch einen der so begehrten Plätze im Bereich der Bewährungshilfe zu „ergattern".

Diese Tätigkeit stellte sich als ihre absolute Erfüllung heraus. Wie sie mir in einem ausführlichen und sehr offenen Gespräch (eigentlich hätte es nur eine Mittagspause werden sollen) gegenüber anvertraute, seien es insbesondere die sehr weitreichende, im Öffentlichen Dienst sonst eher unbekannte, Unabhängigkeit bzw. die Möglichkeit, sich frei bewegen und individuelle Schwerpunkte selbst setzen zu können, die den besonderen Reiz des Jobs ausmachen würde. So gäbe es z. B. (noch) keinen „Dokumentationszwang" (Tätigkeitsnachweise) und auch keine Leistungsbemessung (wie sollte eine solche beim „Dienst am und für den Menschen" auch aussehen), wobei sie eine solche mit ihrem engagierten Einsatz auch nicht fürchten müsste. Natürlich setze diese „Freiheit" ein besonderes Vertrauensverhältnis und eine absolut wechselseitige Loyalität zwischen ihr und ihrem Dienstherren bzw. ihrer Dienststelle und ein Höchstmaß an Gewissenhaftigkeit auf ihrer Seite voraus. Diese Art des Vertrauensvorschusses käme ihrem Profil und Ihrem Selbstverständnis in besonderer Weise entgegen, wusste Annette mir weiter zu berichten.

Wer Annette hat erleben dürfen, weiß, dass all die Voraussetzungen uneingeschränkt erfüllt sind. Ihr Arbeitgeber (das Bundesland) weiß sehr wohl, dass er sich auf sie absolut verlassen kann, zumal sie dafür bekannt ist, dass sie ihre „Klienten" mit ihrer fairen, menschlich geprägten, offenen aber auch zielgerichteten Art im Griff hat.

Sie können sicher sein, dass auch die „schweren Fälle" absolut pünktlich bei ihr zu den vereinbarten Terminen erscheinen, um die nächsten Schritte abzustimmen. Sie hören auch sehr genau zu, zumal sie a) wissen, dass die Hilfestellungen absolut zielführend und wirklich auf ihren Fall gemünzt sind und b) natürlich auch um die Konsequenzen wissen, wenn sie es sich mit ihr verscherzen (das passiert nicht gleich und nicht schnell, aber irgendwann ist die schützende Hand, die Annette über sie ausbreitet, auch mal weg...).

Weiter führte sie, durchaus bewegt, aus, dass sie sich in diesem Job mit der Zeit eine gewisse Hornhaut habe antrainieren müssen, um das Wissen um einzelne - nicht immer selbst verschuldete - Schicksale nicht mit „nach Hause" zu nehmen. Es sei absolut geboten, Beruf und Privatleben strikt voneinander trennen zu können.

Sie kenne höchst ungerechte, persönliche Entwicklungen Einzelner, müsse sich aber eingestehen, die Gesellschaft und bestimmte Strukturen in der Justiz als Einzelkämpferin eben nicht ändern zu können.

Ja, es gäbe vereinzelt natürlich auch kritische bzw. eilbedürftige Fälle, in denen spontane Maßnahmen auch außerhalb der offiziellen Dienstzeiten geboten seien, aber das hielte sich in Grenzen und sie hätte auch kein Problem damit, zumal sie bei ihrem Job nie auf die Uhr gesehen hätte.

Auch Annette hat bei meiner obligatorischen Schlussfrage, ob sie denn alles noch einmal so machen würde, keinen Moment überlegen müssen, sie sei absolut glücklich im Job, der ihrem Wesen uneingeschränkt entspräche und könne sich kein anderes berufliches Wirken vorstellen.

Sie fühle sich darin bestätigt, wieder einmal ihrer Intuition, die stets ihr bester Berater gewesen sei, gefolgt zu sein und würde Schritt für Schritt alles noch einmal so machen. Ja, vielleicht hätte sie die 11. Klasse auf dem klassischen Gymnasium noch geordnet zu Ende bringen sollen, aber dann wäre es nicht die intuitive, die quirlige, die spontane und glückliche Annette gewesen, die sich im Rahmen dieser Sammlung beruflicher Lebensgeschichten mit Ihrem ganz besonders stark ausgeprägten Vertrauen in Ihr eigenes Bauchgefühl eine Heraushebung ganz besonders verdient hat.

Neben dem eigenen Bauchgefühl sei es seinerzeit natürlich auch jener Mitschüler gewesen, der ihr den „Floh" mit dem spontanen Wechsel auf die Fachoberschule ins Ohr gesetzt hatte und damit ihren weiteren Weg maßgeblich mitbestimmt hätte. Im Sinne dieser Verbundenheit schulde sie ihm - wohl lebenslänglich - immer noch diverse Biere.

Sicherlich war auch das sehr christlich geprägte Elternhaus mitverantwortlich dafür, dass sie ein sehr sozial orientiertes Menschenbild in sich trägt und über eine authentische und ausgeglichene Ausstrahlung verfügt, die geeignet ist, schnell das - in diesem Job so eminent wichtige - wechselseitige Vertrauen aufzubauen.

Nein, sie sei weder ein aktiver Kirchengänger noch Mitglied einer Kirche, wohl aber habe sie einen Glauben an eine übergeordnete Macht und sei von einem Weltbild mit christlichen Leitmotiven wie Menschlichkeit, Nächstenliebe und Gerechtigkeit geprägt.

Persönliche Anmerkungen:

Ich muss an dieser Stelle einräumen, dass ich Annette schon länger kenne, genauer gesagt seit ihrer Kindheit und in größeren Abständen immer mal wieder eine Momentaufnahme aus ihrem Leben habe erhaschen dürfen. Mich hat schon als Kind erstaunt, wie erwachsen sie frühzeitig sein musste, wie sehr sie in die ihr zugedachte Rolle hineingewachsen ist und mit welchem Tatendrang sie sich den Respekt ihrer Brüder verdient hat, ohne sich dabei selbst verleugnen oder verbiegen zu müssen.

Schon früh hat sie sich ein völlig unabhängiges Denken zugelegt, das zwar die eine oder andere hausinterne Diskussion nicht unbedingt vereinfacht hat, nichtsdestotrotz aber natürlich erforderlich war, um der Notwendigkeit der eigenverantwortlichen Selbstständigkeit gerecht zu werden.

Ich hatte ja angekündigt, zum Thema „Hartnäckigkeit" noch eine Anekdote „unserer" Annette nachzuliefern. Am Tage unseres Treffens hatte sie vormittags eine über etliche Tage andauernde Verhandlungsrunde mit einem Autoverkäufer - mit großem Erfolg - zum Abschluss gebracht und erzählte mir - von einem Ohr zum anderen Ohr grinsend - das fast unglaubliche finale Ergebnis. Der Autohändler und sie hätten anfänglich (Tage zuvor) preislich noch so weit auseinander gelegen, dass jeder andere längst die Segel gestrichen hätte, um nicht unnütz Zeit zu verschwenden. Ihr machte das „Spielchen" sogar Spaß und so verhandelte sie unermüdlich mit einer - sicherlich auch für den erfahrenen Verkäufer unbekannten - Hartnäckigkeit weiter, bis sie letztlich den Verkäufer schon fast so weit gebracht hatte, dass er quasi froh war, ihr das Auto nahezu schenken zu dürfen und es auch noch vollzutanken, um endlich diesen Marathon zum Ende zu bringen und wieder „bequemere" Kunden bedienen zu dürfen ...

Liebe Annette, vielen Dank für Deine ganz persönliche, sehr spannende von viel Intuition geprägte Geschichte, die ein, wenn nicht sogar „das" herausragende Beispiel für die Verlässlichkeit des Bauchgefühls darstellt, für Deine offene Art und die Aufrichtigkeit, mit der Du auch von den Schattenseiten Deines Berufslebens berichtet hast.

Ich wünsche Dir vor allem weiterhin viel Erfolg bei Deiner wichtigen und bemerkenswerten Arbeit, die leider immer noch nicht die gesellschaftliche Anerkennung erfährt, die sie verdient. Es war nie Deine Art nach dieser Form der Anerkennung zu buhlen, verdient hättest aber gerade Du sie allemal.

Ich bin froh, einen kurzen Einblick in Dein engagiertes berufliches Wirken erlangt zu haben, bin aber natürlich trotzdem auch glücklich über den Umstand, mit Dir noch nicht als „Klient" in Berührung gekommen zu sein.

Ich bin mir allerdings auch sicher, dass jene, denen das „Glück der weißen Weste" - aus welchen Gründen auch immer - nicht vergönnt ist, mit Dir einen fairen, zutiefst menschlichen, gerechten, zuverlässigen und vertrauenswürdigen Ansprechpartner haben und somit gute Aussichten, dauerhaft auf die richtige Seite des Weges zurückzukehren.

P. S.: Annette, bei meinem nächsten Autokauf nehme ich Dich mit !!

Kapitel 10 – Bernd

„… Unterhaltung, Abwechslung und Herausforderungen waren mir stets wichtiger als Karriere, Alimentation und Sicherheit …"

Bernd wuchs mit zwei Schwestern als Sohn eines Berufssoldaten und einer Hausfrau in einer deutschen Metropole auf. Sein Vater, zuvor Finanzbeamter, wechselte bei der Aufstellung der Bundeswehr im Range eines Offiziers in die soldatische Laufbahn. Ausschlaggebend für diesen Berufswechsel waren in erster Linie das finanzielle Wohl der Familie und der Wunsch, den Kindern eine fundierte Ausbildung bieten zu können.

Sein Vater habe sich sehr schwer mit dem Militär getan, er sei nie richtig glücklich mit dem Dasein als Soldat gewesen, berichtete mir Bernd und hätte ihm deshalb zur „Auflage" gemacht, auf keinen Fall Soldat zu werden, überließ ihm aber - was in der Zeit eher außergewöhnlich war - ansonsten völlig freie Hand, was die Berufswahl bzw. die eigene persönliche Lebensplanung anging.

Allerdings ließen seine Eltern mehr als nur einmal durchblicken, dass sie es sehr gerne sähen, wenn er Arzt werden würde. Mit dieser Vision hätte sich Bernd durchaus angefreundet, wobei ihm aber auch klar war, dass ihm seine eher mittelprächtigen Noten aus der Oberstufenzeit einen Strich durch die Rechnung machen oder zumindest extrem lange Wartezeiten bescheren würden, bevor er überhaupt mit dem Medizin-Studium hätte anfangen können. Nichtsdestotrotz bewarb er sich über die seinerzeitige ZVS (Zentrale Vergabestelle für Studienplätze) für ein Medizinstudium mit dem Ergebnis, dass er zwölf Semester würde warten müssen.

Der Wunsch, Arzt zu werden bestand fort, die Bereitschaft die damit einhergehende Wartezeit zu akzeptieren, war gegeben und so stand eine Entscheidung darüber an, wie die lange Zeit bis zum Beginn des Studiums sinnvoll zu überbrücken sei. Es galt also zum einen für die nächsten Jahre eine möglichst sinnvolle und interessante berufliche Lösung zu finden und zum anderen in diesem Zeitfenster auch der „gesellschaftlichen Verpflichtung" (im Regelfall der seinerzeit 15-monatigen Wehrpflicht bzw. ihren Alternativen wie Ersatzdienst, Polizei oder THW etc.) nachzukommen.

Er bewarb sich bei der Polizei, absolvierte problemlos die Aufnahmetests und durchlief im Anschluss eine zweijährige Ausbildung zum Polizeibeamten. Diese Zeit sei von einem sehr theoretischen bzw. juristisch geprägten Unterricht gekennzeichnet gewesen. Zudem hätte es einen Perspektivwechsel gegeben, zumal ihm hier die ersten Blicke aus der ungewohnten, polizeilichen Sichtweise auf unsere Gesellschaft, von der er als „umsorgtes Mittelstandskind" nicht geahnt hätte, wie facettenreich sie ist, vermittelt wurden. Sehr wechselhafte Eindrücke habe er sammeln können bzw. müssen, die anrührenden, menschlichen Momente, aber eben auch die hässlichen Seiten der polizeilichen Alltagsarbeit wie die Begegnung mit Unfall- und Verbrechensopfern, den Folgen von Alkoholismus, Armut und häuslicher Gewalt. Diese geballten Erfahrungen hätten ihn gereift, die jugendliche Unbekümmertheit, Naivität und Beiläufigkeit hätte er in dieser Phase abgelegt oder - wie er es mir gegenüber ausdrückte -, sie seien ihm verloren gegangen.

Nach Abschluss der Ausbildung führt die polizeiliche Laufbahn die jungen Beamten zwangsläufig als erstes zur Hundertschaft. Vor ihm lagen zumindest zwei bis drei Jahre Demonstrationseinsätze und Bereitschaftsdienste und dies zu einer Zeit, als es noch regelmäßig zu gewalttätigen Auseinandersetzungen zwischen der Polizei und zum Teil gewaltbereiten Demonstranten in Gorleben, Brokdorf und an der „Startbahn West" kam (diese Orte und ihre Geschichte dürften zumindest den älteren Lesern unter Ihnen noch ein Begriff sein). Die dienstliche Realität war - nicht nur aus seiner Sicht - unendlich weit vom Ideal des „Freund und Helfers" entfernt.

Die Dienste und die sonstige Tristesse des Wartens auf dem Mannschaftswagen, in der Kaserne und am Telefon hätten in einem eklatanten, krassen und erschreckenden Widerspruch zur eben noch interessanten und für wichtig erachteten Berufstätigkeit eines Polizisten auf Streife gestanden.

In dieser Zeit, so wusste er mir in unserem langen, persönlichem Gespräch zu berichten, sei er hochgradig frustriert gewesen. Ihn, der stets hyperaktiv war und immer neue Herausforderungen suchte, trieb die Langeweile, der Blick auf die Kollegen, die sich grundlegend ändern, sobald sie eine Uniform anzögen und der Führungsstil vieler teils überforderter Vorgesetzter fast zum Wahnsinn, sodass für ihn schon recht schnell feststand, sich in jedem Falle neu orientieren zu wollen.

„Kleider machen Leute" fiel ihm später dazu ein, Machtgehabe aufgrund der Uniform waren ihm zuwider.

Er war zu „schlau" für diese Art des Dienstes. Ja, zu schlau im wahrsten Sinne des Wortes. Ein fundierter IQ-Test brachte das Ergebnis, dass er mit einem IQ im Bereich jenseits von 130 zu den intelligentesten 2 % der Bevölkerung gehörte und fortan auch Mitglied des elitären Vereins Mensa in Deutschland e. V. (MinD) wurde. Nein, das steht nicht unbedingt im Widerspruch zu den zuvor zitierten mittelprächtigen Schulnoten, diese waren eher das Resultat der stetigen intellektuellen Unterforderung mit der Folge des Abschaltens während des Frontalunterrichts und den damit einhergehenden Wissenslücken in Teilbereichen des rein verschulten Klausurstoffs. Seinerzeit wurden Hochbegabte weder erkannt, noch gefördert, sondern - ganz im Gegenteil - eher noch getriezt, in jedem Fall aber ausgegrenzt (auch seitens der Pädagogen, die es eigentlich besser hätten wissen sollen).

Wie das Schicksal es wollte, stieß er gerade in dieser Frustphase auf die Ausschreibung einer bekannten Spezialeinheit des Bundesgrenzschutzes, die inzwischen bei der Bundespolizei angesiedelt ist.

Da Bernd immer spontan war, stets Abwechslung und Herausforderungen suchte, bewarb er sich auf diese Vakanz und wurde auch tatsächlich zu der mehrtägigen Eignungsprüfung eingeladen. Er bestand die Tests und absolvierte im Anschluss die neunmonatige Basis- und Spezialausbildung. Es sei ohne Frage die intensivste, erlebnis- und abwechslungsreichste Zeit seines bisherigen beruflichen Lebens gewesen, berichtete er mir stolz und absolut authentisch.

Er schloss die Ausbildung als Lehrgangsbester ab und wunderte sich selbst über den Ehrgeiz, der ihn in dieser Zeit prägte. Mit dem guten Gefühl, etwas durchgehalten und geschafft zu haben, ging er in den regulären Dienst. Wieder kam es zu jener Routine, die noch nie sein Ding gewesen sei. Und wieder stellte er sich selbst die Frage, ob das denn seine berufliche Erfüllung in den nächsten 35 Jahren sein würde... So, wie Sie unseren Bernd bis hier her schon kennengelernt haben, ist Ihnen natürlich klar, dass er sich selbst die Frage mit einem „Nein" bzw. einem „eigentlich eher nicht" beantwortete.

Er entwickelte ein zunehmendes Unbehagen bezüglich des strikt geregelten Dienstes und dem Mangel an persönlichen Entscheidungs- und Gestaltungsmöglichkeiten. Wieder einmal schien es ihm so, als würden sich sein Elan, seine Agilität und die ihn bis dahin begleitende typisch jugendliche Neugier verflüchtigen. Aber eben diesen Antrieb, der seinen bisherigen Weg so stark geprägt hatte, wollte er auf keinen Fall verlieren.

Im Nachhinein sagte er, dass er sich vermutlich zu viel davon versprochen hätte, sich dann aber sicher gewesen sei, dass ihm dieser Dienst nicht genügen würde, um seinen Wissens- und Tatendrang dauerhaft zu befriedigen. Dabei hatte man ihm doch justament nahegelegt, eine Führungsrolle zu übernehmen. Diese Vision deckte sich aber nicht mit Bernds persönlicher Lebensplanung, zumal er das Medizin-Studium gedanklich ja noch nicht zu den Akten gelegt hatte. Zum anderen strebte Bernd nie danach, eine Vorgesetztenfunktion auszuüben, die in der Konsequenz immer auch die Übernahme von Verantwortung für andere nach sich gezogen hätte, was absolut nicht sein Ding gewesen sei, eröffnete er mir im weiteren Verlauf unseres sehr ausführlichen und emotionalen Gespräches.

Er war ja bereits Beamter auf Lebenszeit und somit in der „komfortablen" Ausgangslage, wirklich frei entscheiden zu können und sich nicht etwa fest oder auch nur auf eine bestimmte Zeit verbindlich verpflichten zu müssen. Auch ohne konkrete, nachhaltig negative Erfahrungen gemacht zu haben, signalisierte ihm sein Bauchgefühl, dass seine weitere berufliche Zukunft nunmehr endgültig auf keinen Fall in irgendwelchen befehlsgeprägten Strukturen stattfinden sollte.

Er wollte - mit aller Konsequenz - raus aus der Uniform, zurück in seine Heimatstadt und nochmals etwas Neues beginnen. Am liebsten etwas völlig anderes, auf jeden Fall aber etwas, das nicht die Vorhersehbarkeit und die quälende Routine einer Beamtenlaufbahn mit sich brachte.

Wieder einmal gab es eine schicksalhafte Fügung in Form eines diskreten Hinweises auf die Vakanz der Stelle eines Personenschützers für den Vorstandsvorsitzenden eines Weltkonzerns in der Mineralölbranche. Nein, das ist nicht nur Glück, so etwas passiert nur den Mutigen bzw. jenen, die die Traute haben, es auf sich zukommen zu lassen und nicht alles im Vorlauf mit doppelten Boden planen und konzipieren zu wollen und zudem auch über die Gabe verfügen, diese Fügungen, diese „winkenden Zaunpfähle" auch tatsächlich zu erkennen und dann auch unmittelbar zu handeln.

Es versteht sich praktisch schon von selbst, dass er den Job bekam (mehr als diese genialen Voraussetzungen für genau diese Tätigkeit konnte man schlichtweg nicht mitbringen).

Es sei zumindest anfangs ein neues und spannendes Tätigkeitsprofil gewesen, wäre dann aber schnell langweilig geworden und hätte nie eine wirklich intellektuelle Herausforderung dargestellt, auch wenn sich ihm ab und zu die Gelegenheit bot, sich mit seiner „Schutzperson" zu diversen Themen intensiv auszutauschen - sehr zum Erstaunen seines "Schützlings", welches sich nicht selten in einem von Respekt geprägtem „… Warum machen sie das hier, ihnen stünden doch ganz andere Türen offen …?" ausdrückte. Auf der anderen Seite hätte er aber auch zu keinem Zeitpunkt seines beruflichen Werdegangs so viel Geld verdient wie in dieser Periode.

Er hätte das Geld genießen, sorglos den Job in einem schicken Wohnumfeld ausüben und später ganz klassisch eine Familie gründen können, aber das wäre nicht der Bernd gewesen, um dessen außergewöhnlichen Weg voller intuitiver Entscheidungen es hier geht, der immer die Abwechslung der Kontinuität vorgezogen und niemals ernsthaft irgendwelche Statusfragen aufgeworfen hat.

Er stand also vor der Frage, den einträglichen Dienst fortzuführen und nunmehr ein geregeltes, bürgerliches Leben zu führen oder aber dem Drang nach Abwechslung erneut zu folgen und noch einmal einen Neuanfang zu wagen.

Er war immer noch der quirlige, rastlose, erlebnishungrige Bernd, wie wir ihn kennengelernt haben, an dieser Stelle aber immerhin doch so vernünftig, diesen Job als Personenschützer zumindest nicht von jetzt auf gleich zu kündigen.

Und weil es mit den richtungsweisenden Impulsen von außen und aus dem Bauchgefühl heraus immer geklappt hatte, eröffneten sich auch zu diesem Zeitpunkt neue Wege, kam doch just zu diesem Zeitpunkt (er war inzwischen 26 Jahre alt) die Zusage der ZVS für den so lang herbeigesehnten Studienplatz an der medizinischen Fakultät.

Er ging in sich, verließ sich wieder einmal auf sein Bauchgefühl und zog für sich den Schluss, dass das ganze Thema mit dem Studium der Medizin doch eigentlich in erster Linie der Wunsch der Eltern gewesen sei und vielleicht doch nicht seiner eigenen Vision entsprechen würde. Lange Rede - kurzer Sinn: Er verzichtete auf den Studienplatz, auf den er im Vorwege so lange hatte warten müssen, fühlte sich dabei aber keinesfalls unsicher, wie man vermutlich erwarten würde. Er habe vielmehr das Gefühl gehabt, gerade noch rechtzeitig aufgewacht und zum Glück seiner eigenen Intuition gefolgt zu sein.

Diese nämlich hatte ihn in dieser Phase daran erinnert, dass er immer schon Freude am Theater hatte. Um sich später nicht selbst vorwerfen zu müssen, nicht alles probiert zu haben, bewarb er sich bei einer renommierten Schauspielschule, ohne auch nur ein Quäntchen Angst vor der Einstellungsprüfung für einen ja völlig anders gearteten Job zu haben ...

Es klappte tatsächlich bereits im ersten Anlauf und zudem hatte Bernd auch noch das Glück, dass alle Rahmenbedingungen (Standort und Studienbeginn) passten. Trotz seiner weit überdurchschnittlichen Intelligenz blieb auch ihm das harte Training bzw. die mühsame Arbeit, sich schnell auch lange Textpassagen absolut sicher einprägen zu müssen und diese auch dezidiert vortragen zu können, nicht erspart (... ja, Bernd hat mich darauf hingewiesen, dass das eine nichts mit dem anderen zu tun hätte ...). Ihnen dürfte diese Form der „Quälerei" sicherlich aus Ihrer Schulzeit noch in Erinnerung geblieben sein, wir reden an dieser Stelle allerdings nicht von einseitigen Gedichten, sondern von Manuskripten in der Stärke eines Taschenbuches ...

Während seine Eltern mit einem „... *Was willst Du denn damit ...?"* und einem „... *Du glaubst doch nicht im Ernst, dass wir uns an diesem Quatsch auch nur mit einem Pfennig beteiligen ...?"* reagierten, sei seine „Schutzperson", jener bewusste Vorstandsvorsitzende, von seiner Idee, ein Studium aufzunehmen, hellauf begeistert gewesen und hätte ihm jegliche Unterstützung für dieses Vorhaben zugesichert. Vermutlich sei er dabei aber davon ausgegangen, dass es sich um ein „vernünftiges" Studium (vorzugsweise Jura oder BWL) handeln würde, denn - so wusste Bernd mir zu berichten - er hätte auf die Erwiderung, dass es sich dabei um ein Schauspielstudium handeln würde, mit Unverständnis und ironischem Kopfschütteln reagiert.

Ihm seien mit der Zeit auch Einblicke in die zumindest „offizielle" Privatsphäre seiner Schutzperson gewährt worden und er habe sie auch zu einer Vielzahl gesellschaftlicher Termine in den ganz erlesenen Häusern begleiten dürfen bzw. müssen.

Er hätte in diesem Zuge aber feststellen müssen, so erläuterte er mir gegenüber, dass er seine Schutzperson keinesfalls um dessen Leben beneidet hätte oder gar mit ihm hätte tauschen wollen.

Er hätte erkannt, dass seine Schutzperson vielmehr selbst eine Rolle hätte spielen, eine gute Miene zum bösen Spiel machen und „zwangsweise" eine aufgesetzte Kommunikation zu vorgegeben Themen hätte führen müssen. Ja, ihm sei klar geworden, dass seine Schutzperson aufgrund der eingeschränkten Möglichkeiten in puncto Abwechslung, Spontanität und des freien Auslebens der Persönlichkeit, trotz oder vielleicht wegen der herausgehobenen gesellschaftlichen Stellung eigentlich eher zu bedauern, denn zu bewundern gewesen sei.

Nach der erfolgreich bestandenen Schauspielschule bekam er Anstellungen in den „großen Häusern" unserer Republik. Es ging ihm wirtschaftlich gut und er konnte sich in dieser Zeit mit dem Beitritt zur „Bayerischen Versorgungskammer", der Versorgungsanstalt der Deutschen Bühnen, kurz „Bühnenversorgung" ein Standbein für die Alters-versorgung aufbauen und damit einem Thema widmen, das er bis dahin niemals wirklich im Fokus gehabt hatte. Die Ausstattung dieses Versorgungswerkes ist als sehr gut zu bezeichnen und stellt neben einer etwaigen Rente aus der Gesetzlichen Rentenversicherung einen ganz wichtigen Baustein der Versorgung der Schauspieler im Alter dar. Dabei ist zu betonen, dass - nicht zuletzt wegen der üblichen zeitlichen Lücken zwischen den Engagements (an Festanstellungen ist in dieser Branche nicht zu denken) - die Altersversorgung nichtsdestotrotz allenfalls dann ausreicht, wenn keine weiteren Verpflichtungen (unterhaltsberechtigte Familienmitglieder oder Hypotheken) zu berücksichtigen sind.

Unser Bernd widmete sich viele Jahre der Schauspielerei an den unterschiedlichsten renommierten, manchmal auch zweitklassigen Häusern und wirkte zudem in Filmen und TV-Serien mit.

Da sich die Engagements quer über die Republik verteilten, waren sie stets mit Umzügen (in Koffern) verbunden. Bei der zwangsläufigen Vielzahl der Standortwechsel kamen natürlich keine klassischen, mit persönlichem Mobiliar und einem heimeligen Ambiente ausgestatteten, Appartements in Betracht, sondern stets nur die theaterseitig temporär angemieteten möblierten Zimmer. So kam es, dass sich Bernd eigentlich immer und überall nur als Gast und eben nie wirklich heimisch fühlte.

Auch wenn es nie Bernds Ding war, routiniert, kontinuierlich und repetitiv in einem immer wiederkehrenden Rhythmus zu leben, musste er für sich erkennen, dass der stetige Wechsel der Unterkunft mit durchgelegenen Schlafsofas, einem fast unerträglichen Stilmix aus lieblos zusammengestellten Sperrmüll-Möbeln, angestoßenem Porzellan, unvollständigem Ikea-Besteck und hässlichen Senfgläsern auf Dauer nicht wirklich befriedigend sein würde.

Es wuchs in ihm der Wunsch, sesshaft zu werden. Er hätte für sich einmal grob überschlagen, dass es jährlich wohl rund 200 Übernachtungen gewesen seien, die er in dieser Art von unpersönlichen Quartieren quer durch ganz Deutschland habe verbringen müssen.

Der Wunsch nach Stabilität wurde bekräftigt durch eine Rolle in einer TV-Serie, in der er einen Vater spielte, der sein Kind auf tragische Weise durch Tod verlor. Er sei emotional so tief in der Rolle verstrickt gewesen, dass es ihm nicht mehr gelungen sei, die Schwermut der Rolle von seinem eigenen Leben fernzuhalten.

Zudem ereilten Bernd in dieser Zeit gleich mehrere Schicksalsschläge in Form tragischer Todesfälle in der Familie bzw. dem engsten Freundeskreis sowie dem Ende einer unglücklichen Beziehung. Er wurde im Zuge dieser Umstände schwer depressiv und schlitterte in einen tief greifenden Abwärtsstrudel, aus dem er sich nur mit intensiver externer Hilfe wieder befreien konnte. Die bewusste Rolle wäre eigentlich eine Lebensstellung gewesen, zumal die Serie mit ihm für eine Laufzeit von zehn Jahren konzipiert, dann aber schließlich nach nur einem Jahr eingestellt wurde.

Es seien vorrangig künstlerische Ansprüche gewesen (zum einen an sich selbst zum anderen aber auch an das Renommee der Theater), die ihn davon abhielten, allen „Rufen" zu folgen. Aus dem letzten festen Theater-Engagement war er nach Streit mit den Regisseuren im Unfrieden gegangen, was sich nicht gerade förderlich auf Folge-Engagements in anderen Häusern ausgewirkt habe, aber er habe sich halt nicht verbiegen lassen wollen ...

Die Luft sei dann aber im Laufe der Zeit immer dünner geworden und er habe sich zwangsweise hier und dort auch unter Wert verkaufen müssen, was natürlich auch dem Umstand geschuldet war, dass er altersbedingt und aufgrund mittlerweile bestehender gesundheitlicher Probleme nicht mehr für jedes Profil die passende Besetzung darstellte.

Ja, er hätte für Shows auf den großen Kreuzfahrtschiffen durchaus Angebote bekommen, aber das sei so weit weg von seinen Ansprüchen gewesen, dass er aus voller Überzeugung auf diese Art des schauspielerischen „Gnadenbrotes" dankend verzichtete.

So habe er dann für sich den endgültigen Entschluss gefasst, in seine Heimat zurückzukehren und fortan konsequent auf auswärtige Engagements zu verzichten.

Er blieb sich und seiner Linie treu und zog konsequent selbst den Schlussstrich unter seine schauspielerischen Aktivitäten und resümierte, dass es eine spannende, erlebnis- und erfahrungsreiche Zeit gewesen sei, die er keinesfalls missen und auch nicht als vertane Zeit bezeichnen würde, die nun aber unweigerlich vorbei sei.

Wichtig sei ihm zu diesem Zeitpunkt (rund drei Jahre vor dem Ruhestand) gewesen, seine Heimatstadt nunmehr nicht mehr verlassen zu müssen und endlich eine ruhigere Zeit erleben zu dürfen, nachdem er früher die Jahre hätte an sich vorbeirauschen sehen, an denen er kaum mehr als vier bis fünf Tage Urlaub gehabt hätte. Es sei jetzt an der Zeit, kürzerzutreten, das Leben zu genießen und nur noch das Nötige zu tun, um ein Grundeinkommen für den täglichen Lebensunterhalt zu erzielen.

Zu diesem Zwecke würde er an drei bis vier Tagen in der Woche Taxi - ausschließlich im Nachtbetrieb - fahren. Diese Tätigkeit würde sehr gut in sein „Bloß keine Routine"-Profil passen und hätte ihm schon so viele Geschichten, Erlebnisse und Kuriositäten beschert, mit denen er locker ein Buch füllen könnte, das er vielleicht sogar tatsächlich einmal schreiben würde, ohne dass er sich jetzt dazu schon festlegen wolle.

Auf meine obligatorische Schlussfrage, ob er die Schritte dieses abenteuerlichen beruflichen Werdegangs noch einmal so gehen würde, bzw. es bereut hätte, stets seiner Intuition bzw. seinem Lebensmotto „Niemals Routine" gefolgt zu sein, überlegte er etwas länger als die anderen Protagonisten und antwortete auch ausführlicher als diese.

Ja, alle wesentlichen, richtungsweisenden Entscheidungen und es seien derer viele gewesen, würde er in der Rückschau noch einmal so treffen und er sei froh, sich und seiner Linie treu geblieben zu sein. Insbesondere die Entscheidung, nach der langen Wartezeit das Medizin-Studium doch nicht angetreten zu haben, sei richtig gewesen, zumal er doch höchstwahrscheinlich nie glücklich in diesem Beruf geworden wäre. Ja, wenn es denn die Chance gäbe, das Rad noch einmal zurückzudrehen, dann allenfalls, um seine heutige Erkenntnis, dass es ein Fehler gewesen sei, aus Scheu vor der Übernahme von Verantwortung für Dritte auf die Übernahme von diversen Führungspositionen zu verzichten, zu revidieren. Hierzu habe ihm letztlich immer wieder der Mut gefehlt, was mich nachhaltig erstaunt hat, weil doch gerade dieser Mann in der Zeit als Elitepolizist seinen Mut und seine Furchtlosigkeit so eindrucksvoll unter Beweis gestellt hatte. Es gäbe halt mehrere Arten von Mut, wusste er zu erwidern.

Ja, er hätte auch das eine, eigentlich großartige Engagement nicht vorschnell aus persönlicher Verärgerung über die unpassende Sichtweise der Intendanz hinwerfen sollen, aber das sei nunmehr Geschichte. Wo immer sich eine Tür geschlossen habe, hätte sich auch eine andere aufgetan und im Nachhinein sei man halt immer schlauer. In der Gesamtschau sei er aber absolut zufrieden mit seinem Weg und mit sich selbst wirklich im Reinen. Er könne jetzt den Zeitpunkt seines Übergangs in das Stadium des Ruhestands mehr oder weniger selbst frei wählen. Er hätte durch das zuvor zitierte Versorgungswerk eine auskömmliche Rente, mit der er zwar nicht die ganz großen Sprünge machen könne, aber wirklich gut zurechtkäme und definitiv keine Altersarmut befürchten und auch niemals grausige Theater-Experimente mehr annehmen müsse.

Zum Schluss unseres sehr langen und bewegenden Gespräches gab er mir noch einen rührenden und sehr nachhaltig wirkenden Satz mit auf den Weg, auf den ich im obligatorischen Abschnitt „Persönliche Anmerkungen" noch intensiver eingehen möchte.

<u>Persönliche Anmerkungen:</u>

Beim Gespräch mit Bernd ist unser Essen kalt geworden, weil wir dieses bei der gebotenen Konzentration auf den sehr intensiven Dialog schlichtweg vergessen hatten. Das mag auf den ersten Blick banal erscheinen, ist mir aber als „leidenschaftlicher Esser" zuvor noch nie passiert.

Aus diesem Umstand können Sie ermessen, wie fesselnd diese Unterhaltung mit Bernd für mich gewesen ist. Ich habe eine Vielzahl von Gesprächen im Zuge der Recherchen zu diesem Buch geführt, aber bei keinem so fasziniert, mit offenen Mund an den Lippen meines Gegenübers gehangen, wie bei diesem langen, aber absolut kurzweiligen Gespräch.

Das „Geschenk", diese bewegende, lebensmutige Geschichte derart authentisch gehört zu haben, war es allemal wert, im Nachgang kalte Bratkartoffeln „genießen" zu müssen.

Ich habe Bernd mehrfach zu verstehen gegeben, dass ihm für seinen Mut, die Konsequenz und die Prinzipientreue, mit der er seinen völlig eigenen Werdegang bestritten hat, ein hohes Maß an Respekt zolle.

Nunmehr komme ich, wie im letzten Absatz der Geschichte ange-kündigt, zu seinem Schlusssatz, der völlig überraschend für mich kam und bei dem ich länger habe innehalten müssen, um mir seiner Bedeu-tung bewusst zu werden.

Er sagte sinngemäß „... *All das sei doch aber in keiner Weise eine Erfolgsstory und von daher könne sein Lebensweg doch eigentlich kein positiver Beitrag für mein Buchprojekt sein ...* ".

Er hatte offenkundig lange mit sich gerungen, diesen Aspekt anzusprechen, er tat dieses auch sehr emotional bewegt und mit feucht glänzenden Augen, einer Regung, die ich bei einem solchen hochintelligenten „Powerman", der ja eigentlich vor nichts und niemand Angst hatte, niemals erwartet hatte.

Ich konnte ihn im - dann wieder neu aufgenommenen - Gespräch dahingehend „beruhigen", dass sein Lebensweg absolut passend für das Buch sei, weil es aufzeigen würde, dass es sich lohne, der eigenen Intuition zu folgen und sich und seiner ureigenen Persönlichkeit treu zu bleiben. Es sei doch völlig unerheblich, ob irgendwelche (überholte) gesellschaftlichen Konventionen oder Sichtweisen, eben diesen Weg an der einen oder anderen Weggabelung u. U. für einen Karriereknick hielten ...

Abschließend gab ich ihm dann mit auf den Weg, dass sein Werdegang sehr wohl eine unbedingte Erfolgsstory sei, zumal er einer der ganz wenigen Persönlichkeiten sei, die sich in keiner Weise hätte verbiegen lassen, die niemals von ihrem individuellen Werteschema und Prinzipien abgewichen wäre und dafür sogar sehr erhebliche monetäre Nachteile in Kauf genommen hätte.

Bernd, vielen Dank für Deine einzigartige Geschichte. Ich bin stolz und glücklich, dass Du mich an Deiner Lebensphilosophie hast teilhaben lassen. Ich wünsche Dir für die vor Dir liegenden ruhigeren Zeiten alles erdenkliche Gute, immer ein bisschen Abwechslung und Action mit einer Prise intellektueller Herausforderungen, ohne die Du doch gar nicht kannst, oder?

Kapitel 11 - Cornelia

„… Damit Sie wieder leuchten können …"

(Leitmotiv ihrer Heilpraktiker-Praxis)

Cornelia wuchs neben ihrem älteren Bruder als Tochter eines Ehepaares, das im Speckgürtel einer deutschen Metropole eine Schönheitsfarm für Ganzkörperkosmetik betrieb, in vermögenden Verhältnissen auf.

Bedingt durch die Wertevermittlung ihrer Eltern und ihr stark ausgeprägtes Bauchgefühl folgte sie schon früh dem Wunsch, ganzheitlich am und für den Menschen zu arbeiten. Sie besuchte zunächst eine sehr angesehene private Berufsfachschule für Kosmetik und lernte dabei neben den klassischen auch Behandlungsmethoden, die darüber hinaus in den gesundheitlichen Bereich hineinreichten, wie Lymphdrainage oder Fußreflexzonenmassage. Der Grundstein für das Interesse an der Medizin war geweckt und ließ Cornelia fortan nicht mehr los.

Weil sie schon immer dynamisch und rastlos war, reichten ihr diese Einblicke in die Medizin aber nicht aus, und so nahm sie als Gasthörerin an vielen Vorlesungen im Fachbereich Medizin an der Universität in der benachbarten Metropole teil. Selbst dieser zusätzliche Part an wissenschaftlichen Input konnte sie, in ihrem Drang, alles verstehen zu wollen, nicht vollends befriedigen. Daher ließ sie sich von ihrer Wissbegier und ihrem Bauchgefühl auch regelmäßig zu Vorlesungen in den Fakultäten Biologie und Ozeanografie treiben.

Eigentlich war die erwähnte Kosmetikausbildung in erster Linie als Überbrückung der Wartezeit bis zum Beginn des angedachten Studiums der Biologie vorgesehen, und so passten die Vorlesungen an der Uni durchaus dazu.

In einem sehr langen und zudem offenen und sehr persönlichen Gespräch eröffnete sie mir, dass der Schritt in diese Ausbildung aber natürlich auch von dem Gedanken getragen war, den elterlichen Betrieb im Notfall fortführen zu können.

Sie absolvierte ein einjähriges Berufspraktikum im elterlichen Kurheim und entwickelte sich schnell zu einer voll integrierten und vor allem sehr geschätzten Mitarbeiterin, der es stets gelang, einen sehr auf die ganzheitliche Betrachtung der Patientinnen gerichteten Behandlungsstil zu etablieren und einen feinfühligen und authentischen Draht zu den Kurgästen des Institutes zu entwickeln.

Bereits im Jugendalter hatte sie begonnen, in dieses Umfeld hineinzuwachsen und bekam dabei sukzessive zusätzliche Aufgaben übertragen, beginnend mit Waldspaziergängen für die Kurenden bis hin zu Unterrichtsstunden über Ernährung und als Übungsleiterin für Jazz-Gymnastik.

Das Ganze spielte sich - wohlgemerkt - auch während der Berufsausbildung weiterhin ab, die jeweils bis mittags dauerte und seitens ihrer Eltern mit der Erwartungshaltung verbunden war, dass Cornelia nachmittags bereitzustehen hatte, nicht zuletzt, um auch die praktische Seite dieses Berufes von der Pike auf zu lernen. Es gab so gut wie keine Chance für Cornelia, sich diesem „Regiment" einmal zu entziehen ...

In den Zeiten, in denen das Institut so ausgebucht war, dass auch ein Hotel im Ort in Beschlag genommen wurde, musste Cornelia wie eine vollwertige Kraft aushelfen und viele Funktionen selbständig ausüben.

Mit dem schweren Motorradunfall des geliebten Bruders wurde das Interesse, sich noch stärker im gesundheitlichen Bereich zu engagieren, endgültig wieder geweckt. Es stand für Cornelia nunmehr fest, Medizin studieren zu wollen.

Cornelia verzichtete auf das Biologie-Studium und entschied sich, wieder einmal aus einem Bauchgefühl heraus, eine Ausbildung zur Heilpraktikerin zu absolvieren, weil sie den Eindruck hatte, auf diesem Wege deutlich stärker ganzheitlich am und für den Menschen arbeiten zu können, als in der symptomorientierten, klassischen Medizin.

Parallel dazu besuchte sie im Sinne ihres bereits zitierten Taten- und Wissensdrangs privat noch Vorlesungen, Obduktionen und Seminare an einer der ältesten Universitäten in Deutschland, in einer „der" deutschen Studenten-Städte.

Bis zu jenem tragischen Unfall ihres Bruders war sie sich ihres Bauchgefühls bezüglich der Auswahl der „richtigen" Fakultät noch nicht sicher. Hinsichtlich des weiteren Lebensweges, empfing sie intuitiv nämlich auch starke Signale in Richtung des Studiums der Theologie, was ihrem Naturell, allem und jeder Fragestellung auf den Grund zu gehen, genauso stark entsprochen hätte, wie eben jener Weg, den sie in dieser schicksalhaften Situation für sich gewählt hat.

Cornelia wäre nicht „unsere" Cornelia, hätte sie nicht noch eine dritte bzw. sogar vierte Option ernsthaft in Erwägung gezogen, nämlich jene des Studiums der Forstwirtschaft bzw. des Designs. Diese Visionen hat sie dann aber schließlich nicht mehr weiter verfolgt. Die Letztere wäre übrigens durchaus erfolgversprechend gewesen. Wer je Skizzen von ihr gesehen hat, erkennt sofort das außergewöhnliche Talent, das auch auf diesem „Sektor" in ihr steckt.

Wie auch in einigen anderen Fällen dieser Sammlung von „Bauch-gefühl-Lebensgeschichten" hatte Cornelia das Problem, zu jung zu sein und so musste sie geduldig warten, bis ihr der Titel Heilprak-tikerin verliehen wurde (Mindestalter: 25 Jahre).

Im Gegensatz zu den meisten ihrer Kolleginnen und Kollegen, die sich in der Regel auf ein Fachgebiet wie z. B. das der Homöopathie spezialisiert haben, verfolgte sie stets ihr Idealbild, nämlich jenes einer Anthroposophin, die den Menschen als Ganzes mit allen seinen Facetten betrachtet und für jeden Patienten ein individuelles Paket an Behandlungen um ihn herum gruppiert.

Durch stetige Fortbildung (ja, der unbedingte Wissens- und vor allem „Verstehens"-drang war noch lange nicht gesättigt) baute sie ihr Repertoire an Behandlungsweisen immer weiter aus. So absolvierte sie unter anderem auch ein Praktikum in den Vereinigten Staaten.

Wer sie kennt, kann natürlich ermessen, dass sie jenes Praktikum nicht irgendwo im 38. Stock eines Wolkenkratzers einer Millionenstadt, sondern in einem Indianer-Reservat in Arizona durchlief, wo ein „weiser Professor" (mit übrigens sieben Doktortiteln), wie sie ihn bezeichnete, sie nachhaltig in ihrer heutigen Sichtweise, insbesondere auch in Richtung „Meditation" prägte.

So war wohl auch die Weisheit des „Höre auf Dich selbst", die wichtigste Lehre, die sie von dort mitnahm.

Sie lernte dort eine Vielzahl an Methoden für ihre spätere Arbeit, die durch ihren Professor selbst erforscht und bewiesen worden waren, und gewann durch ihn und auch durch den Kontakt mit Walen und Delfinen Kraft, Zuversicht und Selbstsicherheit, die ihr auch später bei der Arbeit mit Jugendlichen weiterhalfen.

Diese Art, an sich selbst und einen guten Gott glaubend, positiv an die Herausforderungen des Lebens heranzugehen, haben ihr aber auch geholfen, den Zugang zu den Schritten und Entscheidungen zu finden, die ihr damals bevorstanden.

Im Nachgang betrachtet, so beschrieb sie mir - sichtlich bewegt - war es wohl diese „Lehrzeit", die sie, wie kaum ein anderer Schritt im Zuge ihres beruflichen Werdeganges, geprägt und sensibilisiert hätte.

1987 eröffnete sie schließlich ihre „Naturheilkundliche Praxis für Ganzheitsmedizin" unweit der elterlichen Schönheitsfarm. In steter Erweiterung des eigenen Horizonts erwarb sie die Zusatzqualifikation zur geprüften Gesundheitsberaterin (GGB) und ließ sich zudem zur Reiki-Meisterin ausbilden.

Sie war und ist stets bereit, all ihr Wissen zu teilen, so bietet sie selbst auch Kurse an, um ihren Klienten die Methoden des Reiki nahezubringen und diese Lehre somit weiter zu verbreiten.

Für die immer noch wissbegierige Cornelia war auch diese Horizonterweiterung noch nicht umfassend erfüllend, sodass sie nach entsprechenden Unterweisungen nunmehr auch Chakra-Therapeutin ist und ihr Profil mit Zusatzausbildungen auf dem Gebiete der Cranio-Sacral-Therapie und in Shiatsu abrundete.

Das „Sahnehäubchen" bildeten schließlich weitere Qualifikationen in Yoga und Tai Chi, um dem Leitbild des ganzheitlich zu betrachtenden Patienten noch fundierter gerecht werden zu können, nicht zuletzt aber auch, um noch besser den Weg zu sich selbst und ihrer ureigenen Energiequelle zu finden, wie sie mir mit glänzenden Augen berichtete.

So verschob sich ihr zunächst klassisches Feld der ganzheitlich orientierten Heilpraktikerin auch immer mehr in Richtung der Traumarbeit, der Mentaltherapie und des Persönlichkeits-Coachings.

Ihre seit der Jugend parallel verlaufende tänzerische Ausbildung im Bereich moderner Tanz und Ballett *(wann, liebe Cornelia, hast Du denn überhaupt noch Freistunden gehabt, um Dich auch noch an dieser Stelle auszutoben?)* schuf bzw. verstärkte ihr Bewusstsein für Bewegung als eine Form der effektivsten und nachhaltigsten Heilungsförderung.

Es war schließlich auch der Tanz, der ihr ihren Ehemann „bescherte", mit dem sie heute (nach über 25 Jahren) immer noch glücklich verheiratet ist. Auch an der „Stelle" blieb sie ihrem Prinzip, allem auf den Grund gehen zu wollen, treu und verliebte sich keinesfalls auf den ersten Blick, sondern baute zunächst sehr langsam Vertrauen auf, bevor sie schließlich „ja" sagte.

Sie sieht die Gabe von Medikamente immer nur als einen Schritt von vielen an und setzt genauso auf „Energiearbeit", wie auch auf neue Therapien wie z. B. die des PowerQuickZap von Martin Frischknecht oder das Neurophone nach Patrick Flannagan, damit Körper und Seele wieder ihre gesunde Ordnung finden. Reiki dient ihr dabei als ein wesentliches, unterstützendes Element.

Nicht unerwähnt bleiben sollte der Umstand, dass sie es trotz dieses ungeheuren Pensums schaffte, nicht nur „nebenbei", sondern mit Hingabe drei Kinder großzuziehen und in der elterlichen Schönheitsfarm sowohl unterstützende Tätigkeiten in den Bereichen Klientenbetreuung, Planung und Einkauf zu übernehmen als auch Vorträge über Gesundheit, Ernährung und Lebensführung zu halten. Zudem war sie zeitweise sogar für die Geschäftsführung verantwortlich.

2003 schließlich setzten sich ihre Eltern zur Ruhe.

Sie war froh, nunmehr noch mehr „Freiheiten" zu haben, um diese für die Realisierung alter und neuer Ideen zu nutzen *(warst Du denn immer noch nicht erfüllt, liebe Cornelia?)*. So nutze sie die gewonnene Zeit u. a. für (von Ihr geleitete) Studienreisen nach Florida, um dort ihre Kenntnisse über die Methoden zur Gesundung, Selbsterkenntnis und Energiearbeit durch das Schwimmen mit frei lebenden Delfinen zu vertiefen.

In ihrer Freizeit *(kann ja wohl fast nur nachts sein, oder Cornelia?)* fotografiert sie gern und hat es hier auch schon zu einer eigenen Ausstellung gebracht.

Sie ist - im absolut positiven Sinne - stark „mitteilungsbedürftig" und möchte ihre positiven Erfahrungen stets gern mit einer Vielzahl von Menschen, mit denen sie es gut meint, teilen und andere an ihrer - aus sich selbst heraus erzeugten - Energie teilhaben lassen. Sie schreibt regelmäßig Rundbriefe an einen großen Kreis interessierter Klienten und Freunde.

Eine Sammlung dieser - meist mit eigenen Fotos versehenen - wirklich sehr motivierenden Rundbriefe (auf neuhochdeutsch würde man wohl „Newsletter" dazu sagen) ist inzwischen auch als Buch unter dem Titel „Die Welt ist schön" (ISBN 978-3-00-044257-5) erschienen.

Sie ist im vorpolitischen Raum sozial sehr engagiert und beteiligt sich an vielen Aktionen für Klima-, Natur- und Umweltschutz, zum Teil gehen diese sogar auf ihre eigene Initiative zurück. Ihr Schwergewicht liegt dabei im Erhalt der ökologischen Systeme, um den Kindern eine möglichst gute und vor allem gesunde Zukunft zu geben.

Chancengleichheit ist ihr ein sehr wichtiges Anliegen. So gründete sie eine gemeinnützige Einrichtung, um es sozial benachteiligten Kindern zu ermöglichen, kostenlos Sprechstunden für ganzheitliche Gesundheit zu nutzen und Erfahrungen mit Reiki sammeln zu können.

Um aber noch mehr für die Situation der Kinder und Jugendlichen in ihrer Stadt zu tun, hat sie sich auch politisch ehrenamtlich engagiert, zunächst einmal in der Heimatkommune ihrer Eltern und später dann im Rat ihrer Heimatstadt. Sie ist dort als agil, konsequent, nachhaltig und besonders hartnäckig bekannt. Ihr wichtigstes politisches Ziel ist das Thema „Prävention", mit dem sie leider immer noch nicht das Maß an Gehör findet, das dieses Thema verdient hätte. Es wäre nicht nur im Interesse der Kinder, denen Krankheit und Leid erspart werden könnte, sondern längerfristig auch ein positiver Aspekt für die Finanzen, da Prävention auf Sicht günstiger ist als die späteren (vermeidbaren) Behandlungskosten.

Interessant ist dabei zu beobachten, dass sie sich vorrangig ihren Zielen und ihrem Gewissen und weniger den internen, parlamentarischen (Fraktions-)zwängen verpflichtet fühlt und auch keine Scheu hat, auch bei den sozialpolitischen Sprechern und Vertretern aus den anderen Reihen Mitstreiter und Mehrheiten zu suchen.

Sie hat sich mit dieser pragmatischen und unkonventionellen Art der Kommunalpolitik nicht nur Freunde gemacht, aber es wäre nicht „diese eine Cornelia", wenn sie sich davon nicht nur nicht abschrecken ließe, sondern auch dieser Situation - wie auch all den anderen Anforderungen des Lebens - sogar noch eine positive Seite abgewinnen würde.

Es seien die Familie, ihr Zusammenhalt und die gemeinsamen Stunden des Gedankenaustausches, die ihr die Kraft gäben, all diese Aktivitäten für Bauch und Seele betreiben zu können. Es sei ein äußerst beglückendes Gefühl („... mit das Schönste ...", sagt sie), wenn sie abends „Gute Nacht Ihr alle!" durch das Haus riefe und aus allen Zimmern ein „Gute Nacht" in jeweils einer anderen Stimmlage zurückkäme.

Ja, sie würde alles wieder so machen, antwortete sie mir auf meine obligatorische Schlussfrage. Es sei ein befriedigendes Gefühl, anderen zu helfen, sie vielleicht sogar glücklich machen zu können bzw. sie anzustecken, einen eigenen, erfüllten Weg zu beschreiten.

Und weil Cornelia nun mal jene Cornelia ist, die wir hier ausschnittsweise haben kennenlernen dürfen, hat sie natürlich die bereits anfangs erwähnten anderen Visionen und Botschaften ihres Bauchgefühls nie wirklich aus dem Blickfeld verloren. Sie hat inzwischen tatsächlich das aufwendigste und längste Studium überhaupt, das der Theologie, aufgenommen. Dazu muss man wissen, dass hierzu obligatorisch das große Latinum, Graecum und Hebraicum gehört. Dabei strebe sie kein Pastorat oder Vikariat an, sondern sähe das Ganze als eine Form der „Horizonterweiterung".

Persönliche Anmerkungen:

Mir war es vergönnt, dass ich Cornelia nicht nur im Rahmen unserer Gesprächstermine zum Thema „Bauchgefühl", sondern auch als ihr Klient und in Ausübung ihres politischen Mandats erleben durfte, und ich so einen tieferen Einblick in das Leben dieser faszinierenden Persönlichkeit gewinnen konnte, als dieses bei den meisten anderen Protagonisten dieser Sammlung möglich war.

Es war jene Cornelia, die mich mit den „Werkzeugen" ausstattete, die es mir ermöglichten, Bilanz über meinen Werdegang zu ziehen und mir zugleich meiner ureigenen Wünsche und Visionen bewusst zu werden. Ohne ihr „… wenn ich könnte, wie ich wollte, würde ich…" wären mir viele meiner innersten Wünsche verborgen geblieben. Einen Einblick in diese Methodik finden Sie in Teil III am Ende dieses Buches.

Insofern fällt es mir in diesem „Fall" ganz besonders leicht, zu bestätigen, dass sie in ihrer Tätigkeit, ihrem Wirken und ihrem Engagement, das ich aus Platzgründen auf die großen Themen beschränken musste, wirklich aufblüht und ihre absolute Erfüllung gefunden hat und jedermann mit ihren leuchtenden Augen daran teilhaben lässt.

Es setzt sich ja immer mehr durch, die eigene Signatur im E-Mail-Verkehr mit mehr oder wenigen passenden und zudem meist geklauten „Lebensweisheiten" zu versehen, um sich mit einem Hauch der Einzigartigkeit zu umgeben. Auch Cornelia hat dieses getan. Im Gegensatz zu den vorgenannten „Philosophen" kommt ihre Weisheit aber authentisch aus ihr selbst heraus. Mit der kurzen und prägnanten Botschaft „… *Damit Sie wieder leuchten können* …" bringt sie das umfassende Wirken, mit dem sie mich und mit Sicherheit auch viele andere immer wieder und nachhaltig fasziniert, absolut treffend auf den Punkt.

Liebe Cornelia, es war eine großartige Erfahrung, Dich auf so mannigfaltige Art kennengelernt zu haben. Ich wünsche Dir für alle Deine Vorhaben, deren Liste sich ja immer noch stetig erweitert, Glück, Kraft, Zufriedenheit und Zuversicht. Bleib' wie Du bist, lass' andere leuchten, indem Du sie weiter mit Deiner positiven Energie ansteckst, und höre vor allem weiter auf Deine innere Stimme, die Dich noch nie getäuscht hat.

Ich danke Dir für die sehr offenen, spannenden und kurzweiligen Gespräche und Deinen großartigen Beitrag zu diesem Werk.

Liebe Cornelia, ohne Dich wäre dieses Buch vermutlich nie erschienen, aber auf keinen Fall hätte es diese positive Intention gehabt, die Du mir vermittelt hast. D A N K E !!!

Kapitel 12 - Dorina

„... Es ist mir ausgesprochen wichtig, in einem Team wechselseitigen Respekts zu dienen, in dem jedes Mitglied wertgeschätzt und ernst genommen wird und die Ärzte nicht auf das Pflegepersonal herabschauen ..."

Dorina wuchs als Einzelkind eines Dachdeckers und einer Heilpädagogin in einem sehr kleinen und zudem tendenziell überalterten Dorf auf dem Gebiet der neuen Bundesländer auf. Daher scheint es verständlich, dass Dorina seitens ihres Bauchgefühls schon früh den Wunsch entwickelte, die große Welt kennenzulernen, wobei ihr in diesem Sinne die Metropolen in den „alten Ländern" schon weit genug erschienen.

Es gab in ihrem beschaulichen Dorf eine - zumindest aus Dorinas damaliger, kindlicher Sicht - sehr alte, von Demenz geplagte Frau, mit der sie sich recht gut verstand. Sie besuchte sie oft, war ihr stets eine helfende Hand und führte ihren Dackel aus.

Sie spürte - angetrieben von ihrem Bauchgefühl - so schon im Alter von zehn oder elf Jahren ihre besondere Gabe, sich einfühlsam um pflege- und hilfsbedürftige Menschen kümmern zu können. Diese Erfahrung prägte sie nachhaltig und verstärkte zunehmend den Wunsch, sich später einmal beruflich in dieser Richtung zu orientieren.

Somit galt es bereits als sicher, dass Dorina auch das obligatorische Schulpraktikum im Krankenhaus des Kreises absolvieren würde. Es kam jedoch anders. Ein auch überregional bekanntes „Jahrhunderthochwasser" versperrte ihr schlichtweg den Weg, konnte aber andererseits auch ihren Drang, nach Ende der Schulausbildung den Beruf der Krankenschwester zu erlernen, nicht aufhalten. Sie entschied sich, das verpasste, schulseitig organisierte Praktikum durch eine selbst organisierte, freiwillige Hospitation in den Winter-(Weihnachts-)Ferien zu ersetzen und fuhr, während alle anderen feierten, bei Wind und Wetter, Eis und Schnee mit dem Fahrrad zum Krankenhaus.

Sie war nun 16 Jahre alt, hatte nach 10 Schuljahren den Schulabschluss, die sogenannte Oberschulreife, erreicht, war aber - wie auch einige andere aus dieser Sammlung von Bauchgefühl-Lebensgeschichten - formal schlichtweg zu jung, um ihren Wunschberuf zu ergreifen.

Die deutsche „Bürokratenseele" hatte an dieser Stelle - aus welchen Gründen auch immer - ein Mindestalter von 17 Jahren vorgesehen.

Es blieb ihr nichts anderes übrig, als die Schullaufbahn weiter zu beschreiten, um das halbe Jahr bis zum Erreichen des 17. Lebensjahres sinnvoll zu „überbrücken".

Ihr Bauch erinnerte sie nunmehr zunehmend häufiger an ihren Kindheitstraum, dem Leben in einer der Metropolen, in denen „die Musik spielt". Es reifte in ihr der Entschluss heran, sich genau dort um einen Ausbildungsplatz zu bemühen. Das Vorhaben stellte sich angesichts des steigenden Bedarfs an engagierten Schwestern als deutlich unproblematischer heraus, als sie es befürchtet hatte. Schnell hatte sie eine entsprechende Zusage aus der Stadt ihrer Kindheitsträume in der Tasche. Es sollte sich jedoch schmerzlich herausstellen, dass diese Erfolgsmeldung nur die „halbe Miete" sein sollte, hatte sie nun doch die deutlich schwierigere Aufgabe, in dieser Weltstadt ein passendes Quartier zu finden. Eine fast unlösbare Aufgabe angesichts der Mieten in dieser Stadt und ihres schmalen verfügbaren Budgets.

Erschwerend kam hinzu, dass sie neben den Kontakten in der Berufsschule und im Krankenhaus selbst niemanden vor Ort kannte. In diesem Moment schien ihr die Beschaulichkeit ihres Dorfes sehr verlockend, doch so schnell wollte sie ihren Traum vom Leben in der „Welt" nicht aufgeben.

Darüber hinaus verschärften auch „politische" Probleme ihre persönliche Situation. Die Stadt ihres Herzens hatte just zu diesem Zeitpunkt ihre Krankenhäuser an einen Investor verkauft und damit das Zepter für Personalfragen aus der Hand gegeben. So kam es dazu, dass ihre komplette Ausbildungsklasse nicht ins Anstellungsverhältnis übernommen wurde.

Sie hatte aber bereits während der Ausbildung im Pflegedienst des Roten Kreuzes gearbeitet und weitete diese Tätigkeit nun auf 30 Stunden pro Woche aus, zum einen, um zu „üben", zum anderen natürlich auch aus finanziellen Aspekten.

Diesen „Zusatzjob" musste sie angesichts der unerwarteten Situation zunächst beibehalten und übernahm zudem auch noch das Mandat einer Praxisanleiterin und Ausbildungsbegleiterin für Schüler im praktischen Bereich.

Ja, sie war als examinierte Gesundheits- und Krankenpflegerin für diese Aufgaben eigentlich deutlich überqualifiziert, aber die akute Situation war so, dass sie keinesfalls zu euphorisch bzw. selbstbewusst diesen halbwegs einträglichen „Rettungsanker" ohne Not aufgeben wollte.

Trotz allem bewarb sie sich spontan bei einem Krankenhaus im Speckgürtel dieser Metropole. Man bot ihr dort zunächst eine Beschäftigung auf Basis eines befristeten Arbeitsvertrages an, den sie bereit war, zu akzeptieren, wenn dafür die Fortführung des bewussten Beschäftigungsverhältnisses mit der DRK als Nebenjob auf € 400-Basis genehmigt werden würde, weil sie nur so ihren Lebensunterhalt bestreiten könne.

Bis 2013 habe sie diese Doppelbelastung praktiziert, diese dann aber - nicht zuletzt bedingt durch den Schichtdienst - schließlich doch aufgeben müssen.

Sie fühlte sich wohl im neuen - deutlich überschaubareren - Umfeld dieses schon fast als familiär zu bezeichnenden Krankenhauses. Sie war stets wissbegierig, wollte nie „stehen bleiben", wie sie es mir gegenüber bezeichnete, den Anschluss nicht verpassen, sodass sie ihr Bauchgefühl immer wieder zu einer Vielzahl von Aus- und Fortbildungen trieb. So wurde sie u. a. zur spezialisierten Wundexpertin ausgebildet.

Es war stets ihr Bestreben, zur Station „Inneres" zu gehören, weil dort - aus ihrer Sicht - das weiteste Spektrum und die größten Herausforderungen auf sie warten würden. Noch wichtiger war ihr aber die Beibehaltung ihres neuen Standortes und Lebens- mittelpunktes, nachdem ihr dieses Krankenhaus längst ans Herz gewachsen war. Es sei nicht ein so unpersönlicher „Moloch" wie die ganz großen Häuser, erläuterte sie mir in unserem ausführlichen, persönlichen Gespräch.

„Immer am Ball bleiben", immer Updates besorgen, nie stehen bleiben, das waren und sind die Leitmotive, die ihr wichtig erscheinen. Sie lebt den - gerade für diesen schweren Beruf - unerlässlichen Dienstleistungsgedanken absolut authentisch, ohne den diese aufopferungsvolle Aufgabe gar nicht wahrgenommen werden kann.

Natürlich fiel das weit über das Normalmaß hinausgehende Engagement der jungen Kollegin auch den Führungsreihen auf (was in einem „kleinen Hause", in dem sich das Ärzteteam und das pflegerische Personal untereinander noch kennt, naturgemäß leichter fällt als z. B. in den Uni-Kliniken), sodass sie sich „frech" und selbstbewusst auf die Ausschreibung der Stelle der Stationsleiterin bewarb.

Zwar wäre ihr im ersten Schritt die Stelle der Stellvertreterin lieber gewesen (um sukzessive in die neuen Aufgaben hinein-zuwachsen), aber wenn man denn vorankommen möchte, muss man die Optionen halt so nutzen, wie sie kommen, erzählte sie mir mit einem spitzbübischen Grinsen. Zur Not müsse man halt mal zwei Stufen der Treppe auf einmal nehmen ...

Auf der Station gäbe es rd. 40 stets sehr gut belegte Betten und 23 Mitarbeiterköpfe, die aufgrund diverser Teilzeitregelungen einer Kapazität von 16 Vollzeitkräften entsprächen. In jeder Schicht gäbe es jeweils drei examinierte Krankenschwestern. Hinzu kämen eine Stationssekretärin, zwei Hilfen und turnusmäßig wechselnde Kräfte aus dem FSJ-Programm (Freiwilliges Soziales Jahr). Zudem gäbe es Schulpraktikanten oder Hospitanten aus dem Medizin-Studium, die auch schon für die Vorbereitung der Visite „eingespannt" werden würden.

Sie bekam zwar nicht die ausgeschriebene Stelle der Stations-leiterin, durch das Aufrücken der bisherigen Stellvertreterin aber deren Position und damit genau jene Aufgaben, die sie ohnehin eigentlich angestrebt hatte. Wieder einmal hatte sie ihr Bauch-gefühl mit der Bewerbung in die richtige Richtung „geschubst".

Sie blieb ihrem Trend nach stetiger „Horizonterweiterung" treu, absolvierte Führungsseminare und machte sich zudem mit dem „Monstrum" des Abrechnungssystems umfassend vertraut.

Während die Stelleninhaberin der Stationsleitung vom Schichtdienst befreit ist, um ihrer Führungsfunktion tagsüber gerecht zu werden, leistet ihre Stellvertreterin, „unsere" Dorina, normalen Schichtdienst und übernimmt in Abwesenheit der Stationsleiterin ihre Führungsfunktion. Diese Regelung sei ideal für sie, weil sie so temporär in die Aufgaben einer Führungskraft hineinwachsen könne. Das sei zwar nicht durchgängig und auf allen Stationen so geregelt, habe sich aber angesichts der Größe der Station so bewährt.

Ihr sei bewusst, dass es natürlich auch ruhigere Stationen gäbe, aber das wäre nichts für sie. Sie bräuchte das „ganze Programm" und die Kommunikation drum herum, erzählte sie mir bewegt und absolut authentisch mit glänzenden Augen, die noch viel besser ihre Zufriedenheit mit ihrem Job und der Erfüllung, die damit einherging, zu erklären vermochten, als sie es selbst hätte verbal artikulieren können.

Ja, sie wolle sehen, was sie am Ende der Schicht geschafft habe, sie wolle fühlen, dass die geleistete Hilfe des gesamten Teams aus Ärzten und Pflegepersonal erfolgreich war und die Zufriedenheit der Patienten spüren, die ihr noch wichtiger sei als die - eigentlich immer noch unangemessen niedrige - Vergütung für diesen anstrengenden und verantwortungsvollen Job, der zudem noch im familienfeindlichen Wechselschichtbetrieb geleistet werden müsse.

Es sei ihr ausgesprochen wichtig, in einem Team wechselseitigen Respekts zu dienen, in dem jedes Mitglied wertgeschätzt und ernst genommen werde und die Ärzte nicht auf das Pflegepersonal herabschauen. Ein in diesem Kontext bestehendes positives Betriebsklima käme dem gesamten Betrieb, in aller erster Linie aber den wichtigsten Menschen in diesem „Laden" zugute, nämlich den Patienten.

Ja, es gäbe ihr das Gefühl der inneren Zufriedenheit mit sich und ihrer Umwelt, in diesem Umfeld Verantwortung tragen zu dürfen, sich dieser immer wieder bewusst und ihr nach bestem Wissen und Gewissen gerecht zu werden. Es waren nur rund fünf Monate vergangen, und sie war sich schon absolut sicher, „ihr" Krankenhaus und ihre ganz persönliche Berufung gefunden zu haben. Ja, sie sei dann auch konsequent gewesen und sei in diese liebenswerte, kleine Stadt gezogen, obwohl sie sich doch in der Kindheit geschworen hatte, dass es unbedingt die ganz große Welt hätte sein sollen ...

Sie wolle vielleicht irgendwann noch einmal für eine „eigene" Station verantwortlich zeichnen, würde ihr Wissen bis dahin stetig ausbauen, aber derzeit überhaupt keinen Druck in dieser Richtung verspüren. Vielmehr könne sie sich durchaus vorstellen, im jetzigen Umfeld noch ein paar Jahre zu verweilen. Sie habe mal ins Auge gefasst, zusätzlich das Studium der Pflegewissenschaften aufzunehmen, müsse sich aber noch detailliert darüber informieren, ob das Ganze nicht zu trocken und zu wissenschaftlich für sie als „Praktikerin" sei.

Natürlich stellte ich auch Dorina meine obligatorische Schlussfrage, ob sie denn alles noch einmal so machen würde, oder aber den Schritt in die Pflegewelt aufgrund der unterdurch- schnittlichen Bezahlung und des „brutalen" Schichtdienstes vielleicht bereut hätte.

„... Ja, ich würde es alles wieder genauso machen ..." kam es wie aus der Pistole geschossen. „... Ich wusste schon als Kind, dass genau dieses meine Erfüllung sein würde, und bin froh, dass ich dieser Intuition gefolgt bin, obwohl mir durchaus auch andere Türen offen gestanden hätten ...". Es sei die Herausforderung, individuell auf jeden Patienten - insbesondere auch altersgerecht - zu reagieren, niemals abgebrüht und abgestumpft zu wirken, die sie wachhält und eine Vielzahl von Glücksmomenten erleben lässt. Sie müsse aber gleichwohl die Fähigkeit zu entwickeln, die dienstlich erlebten Patientenschicksale und natürlich auch Sterbefälle nicht mit ins Privatleben zu nehmen.

Es würde ihr helfen, sich das „... *Begegne dem Patienten so, wie du es in der Situation erleben möchtest ...*“ immer wieder ins Bewusstsein zu rufen.

Ja, die Zeiten seien rauer geworden. Die Bürokratie würde immer mehr von der Zeit rauben, die sie viel lieber den Patienten widmen würde. Wirtschaftliche Zwänge z. B. in Form der rein theoretisch ermittelten Fallpauschalen würden den Spielraum für individuelle Betreuung immer weiter einschränken. Sie nähme sich aber trotz allem immer die Zeit, dem Leitbild ihres Berufes zu folgen, das sie wirklich verinnerlicht hat.

Dorina nutzte die „Chance“, an dieser Stelle auch gesundheitspolitische Aspekte aus dem praxisorientierten Blickwinkel zum Besten zu geben, offenbarte damit ihren Weitblick und die stark ausgeprägte Gabe, über den Tellerrand des eigenen Aufgabenbereiches hinausblicken zu können. Das „Haus“ könne manchmal nicht so, wie es wolle, und sie erwähnte in diesem Zusammenhang beispielhaft, dass es durchaus Sinn machen würde, deutlich mehr Mittel in die Prophylaxe zu investieren, da es sich langfristig auszahlen würde. Leider sei das aber nicht immer möglich, weil die Abrechnungssysteme des aktuellen Gesundheitssystems diese vorausschauenden Ansätze nicht honorieren würden.

In Zeiten, in denen andere Krankenhäuser wegen mangelnder Profitabilität geschlossen werden würden, sei sie froh, in einem Haus zu arbeiten, in dem die „Innere“ sogar personell noch wachsen würde und es überhaupt keine Anzeichen dafür gäbe, dass die neuzeitlichen „Horrorszenarien“ wie Doppel- oder geteilte Schichten Einzug hielten. Sie sei auch froh, im Krankenhaus und z. B. nicht in der ambulanten Pflege zu arbeiten, wo alles noch viel strikter geordnet sei und mit sehr engmaschigen - knapp kalkulierten - Taktzeiten (zulasten der Pflegebedürftigen) hantiert werden müsse.

Sie sei mit ihrem Leben zufrieden und mit sich im Reinen, auch wenn sie die ganz großen Sprünge halt nicht machen könne.

Persönliche Anmerkungen:

Während viele Jugendliche auch geraume Zeit nach dem Abschluss der Schule noch nicht wissen, in welche Richtung sie sich beruflich entwickeln wollen, weil sie a) noch nicht die Muße hatten, auf ihre innere Stimme zu hören und sich ihrer vermeintlichen Berufung bewusst zu werden, b) viel zu sehr monetäre Aspekte in den Vordergrund stellen, um auf den höchstbezahlten Job - egal welchen Inhalts - mit zudem geringstmöglicher Anstrengung zu warten und c) den Fokus zu sehr auf die - subjektiv empfundene - gesellschaftliche Akzeptanz einzelner Berufe richten, wusste „unsere" Dorina bereits im zarten Alter von zehn Jahren, was sie später einmal werden wollte.

Sie hat viel Kraft und Mühe investiert, um dieses Ziel konsequent zu verfolgen, und alle Schritte mit Bedacht auf diese Vision, die ihre Erfüllung werden sollte, ausgerichtet. Ihr war klar, dass sie mit dieser Entscheidung niemals reich werden und zudem mit denkbar ungünstigen Arbeitszeiten und beträchtlichen Auswirkungen auf ihre sozialen Kontakte würde leben müssen. Sie hat ihren Weg mit großer Gradlinigkeit beschritten, hat auf diesem Wege auch ein hohes Maß an Mobilität bewiesen, indem sie ihren gewohnten Lebensmittelpunkt zweimal zu verlegen bereit war und damit - und das ist das Entscheidende - ihre Berufung und ihr Glück gefunden.

Respekt, liebe Dorina, dafür, dass Du bei der Setzung Deiner ganz persönlichen Prioritäten allein Deinen Gefühlen und Deiner stark ausgeprägten Intuition und nicht etwa der vermeintlichen betriebswirtschaftlichen (überstrapazierten) „Vernunft" gefolgt bist, um irgendeinen, vielleicht besser bezahlten Job mit freien Wochenenden, aber ohne Deine vorbildliche Leidenschaft, auszuüben.

Darina, sei froh und stolz darauf, so gehandelt zu haben. Die Zufriedenheit und die Authentizität, die Du ausstrahlst, sowie dieses Maß an Bestätigung für Dein eigenes Ego und das Gefühl, etwas Gutes zu tun, das Dein Beruf Dir gibt, hättest Du sehr wahrscheinlich auf einem anderen Weg niemals gefunden.

Dorina, es war eine beeindruckende und auch nachhaltige Erfahrung, mit Dir eine Persönlichkeit getroffen zu haben, die mit schier unglaublichen Intensität und Leidenschaft ihrem Beruf nachgeht und ihre „Arbeit" (als eine solche würdest Du sie nie empfinden) mit Hingabe ausübt und sich dabei selbst das Gefühl der Erfüllung verschafft. Etwas Besseres kann es doch im Berufsleben eigentlich gar nicht geben, oder?

Liebe Dorina, ich bin mir absolut sicher, dass Du wirklich Deinen Traumjob gefunden hast und Deinem Wunsch entsprechend in und mit ihm auch „alt" (das ist ja noch ganz lange hin) werden kannst. Darüber hinaus hast Du mir auch glaubhaft vermittelt, dass Du mit dem Umstand, dass es halt doch nicht die Weltstadt geworden ist, die Du zu Deinem Lebensmittelpunkt auserkoren hattest, Deinen Frieden geschlossen hast.

Abschließend danke ich Dir für das sehr offene, spannende und kurzweilige Gespräch und Deine - von der Macht der Intuition gesteuerte - ganz persönliche Geschichte mit ihrem so rundum positiven und glücklichen Fazit.

Kapitel 13 - Frank

„... Man muss Menschen mögen, achten und respek-
tieren wie sie sind, mit allen ihren Schwächen und
Unzulänglichkeiten, um diesem Beruf gerecht zu
werden und Gerechtigkeit gegenüber jedermann üben
zu können ..."

Frank wuchs in bescheidenen Verhältnissen als jüngerer von zwei Brüdern in einer musisch und christlich geprägten Künstler-familie (sein Vater war Dirigent, seine Mutter Hausfrau) in einer deutschen Metropole auf und sollte eine gehörige Portion dieser musischen Talente in die Wiege gelegt bekommen. Sein älterer Bruder ist Ingenieur. Von früh an prägten ihn zum einen der Drang zum Theater bzw. zur Musik und zum anderen ein starker Sinn für Gerechtigkeit. Später sollte es ihm tatsächlich gelingen, beiden Leidenschaften, wenn auch nicht mit der gleichen Gewichtung, einen breiten Spielraum in seinem Leben einzuräumen. Ja, auf den ersten Blick erscheint es tatsächlich abenteuerlich, weil diese grundsätzlichen Ausrichtungen unterschiedlicher kaum sein können.

Schon zu Schulzeiten signalisierte ihm sein Bauchgefühl, dass er seine Erfüllung darin finden würde, später einmal den Weg in die Rechtswissenschaften einzuschlagen. Problemlos kam er durch das Abitur und stand sodann zum ersten Mal vor der eminent wichtigen Entscheidung, dem seinerzeit akuten Bauchgefühl zu folgen und seiner künstlerischen Ader zum Durchbruch zu verhelfen, oder aber der Vernunft zu „gehorchen" und das Studium der Rechtswissen-schaften aufzunehmen.

Verunsichert ob der Tragweite dieser einschneidenden und vor allem nachhaltigen Entscheidung, verschob er sie und begann - aus einer spontanen Intuition heraus - eine „solide" Ausbildung zum Bankkaufmann.

Er beendete die Ausbildung souverän, auch wenn er mir gegen-über einräumte, dass die Inhalte eigentlich nicht sein „Ding" gewesen seien. Was er zu diesem Zeitpunkt noch nicht wissen konnte, war der Umstand, dass ihm dieser zusätzlich erworbene „Baustein" in seinem weiteren Werdegang noch eine großartige Option eröffnen und ihn damit vor noch schwierigere Entschei-dungen stellen würde.

Zum zweiten Mal stand er nun - mit einer soliden Ausbildung in der Tasche - an einer Weggabelung mit der Maßgabe, sich für den Weg zum Theater zu entscheiden, oder aber nunmehr mit dem Jura-Studium zu beginnen.

Es gelang ihm tatsächlich, sich beide Türen offenzuhalten und den einen Weg zu nehmen, ohne den anderen zu verlassen. Er folgte - wieder intuitiv - der einen, in diesem Moment stärkeren, Leidenschaft, nahm das Studium der Rechtswissenschaften auf und fühlte sich fortan darin bestätigt, die richtige Entscheidung getroffen zu haben. Dieser Entschluss versetzte ihn in die glückliche Lage, sowohl dem Bauchgefühl, dem Antrieb, der Gerechtigkeit zum Durchbruch zu verhelfen, als auch dem anderen Beweggrund, der Vernunft im Sinne von Perspektive und Sicherheit, Rechnung getragen zu haben.

Um aber auch die künstlerische Laufbahn nicht gänzlich an den Nagel zu hängen nutzte er jede Gelegenheit, nebenher im beträcht-lichen Umfange am Theater in den Bereichen Licht und Ton zu arbeiten, und verband so das Angenehme (die Nähe zum Theater) mit dem Nützlichen (die Finanzierung des Studiums).

Über den Umstand, dass sich das Studium durch das - über einen typischen Studentenjob hinausgehende - Engagement im Theater geringfügig verlängerte, hängen wir an dieser Stelle einmal den Mantel des Schweigens.

Die nächste Weggabelung tat sich dann im Vorlauf zum ersten Staatsexamen auf. Es war klar, dass jegliche störende „Neben-geräusche", und in seinem Fall ist das ja fast wortwörtlich zu nehmen, dem Examenserfolg abträglich sein würden. So musste er sich entscheiden, entweder Gefahr zu laufen, das Prädikatsexamen zu verpassen und somit die Chancen auf die angestrebte spätere Ernennung zum Richter zu „verspielen", oder aber dem Theater bis auf weiteres Ade zu sagen. Er entschied sich dafür, sich voll auf das Examen zu konzentrieren, da ihm der Weg zum Richteramt wichtiger war als alles andere.

Es sollte sich aber herausstellen, dass er diesen verstandes-gemäßen und verantwortungsbewussten Beschluss ohne den „Wirt", in diesem Fall das Theater, gefasst hatte. Das Theater nämlich, das sich längst an seine absolut mängelfreie und zuverlässige Mitarbeit gewöhnt und stets auf diese hatte verlassen können, wollte ihn keinesfalls kampflos ziehen lassen, pochte auf die Erfüllung des bestehenden Arbeitsvertrages mit Frank, dem Richter in spe.

Mit seiner - für das Richteramt ja unabdingbaren - ausgleichen-den Art und den bis zu diesem Zeitpunkt hinreichend gesammelten juristischen Kenntnissen, gelang es ihm aber schließlich doch, einen für alle Beteiligten gangbaren Weg zu finden und sich dann vollumfänglich dem Tutorium für das Staatsexamen widmen zu können.

Ja, er hat das 1. Juristische Staatsexamen mit Prädikat bestanden und sich damit die Chance bewahrt, nach Ableistung des 2. Staatsexamens zum Richter berufen zu werden und sich seinen Herzenswunsch, Recht zu sprechen und Gerechtigkeit gegenüber jedermann üben zu können, erfüllt.

In der Zeit des Referendariats auf dem Wege zum zweiten juristischen Staatsexamen durchlief er dann routinemäßig alle Institutionen unseres Rechtswesens und absolvierte die obliga-torischen Stationen beim Anwalt, bei der Staatsanwaltschaft und beim Gericht ebenfalls mit Bravour, sodass es keine Überraschung war, dass er auch das zweite Staatsexamen mit Prädikat abschloss. Er hatte somit alle Voraussetzungen erfüllt, um seitens des Richterwahlausschusses (proporzmäßig besetzter Ausschuss auf der politischen Landesebene) tatsächlich als Richter berufen zu werden. Da diese Ernennungen aber nur einmal im Zuge einer Legislatur-periode erfolgen, musste er eine jahrelange Wartezeit in Kauf nehmen, die er nutzte, um als Staatsanwalt die Rolle des Klägers in zahlreichen Prozessen zu übernehmen.

Ihm hätten alternativ auch sämtliche Türen zu renommierten Kanzleien mit exzellenten Verdienstmöglichkeiten offen gestanden, aber das hätte von ihm verlangt, das Recht im Interesse des Mandanten und eben nicht unbedingt im Sinne des Rechtsempfindens und der vermeintlichen Gerechtigkeit anzuwenden. Dabei war ihm doch immer nur daran gelegen, Gerechtigkeit zu üben und dafür Sorge zu tragen, dass „Recht haben" und „Recht kriegen" eben nicht so weit auseinanderliegen, wie die einschlägigen Medien dieses immer wieder zu verbreiten versuchen (und wie es tatsächlich auch manchmal zu sein scheint).

Er wollte - seiner Intuition und gefestigten inneren Überzeugung folgend - unverändert und unbedingt Richter werden, erst recht, nachdem er diesen langen Weg nunmehr erfolgreich beschritten hatte, und ließ folgerichtig höchstinteressante und z. T. sehr, sehr gut dotierte Optionen im Interesse seiner empfundenen Berufung ungenutzt verstreichen.

An dieser Stelle holte ihn die, schon fast in Vergessenheit geratene, Ausbildung zum Bankkaufmann wieder ein. Dieses „Alleinstellungsmerkmal", das ihn von der Vielzahl anderer Volljuristen mit exzellenten Examina unterschied, ließ ihn in den Fokus einer weltweit tätigen amerikanisch geprägten Großkanzlei rücken, die ihm eine - eigentlich nicht ausschlagbare - Position (oder wie es auf neuhochdeutsch „Once in a lifetime opportunity" heißt), anbot. Vergleichbar wäre das - übertragen auf den sportlichen Bereich - mit einem Anruf von Real Madrid bei einem Spieler eines Zweitligisten. All diesen glücklichen "Fügungen" ist gemein, dass sie sich einem nur ein einziges Mal im Leben - wenn überhaupt - auftun und zum anderen eine spontane Entscheidung von einem erfordern.

An dieser Stelle musste Frank verständlicherweise dann doch länger überlegen und die Vor- und Nachteile sorgsam abwägen, da ihm natürlich auch klar war, dass eine zweite Chance dieser Art nicht geben würde.

Aus Verantwortungsbewusstsein gegenüber der inzwischen gegründeten Familie, der Sorge um eine vermeintlich fehlende Kontinuität (in diesen Bereichen, gerade in den USA, ist eine „hire and fire"-Personalpolitik nicht selten) und eben auch auf das Bauchgefühl vertrauend, das ihm nach wie vor signalisierte, dass das Richteramt seine Berufung sein würde, ließ er auch diese - völlig unstreitig als „Traumoption" zu bezeichnende - Chance schweren Herzens verstreichen. Bis heute habe er diese Entscheidung nicht bereut, zumal sie ja auch mit dem Erfordernis eines Umzugs der ganzen Familie in die USA verbunden gewesen wäre.

So wurde Frank Richter und blieb seinem Amt und seinem Gericht in der Funktion eines Einzelrichters am Amtsgericht bis zu seiner Pensionierung treu.

Er hätte in seiner aktiven Zeit (natürlich) auch Mitglied einer Großen Strafkammer (mit drei Berufsrichtern und zwei Schöffen) werden können, ist aber seinem Posten als Einzelrichter (mit z w e i Schöffen) am Amtsgericht stets treu geblieben, weil er dort dem Postulat der Justitia und seinem Gerechtigkeitsempfinden - aus seiner Sicht - am ehesten entsprechen konnte.

Aus dem Ruhestand heraus kann er nunmehr auf ein erfülltes Leben zurückblicken, das ihm letztlich all das beschert hat, was er sich schon als Kind gewünscht hatte und zufrieden feststellen, seinem Gerechtigkeitssinn und diesem Rechtsstaat einen groß-artigen Dienst erwiesen zu haben.

Dann und wann denkt er natürlich an die Möglichkeiten zurück, die er „liegengelassen" hat, kommt aber immer wieder zu der Selbsterkenntnis, sich an allen Weggabelungen - mithilfe seines untrüglichen Bauchgefühls - richtig entschieden zu haben.

Weil er aber immer noch „Hummeln im Hintern habe" und sich immer noch geistig frisch fühle, habe er sich entschlossen, der „Rechtspflege" noch nicht endgültig den Rücken zu kehren und sich als Rechtsanwalt für Strafrecht einer Sozietät als Partner anzuschließen. So schlösse sich ein Kreis, zumal er nun mit dieser „Station" alle Organe unseres Rechtswesens (Staatsanwalt, Rechtsanwalt, Richter) durchlaufen habe (und zwar in einem Umfange, der weit über die normalen Referendariate zwischen den beiden Staatsexamina hinausginge).

Und, Sie werden sich vielleicht noch erinnern, da war doch noch die dritte Leidenschaft, über die wir bisher noch nichts gehört haben und die gemäß seinen Einlassungen in seiner ganz persönlichen „Geschichte" ja auch eine bedeutende Rolle in seinem Leben spielt, richtig, die Liebe zur Musik.

Auch an dieser Stelle ist er seiner Linie stets treu geblieben. Er hatte zu jeder Zeit den leichten Hang zum „Revoluzzer", trug immer lieber Lederjacke statt Boss-Sakko, fuhr lieber Motorrad statt Luxus-Limousine, hörte lieber Heavy Metal als Oper und so war es denn nur konsequent, dass er mit einer Handvoll genauso „Verrückter" eine durchaus über die Stadtgrenzen hinaus bekannte Rockband gründete, die schon fast professionellen Hardrock spielt und dabei eine wirklich gute Figur abgibt.

Unser Einzelrichter am Amtsgericht ist hier an der Lead-Gitarre zu sehen.

Darüber hinaus betätigt sich Frank auch politisch und ist so etwas wie die „soziale Stimme" in der regionalen Gliederung seiner Partei. Aufgrund der verfassungsmäßigen Gewaltenteilung war es ihm - in seiner Zeit als Richter - zwar verwehrt, sich aktiv im Gemeinderat einzubringen, seine ausgleichende Art und seine breit aufgestellte Sichtweise war aber auch über die Parteigrenzen hinaus jedoch sehr gefragt.

Auf meine obligatorische Schlussfrage, ob er denn die richtungsweisenden Entscheidungen in seinem beruflichen Werdegang je bereut hätte und den gleichen Weg noch einmal so gehen würde, antwortete Frank - ohne „mit der Wimper zu zucken" - mit einem absolut überzeugenden „JEIN" (*„Nein", ich habe keinen der Schritte bereut*) und (*„Ja", ich würde es exakt noch einmal so machen*).

Frank, ich beneide Dich um das Glück Deiner Bauchgefühl-Entscheidungen und die Erfüllung, die Du aus ihnen ziehen konntest.

<u>Persönliche Anmerkungen:</u>

Ich habe Frank sowohl bei der Ausübung seines Amtes als Richter als auch in der politischen „Arbeit" persönlich erleben dürfen und war sowohl von seiner Authentizität, Ruhe und Gelassenheit als auch der Akribie, mit der er die an ihn gestellten Herausforderungen meistert, zutiefst beeindruckt.

Das Fingerspitzengefühl, mit dem er seine Urteile fällt, bekunden seine weitreichende Erfahrung und Menschenkenntnis. Als Einzelrichter hat er naturgemäß einen breiteren Ermessensspielraum, weil er sich nicht mit anderen Berufsrichtern abstimmen muss. Er fällt hier zwar nicht die ganz „schweren" Urteile wie mehrjährige Haftstrafen (die sind der Großen Strafkammer mit drei Berufsrichtern vorbehalten), kann aber eben diesen Spielraum ausnutzen und tut dies mit Feingefühl und gesundem Menschenverstand. Dabei ist ihm der „erzieherische" Aspekt stets wichtiger gewesen als die reine Strafe. Bei ihm hat man das umfassende Gefühl eines funktionierenden, gerechten, stimmigen und fairen Verfahrens in einem Rechtsstaat, in dem man sich auf die Prinzipien und das Leitbild der „blinden und ausgewogenen Justitia" verlassen kann.

Natürlich bin ich froh, dass ich nicht in der Rolle eines Angeklagten mit ihm in Kontakt gekommen bin. Wäre es aber doch nicht zu vermeiden gewesen, so hätte ich mir sicher sein können, eine faire Verhandlung und eine gerechte und nachvollziehbare Strafe bekommen zu haben, die ich in der Situation dann sicherlich auch verdient gehabt hätte.

Sollte Ihnen zukünftig derartiges Ungemach drohen, so wünsche ich Ihnen, einen wie unseren Frank (in seiner neuen Rolle als Strafverteidiger) an Ihrer Seite, der, wie kaum ein zweiter, alle Facetten unseres Rechtssystem absolut beherrscht und das Beste für Sie erstreitet, weil er ja weiß, wie alle anderen Prozessbeteiligten „ticken".

In meinem Bekanntenkreis befinden sich einige Juristen, aber es ist keiner darunter, der die dritte Säule unserer verfassungsmäßigen Gewaltenteilung (die Judikative) so uneingeschränkt „verteidigt" wie jener Frank, den Sie eben kennenlernen durften.

In der Politik bezieht Frank innerparteilich auch Stellung, wenn seine von starker Sozialkompetenz geprägte Sichtweise dem vermeintlichen Konsens in seiner Partei widerspricht. Das macht - aus Sicht der Funktionäre - die politische Arbeit mit ihm nicht unbedingt leicht, erweitert aber (hoffentlich) den Horizont eben dieser Feierabendpolitiker und macht Frank - nicht nur aus meiner persönlichen Sicht - umso sympathischer.

Leider war es mir aus terminlichen Gründen bisher nicht vergönnt, ihn und seine Band im Rahmen eines ihrer legendären Livekonzerte zu erleben. Ich bin mir sicher, eine Menge verpasst zu haben, zumal es einfach großartig sein muss, wenn Frank dort mit dem gleichen authentischen Enthusiasmus und Gefühl ans Werk geht wie in „seinem" Amtsgericht. Ich werde - fest versprochen - den lange geplanten Konzertbesuch aber definitiv kurzfristig nachholen.

Frank, ich danke Dir für Deine persönliche - von festen Glaubenssätzen, Stringenz, Authentizität, Gradlinigkeit und Konsequenz geprägte - Geschichte, die, wie Du selber sagst, zu einem gehörigen Teil von Deiner Intuition geschrieben worden ist und die Dir Erfüllung gebracht hat.

Für den weiteren, rastlosen Ruhestand wünsche ich Dir alles erdenklich Gute. Mögest Du dann hoffentlich hinreichend Zeit finden, um (endlich) Deinen vielen anderen Hobbys nachgehen zu können und vielleicht ja noch den einen oder anderen spektakulären Indizienprozess für Deinen Mandanten zu gewinnen.

Toi, toi, toi, wir sehen uns in einem Deiner Konzerte, alter Hardrocker!

Kapitel 14 - Georg

„... Ohne den unbedingten Rückhalt meiner Familie, die meinen Beruf vorbehaltlos akzeptiert hat, hätte ich mir meinen Berufswunsch nicht erfüllen können ..."

Georg befindet sich seit dem Herbst 2012 im regulären (wohlver-dienten) gesetzlichen Ruhestand, war aber schon im Alter von 59 Jahren in den Vorruhestand versetzt worden.

Georg hat noch eine sechs Jahre ältere Schwester. Seine Eltern stammten aus einer Region, die heute zu Polen gehört. Sein Vater war Maurer, Ofensetzer und Polier. Seine Mutter betrieb einen sogenann-ten „Stubenladen" (Laden für den täglichen Bedarf in der eigenen Stube). Wenn einzelne Artikel nicht vorrätig waren, erfolgte die Auslieferung der Ware innerorts durch Georg per Fahrrad. Zudem verdiente sie sich mit Zimmervermietung etwas hinzu, um die Familie über Wasser zu halten. Nach dem Krieg wurde eine norddeutsche Ruderhochburg zur Heimat der Familie. Sowohl seine Schwester als auch Georg wurden hier geboren, seine Schwester ist auch heute noch dort ansässig. Sie ist inzwischen natürlich auch längst im Ruhestand und übte während ihres Arbeitslebens den Beruf einer Einzelhandelskauffrau aus.

Georgs Kindheit war hart, so musste er z. B. die rd. sieben Kilometer zur Grundschule täglich zu Fuß zurücklegen und war auch sonst von vielerlei Entbehrungen geprägt. Sein Kindheitstraum war es - für Jungen in seinem Alter und zu jener Zeit nicht unüblich - Lokführer zu werden.

Er absolvierte zunächst jedoch eine Lehre zum Kfz-Schlosser (so hieß das damals noch). Dieser Umstand sollte sich später einmal als segensreiches Glück erweisen. Die Ausbildung dauerte 3 ½ Jahre und er trat diese im jugendlichen bzw. fast noch kindlichen Alter von nur 15 Jahren an (heutzutage kaum noch vorstellbar). Die „Wahl" (streng genommen hatte er nicht wirklich eine) des Ausbildungsberufes ergab sich mehr oder weniger zwangsläufig, da sein Schwager eine Kfz-Werkstatt in einer benachbarten - von Touristen sehr geschätzten - Stadt betrieb. Die Anreise gestaltete sich - wie auch schon der Schulweg - schwierig bzw. zeitaufwendig. Er hatte den Großteil der Strecke mit der Bahn zurückzulegen, bevor es dann mit dem Bus und einem abschließenden sechs Kilometer langen Fußweg weiterging.

Die Ausbildung war nicht seine Erfüllung, aber er absolvierte sie anstandslos und schloss zur vollen Zufriedenheit aller Beteiligten mit guten Noten ab.

Er übte diesen Beruf noch ein halbes Jahr aus, bevor ihn die Bundeswehr zur Ableistung der Wehrpflicht (seinerzeit noch 18 Monate) einberief. Da dieser Schritt einen herben Einschnitt in seine Einkünfte bedeutet hätte (der Wehrsold machte nur einen Bruchteil seines Lohnes als Kfz-Schlosser-Geselle aus), heiratete er seine Jugendliebe (mit der er übrigens auch heute noch glücklich verheiratet ist und einen Sohn großzog), um mit dem - für verheiratete Rekruten - höheren Wehrsold halbwegs über die Runden zu kommen.

Nach der Absolvierung der Wehrpflicht nahm Georg seine Arbeit im angestammten Beruf als Kfz-Schlosser wieder auf, wechselte jedoch nach kurzer Zeit zu einer Firma für den Vertrieb von Autoteilen. Die Arbeit als Verkäufer und insbesondere der Umgang mit Menschen, entsprach viel mehr seinen Neigungen als die rein technisch geprägte Arbeit als Kfz-Schlosser. Zwar hatte Georg zuvor noch nicht im Verkauf gearbeitet, er war jedoch vom Fach, was sowohl die Kunden, als auch sein Chef in den Beratungen schnell spürten.

Dieser Tätigkeit ging Georg drei Jahre nach, bevor ihm - vielleicht bedingt durch die täglichen Bahnfahrten - sein Bauchgefühl signalisierte, er möge sich doch seinen Jugendtraum, den Beruf eines Lokführers auszuüben, erfüllen und nunmehr Schritte unternehmen, diesen Traum auch wahr werden zu lassen.

Sein Schwiegervater war selbst Lokführer und zudem sogar auf der Strecke, die er täglich zurücklegte. Die Familie hatte darüber hinaus noch einen Dauercampingplatz, auf dem Georg viele Wochenenden und freien Tagen verbrachte. Der Platz lag zudem entlang jener Gleise, die - Sie ahnen es vermutlich schon - Georgs weiteres Leben prägen sollten.

Der Schwiegervater ließ ihn - entgegen aller Vorschriften - einmal auf der Lok mitfahren und Georg hatte nun endgültig „Blut geleckt". Für ihn stand danach fest, unbedingt selbst Lokführer werden zu wollen.

Auch spielten dabei „vernünftige" Gedanken, wie die Versorgung der Familie (die Bahn war seinerzeit noch ein Staatsunternehmen, ein Großteil der Beschäftigten demzufolge noch Beamte) eine gewisse Rolle, im Vordergrund stand aber das Bauchgefühl, in eben diesem Beruf seine ganz persönliche Berufung zu finden.

Nennen Sie es Glück oder auch schicksalhafte Vorbestimmung, inzwischen setzten die Vorschriften bezüglich der Ausbildungsvoraussetzungen für Lokführer zwingend eine zuvor abgeschlossene Ausbildung in einem metallverarbeitenden Beruf voraus, und natürlich stand der Beruf des Kfz-Schlossers ebenso auf der Liste der anerkannten Abschlüsse wie auch die des Schmieds und des Bauschlossers. Er hatte, wie gesagt, die seinerzeitige Ausbildung nie wirklich als sein „Ding" angesehen, war jetzt aber natürlich froh, sie tapfer durchgestanden und sich damit die Tür zum eigentlichen Berufswunsch, dem des Lokführers, weit geöffnet zu haben. Hintergrund dieser Regelung war der berechtigte Gedanke, dass sich der Lokführer in Notfällen (in der Regel ja allein „auf weiter Flur") beim Erfordernis kleinerer Reparaturen selbst würde helfen können.

Es gab aber noch eine große Hürde zu überspringen, sahen doch die Eingangsvoraussetzungen für die Ausbildung zum Lokführer in der Beamtenlaufbahn des mittleren Dienstes zwingend mindestens den Realschulabschluss vor. Die Aussicht Lokführer zu werden war für Georg Antrieb und Motivation zugleich, diesen Abschluss auf einer Abendschule erfolgreich nachzuholen.

So begann er eine zweite, insgesamt zweijährige, Ausbildung, von denen sechs Monate auf die Ausbildung in der Werkstatt, die ihm als „artverwandter" Kfz-Schlosser natürlich besonders entgegenkam, entfielen. Nach Abschluss der Ausbildung begann die Zusatzausbildung auf einer Baureihe (so heißen Lokomotiven-Modelle vergleichbar mit den „Mustern" bei den Flugzeugen) und im Rangierdienst.

Dass der Job nicht so „romantisch" werden würde, wie er es sich in den jugendlichen Träumen vielleicht erhofft hatte, sollte sich dann schnell herauskristallisieren. Wir reden an dieser Stelle von Wechselschichten, unregelmäßigen Diensten, absolut flexiblen Dienstbeginn-Zeiten zu jeder Tag- und Nachtzeit, wobei die genauen Dienstzeiten jeweils immer nur eine Woche im Voraus bekannt gegeben wurden. Nicht unerwähnt bleiben sollten in diesem Kontext auch Dienste mit entfernungsbedingter aushäusiger Übernachtung (nein, nicht in Viersterne-Hotels und auch nicht mit einer großzügigen Spesenregelung, sondern in kasernenähnlichen „Heimen").

Eine solche Konstellation erschwert - wie auch z. B. bei den Polizisten (auch darüber werden Sie im Rahmen einer anderen „Bauchgefühl-Lebensgeschichten noch mehr erfahren) - naturgemäß das Familienleben und jegliche Form der Pflege sozialer Kontakte im Freundeskreis bzw. im Vereinsleben. Dabei werden die Sicherstellung der Plan- und Sonderdienste sowie der Aspekt der Ressourcen-Verfügbarkeit bei einzelnen Baureihen vorrangig vor den Interessen der Lokführer berücksichtigt. Eine herausragende Rolle bei der Vergabe von „beliebten" Aufgaben und Schichten spielt dabei auch die Seniorität (Dienstaltersprinzip), von der Georg in den späteren Jahren natürlich zunehmend profitierte, nachdem er lange den „steinigen Weg" geteilter Nachtschichten und der anderen Schattenseiten dieses Berufes hat beschreiten müssen.

All diese negativen Begleitumstände hat er aber bewusst in Kauf genommen und sein Leben und seine Partnerschaft ohne „Murren und Knurren" darauf ausgerichtet, weil ihm all die positiven Seiten seines geliebten Berufes diese Opfer wert waren.

Der Umstand, auf der Lok alleine - situationsgerecht, risikobewusst und schnell - entscheiden und Abläufe selbst gestalten zu können (bzw. zu müssen), Verantwortung zu tragen, zumal es ja keinen zweiten Kollegen im Führerhaus der Lok gibt, den man fragen könnte und nicht zuletzt im Dialog mit dem Fahrdienstleiter auf dem Stellwerk das letzte Wort zu haben, seien für ihn immer die prägenden und faszinierenden Aspekte dieses Berufes gewesen.

Diese Pluspunkte seien eine hinreichende Entschädigung für die zuvor geschilderten negativen Begleitumstände gewesen, erläuterte er mir in einem langen und offenen Gespräch bei sich zu Hause.

Er sei stets jemand gewesen, der den Drang hatte, Verantwortung zu tragen, die Fäden in die Hand zu nehmen und sich einzubringen, sei es im Beruf, im Verein, in der Politik oder im familiären und sozialen Umfeld.

Rund 90 % der Dienstzeiten auf der Lok habe er im Güterverkehr (überwiegend im Rahmen des Transports von Langholz) und die verbleibenden rd. 10 % im Personenverkehr auf einer immer länger werdenden Liste von Baureihen, die er hat führen dürfen, verbracht. Zum Schluss gab es so gut wie keine Lok, die er nicht aus dem Effeff beherrschte.

Er habe immer viel Spaß und Freude bei der Arbeit gehabt und hätte den Entschluss, mit einer neuen Ausbildung noch einmal durchzustarten, zu keinem Zeitpunkt bereut.

Georg hat sowohl im Rahmen der Ausübung seiner Arbeit im kollegialen Umfeld als auch im Rentnerdasein stets über eine sehr hohe Sozialkompetenz und einen stark ausgeprägten Gerechtigkeitssinn verfügt.

So ist es auch nicht verwunderlich, dass er sich während des gesamten Berufslebens gewerkschaftlich engagiert und für die Interessen der Kollegen eingesetzt hat. Diesem sozialen Engagement ist er treu geblieben und zeichnet nunmehr ehrenamtlich für die Seniorenarbeit seiner Partei (es handelt sich dabei übrigens nicht um jene, die Ihnen beim Stichwort „Gewerkschaft" als erste in den Sinn kommt) in seiner Heimatstadt verantwortlich.

Er hat es mit seinem Know-how in der Sozialpolitik geschafft, als Ratsherr ins Stadtparlament einzuziehen und genießt dort aufgrund seiner ausgleichenden Art und seiner pragmatischen Vorgehensweise eine weitreichende Akzeptanz quer durch alle Fraktionen.

Er war lange Zeit, parallel zum Dienste auf der Lok, ehrenamtlich noch stellvertretender Personalratsvorsitzender. Nein, dafür gab es keine Freistellung. Alle Tätigkeiten mussten nahezu vollständig in der Freizeit erbracht werden, bis er schließlich auf der Zielgeraden seines langen beruflichen Lebens zum freigestellten Betriebsratsvorsitzenden (die Bahn war inzwischen privatisiert, und so wurde aus dem „Personalrat" ein „Betriebsrat") - mit „geregelten" Arbeitszeiten - gewählt wurde. Zu seinen vorrangigen Aufgaben gehörten die Mitwirkung bei der Erstellung der Dienstpläne und im Fahrplanausschuss sowie die klassische der Interessenvertretung in den Mitbestimmungsgremien, darunter fielen z. B. Themen wie die Vereinbarung einer verbindlichen Pausenregelung mit der Arbeitgeberseite.

In seine Zeit als (örtlich zuständiges) Personalratsmitglied fiel, wie gerade schon erwähnt, auch die Privatisierung seines Arbeitgebers mit all den damit einhergehenden, sehr weitreichenden strukturellen Änderungen. Die Kollegen konnten sich glücklich schätzen, dass er es war, der in diesen schwierigen, aber auch spannenden Zeiten über die Wahrung ihrer Interessen vor Ort wachte.

Die Diskussionen über die Anzahl der erforderlichen Berufsjahre für die ungekürzte Rente mit 63 lassen ihn nur schmunzeln, er hätte alle Kriterien deutlich übererfüllt ...

Eines der ganz traurigen Kapitel (deutlich war ihm die Tragweite des Themas anzumerken) seiner Arbeit als Betriebsratsvorsitzender war die Funktion des ersten Ansprechpartners für Kollegen, die einen Selbstmord aus dem Führerhaus ihrer Lok haben miterleben müssen. Vorrangig ging es in diesen Fällen darum, den Kollegen von jeglicher Schuld freizusprechen, ihm sein Ohr zu „leihen", ihn zu unterstützen, temporäre Freistellungen zu erwirken und bei andauernder Problematik mit der Verarbeitung des traumatischen Erlebnisses, ggf. auch eine Versetzung in den Innendienst in die Wege zu leiten. Es handelt sich beim Thema Selbstmorde übrigens um deutlich mehr Fälle, als Sie in den kühnsten Schätzungen erwarten würden, weil nur ein Bruchteil „spektakulärer" Fälle überhaupt bekannt wird.

Er sei froh, dass er diese schwierigen Zeiten in der Funktion des Betriebsratsvorsitzenden bzw. als freigestelltes Betriebsratsmitglied und eben nicht mehr im aktiven Fahrdienst bis zur Pensionierung hat verbringen können. Er wusste weiter zu berichten, dass die Umstellungen im Zuge der Privatisierung für das fahrende Personal zum Teil sehr einschneidend gewesen seien.

Nein, er hätte keinen „Jieper" mehr, noch einmal im Führerhaus einer Lok zu sitzen, die Zeit sei abgeschlossen, der Lebensabschnitt auf der Lok sei Berufung und Erfüllung gewesen, das Engagement als Interessenvertreter für die Kollegen hätte ihm viel gegeben, ihn nachhaltig geprägt und gut auf sein politisches Engagement vorbereitet, aber jetzt seien andere Aktivitäten „dran".

Jetzt stünde sein Enkelkind an erster Stelle. Die Zeit in der Politik und als Opa würde ihn vollkommen ausfüllen. In den letzten Jahren seines Berufslebens wäre die Arbeit als Betriebsrat ein guter Ausgleich für die Abstinenz auf der Lok gewesen. So habe er vielen jungen Kollegen, die den Beruf unter deutlich schwereren Bedingungen ergriffen hätten, noch einen Teil jenes Traumes vermitteln können, den er in der „großen Zeit" hat erleben dürfen, erzählte er mir mit einer gehörigen und zugleich sehr authentischen Portion an Wehmut.

Ja, er würde es noch einmal so machen, äußerte er abschließend auf meine obligatorische Schlussfrage, ohne lange überlegen zu müssen.

<u>Persönliche Anmerkungen:</u>

Im Gegensatz zu vielen anderen Gewerkschaftsfunktionären hat Georg eine absolut authentische Ausstrahlung, eine natürliche Art. Er weiß, wovon er spricht, weil er eben nicht als Funktionär groß geworden ist, sondern all die Tätigkeiten der Kollegen aus eigenen Erfahrungen kannte und insbesondere auch um die psychischen und physischen Belastungen wusste, denen sie täglich ausgesetzt waren bzw. sind. Sein meist mit Erfolg gekröntes Engagement für die Belegschaft vollzog sich eher im Background als in großen Auftritten mit viel Effekthascherei im Lichte der Öffentlichkeit und niemals verfolgte er dabei das primäre Ziel der Absicherung der eigenen Karriere. Nicht zuletzt deshalb hat er bis zum Schluss das uneingeschränkte Vertrauen seiner Kolleginnen und Kollegen genossen. Obwohl ihnen bekannt war, dass Georg nebenbei auch Politiker ist und die Leitlinien seiner Partei nicht unbedingt ihren Vorstellungen entsprachen, wussten sie, dass er - ohne Ansehen der Person - immer und uneingeschränkt für sie und ihre ganz persönlichen Probleme da war.

Ich habe Georg in seiner politischen Arbeit erleben können, und mache mir über die gerechte und ausgewogene kommunalpolitische Interessenvertretung der „kleinen Leute" in seiner Stadt keine Sorgen, solange Charaktere wie Georg, losgelöst vom parteipolitischen „Säbelrasseln" und internen Fraktionszwängen in ihrer eher unauffälligen Weise mit Geschick und Fingerspitzengefühl Erfolge für die sozial Benachteiligten unserer Gesellschaft erzielen. Er kann sich dabei auf seine langjährige berufliche Erfahrung, sein ausgeprägtes Gerechtigkeitsgefühl auf seine sensible Intuition verlassen.

Lieber Georg, vielen Dank für Deine ganz persönliche Geschichte und Deine offene Art, mit der Du mir Deinen beschwerlichen Werdegang nahegebracht hast. Ich drücke Dir beide Daumen und wünsche Dir vor allem weiterhin viel Erfolg im harten Kampf für die Interessen der Schwachen in unserer Gesellschaft!

Kapitel 15 - Hannes

„... Es ist eine völlig eigene Welt! Ich habe keinen Tag bereut, ein Teil von ihr zu sein und bin froh, trotz aller seinerzeitigen Widerstände meinem Bauchgefühl gefolgt zu sein ..."

Hannes wuchs als jüngstes von drei Kindern in einem sehr stark religiös geprägten, selbständigen Bäckerhaushalt in einer Region auf, die republikweit dafür bekannt ist, dass zum einen die Ergebnisse politischer Wahlen - in immer der gleichen Ausrichtung - quasi schon vorher feststehen und zum anderen das christliche Weltbild wesentlich intensiver gelebt wird, als in den anderen Regionen Deutschlands. Dieser Umstand sollte auch einen nachhaltigen Einfluss auf die berufliche Bauchgefühl-Lebensgeschichte von Hannes haben.

Natürlich prägten diese Gegebenheiten auch die Erziehung und Ausbildung. Fast wie selbstverständlich entfiel ein Teil der Erziehung im Sinne des christlichen Weltbildes auf das im Internat des Bischöflichen Knabenseminars, das sich in unmittelbarer Nähe des Elternhauses befand. Ebenso stand es unwiderruflich fest, dass Hannes in die Rolle eines Messdieners hineinwachsen und natürlich ein altsprachliches Gymnasium besuchen musste.

Traditionsgemäß übernimmt der älteste Sohn den elterlichen Betrieb, in diesem Fall eine familiär geführte Bäckerei. Auch wenn Hannes als jüngster Sohn gar nicht „dran" gewesen wäre, stand für ihn fest, dass diese Option für ihn keinesfalls in Betracht käme, zumal dieses Handwerk nicht der Vorstellung entsprach, die er von seiner beruflichen Zukunft hatte.

Deutlich früher als gedacht traten mit dem frühen Tod seines Vaters aber Umstände ein, die die Diskussionen um eben diese Fragestellung schneller auslösten, als alle Beteiligten es sich zuvor hätten vorstellen können. Es war Ehrensache, dass Hannes, wenn es die schulische Ausbildung zuließ, seine Mutter im Betrieb im sehr erheblichen Umfange unterstützte und nicht nur dann aushalf, wenn Not am Mann war. Das Gebot der Fairness - insbesondere unter Berücksichtigung der wirtschaftlichen Situation seiner Mutter - verbietet es, in diesem Kontext die Begriffe „Ausnutzung" und „billige Arbeitskraft" in den Mund zu nehmen.

Schnell wurde ihm jedoch klar, dass dieses Leben nicht mit seinen Vorstellungen in Einklang zu bringen war, und schließlich gelang es ihm, seine Mutter davon zu überzeugen, einen anderen Werdegang, als den der Mitarbeit im Betrieb einzuschlagen.

Sie werden im Folgenden erfahren, wie stark sich seine Mutter mit gerade mal zwei, wenn auch sehr gewichtigen, Sätzen, natürlich in absolut wohlmeinender Absicht, in den unterschiedlichen Lebensphasen in Hannes' Leben „einmischte" und wie Hannes, dem eigenen Bauchgefühl folgend, in bemerkenswerter Weise darauf reagierte.

So ganz wollte sich seine Mutter, nachdem sie sich von der Idee seiner Mitarbeit in der Bäckerei verabschiedet hatte, aber das Heft dann doch nicht aus der Hand nehmen lassen und so kam es zu der ersten der zwei zuvor erwähnten einschneidenden Begebenheiten.

Hannes' Mutter war es, aufgrund der langjährigen Geschäftsbeziehung der Bäckerei zur Sparkasse vor Ort, gelungen, für Hannes einen Ausbildungsplatz zu ergattern. Eine derart weitreichende „Fürsorge" für die Heranwachsenden wäre heute nahezu unvorstellbar und würde wohl auch von jedem potenziellen ausbildenden Betrieb zurückgewiesen werden.

Während ich persönlich als Jugendlicher noch jene berühmte „Weisheit" empfangen durfte, die da lautete „... *Kind, du musst auch an später denken, gehe zum Staat oder zu den Banken oder Versicherungen, da kann Dir nichts passieren ...*" welche letztlich der Ausgangspunkt für die Überlegung war, dieses Buch als „warnenden Appell" zu schreiben, hat Hannes einen solchen richtungsweisenden Ausspruch nicht nur verbal vernommen, sondern wurde zielgerichtet - quasi in Steigerung dessen - sogar vor vollendete Tatsachen gestellt.

Aus Erinnerung an meine eigenen Kindheitstage weiß ich noch zu genau, dass es seinerzeit zum einen absolut nicht üblich war, sich solchen „Empfehlungen" zu widersetzen und zum anderen lag diese Option auch nicht völlig außerhalb der Vorstellungskraft von Hannes, sodass er wunsch- und pflichtgemäß, motiviert und gespannt die Ausbildung antrat und diese auch völlig problemlos zur vollen Zufriedenheit aller Beteiligten bewältigte.

Ich verkneife mir an dieser Stelle die Vermutung, dass die fürsorgliche „Unterstützung" des Sohnes bei der „Berufswahl" durchaus auch im eigenen Interesse lag, konnte sie doch - nicht zuletzt durch die räumliche Nähe der Sparkasse - so zumindest am Wochenende auf seine Hilfe im Betrieb zurückgreifen, die Hannes auch klaglos leistete, indem er z. B. Brot und Brötchen auslieferte und auch unter der Woche temporär einsprang, wenn wieder einmal eine Arbeitskraft in der Backstube krankheitsbedingt ausfiel.

Auch in dieser Geschichte gab es natürlich wieder eine bauchgestützte oder auch schicksalhafte Fügung, die den weiteren Verlauf des beruflichen Werdegangs von Hannes einschneidend und nachhaltig verändern sollte. Eine Kollegin in der Sparkasse erzählte ihm von der beruflichen Tätigkeit ihres Bruders, der als Baccara-Croupier in einer sehr renommierten Spielbank arbeitete, rundum glücklich in seinem Job sei und vor allem von den enormen Verdienstmöglichkeiten schwärmte.

Ihm war aber schon zu diesem Zeitpunkt klar, dass er seine Tätigkeit in der Sparkasse im generellen und schon gar nicht dauerhaft in dem beschaulichen, stark reglementierten und für Jugendliche wenig reizvollen regionalen Umfeld verbringen wollte. So war es im ersten Schritt sein vordringlichster Wunsch, die Nase einmal weiter aus der Tür zu stecken und die Region zumindest temporär zu verlassen, um den Horizont zu erweitern und neue Perspektiven für eine selbstbestimmte berufliche Zukunft zu eruieren.

Es zog ihn in eine deutlich größere Stadt in einer Grenzregion zu gleich zwei anderen europäischen Staaten, die sich zudem - nicht zuletzt durch eine schon fast studentische Übermacht - durch einen ganz anderen Lebenswandel auszeichnete, als er es aus dem konservativen, häuslichen Umfeld gewohnt war. Er fand Gefallen daran und war froh, seinem Bauchgefühl gefolgt zu sein und sich zunächst umgeschaut zu haben, statt auf dem vorgezeichneten Wege zu verbleiben, um vielleicht irgendwann einmal Filialleiter der Sparkasse in der „uncoolen" Heimatregion zu werden.

Er bekam aus einer Intuition heraus und mit der Erinnerung an die Lobpreisungen seiner (Ex-)Kollegin im Hinterkopf Kontakt zur örtlichen, auch nach außen hin, beeindruckenden Spielbank in jener Universitäts-stadt und war unglaublich fasziniert von dieser völlig eigenen Welt, die in der angestammten Heimat als „Hort des Lasters, der Halbwelt und der Blasphemie" gegolten hätte.

Schmunzelnd berichtete Hannes mir, dass solche „Etablissements" in seinem Elternhause wörtlich als „Vorhöfe zur Hölle" bezeichnet worden waren, ohne dass einer der Beteiligten auch nur ansatzweise geahnt hätte, dass es später noch umfassende Berührungspunkte in diese Richtung geben sollte.

Wie der Zufall es so wollte, und an der Stelle wiederholte sich das „Schicksal" von Thomas, dessen Geschichte Sie später noch lesen werden, wurden just zu diesem Zeitpunkt Absolventen für einen zeitnah beginnenden Ausbildungslehrgang zum Croupier gesucht und er entschied sich spontan - aus dem Bauch heraus - seinen „Hut" in den Ring zu werfen. Er war einer der Auserwählten und hatte rund drei Monate später seine Croupiers-„Lizenz" und eine Anstellung in jener Spielbank in der Tasche. Er war - nach wie vor - absolut begeistert und fasziniert von dieser Welt, sodass für ihn feststand, mit diesem Schritt, seine berufliche Zukunft und Berufung gefunden zu haben. Wie schwer dieser Lehrgang ist (sowohl bezüglich der Arbeitszeiten als auch hinsichtlich der Quote der erfolgreichen Absolventen) können Sie später noch in der Geschichte von Thomas lesen.

Ihm war aber durchaus auch bewusst, wie wichtig es war, sich mit der vorher erfolgreich abgeschlossenen Ausbildung zum Sparkassenkaufmann ein solides zweites Standbein geschaffen zu haben, auf das er jederzeit würde zurückgreifen können, falls es in der „Glamourwelt" doch einmal kriseln sollte.

Wir können es vorwegnehmen, er hatte das Glück des Tüchtigen, sodass er niemals einen solchen Schritt ernsthaft in Erwägung ziehen musste.

Doch nun stand ihm erst einmal der „Gang nach Canossa" bevor. Er musste seiner Mutter, die von den jüngsten Entwicklungen nichts wusste, sowohl die Standortwahl (für ihn stand fest, dass er in dieser eher „weltlich" geprägten Region verbleiben würde), als auch die Neuorientierung in beruflicher Hinsicht behutsam „verkaufen". Einen Kompromiss zur Lösung des Problems, schien es nicht zu geben, die Unvereinbarkeit der beidseitigen Vorstellungen bezüglich seiner Zukunftsplanungen war augenscheinlich. Und so tat er sich sehr schwer, zumal er seiner Mutter gegenüber durchaus (trotzdem) auch Dankbarkeit empfand und sie schon allein aus diesem Grunde keinesfalls kränken oder gar einen Bruch zwischen ihnen provozieren wollte.

Und so bedankte er sich zunächst am Beginn des Gespräches noch einmal für die weise Entscheidung, ihm eine solide Ausbildung ermöglicht zu haben, auf die er jederzeit würde zurückgreifen können und stellte sich - insbesondere unter Berücksichtigung seines noch jugendlichen Alters (er war zu diesem Zeitpunkt erst 21 Jahre alt) und der abzusehenden Ausweglosigkeit - dabei äußerst diplomatisch und geschickt an. Er stünde nun mit beiden Beinen auf festem Grund und müsse sich nie ernsthafte Sorgen um die Zukunft oder Gedanken um eine etwaige Perspektivlosigkeit machen.

Er erläuterte in diesem Kontext dann auch hinreichend deutlich, dass er sich einen befriedigenden Werdegang mit der Perspektive auf rd. 40 Jahren in der örtlichen Sparkasse zum jetzigen Zeitpunkt nicht vorstellen könne, was aber nicht hieße, dass er nicht vielleicht doch irgendwann dorthin zurückkehren könnte.

Des Weiteren berichte er von der Weltoffenheit jener Region, die seine neue Heimat werden sollte, um dann, im dritten und schwersten Schritt, den erfolgreichen Abschluss der Ausbildung zum Croupier, zum Thema des weiteren Gesprächsverlaufes zu machen.

Er eröffnete ihr, dass er in dieser neuen, selbst gewählten Funktion seine berufliche Zukunft sähe und ja ggf. später auf seine Ausbildung zurückgreifen könne. Nach weiteren allgemeinen Fragen zu dieser für seine Mutter - aus nachvollziehbaren Gründen - völlig fremden Welt (natürlich hatte sie noch nie in ihrem Leben eine Spielbank betreten) kam es zu der zunächst völlig harmlos anmutenden Frage nach der Regelung der Arbeitszeiten. Pflichtgemäß eröffnete Hannes ihr den Umstand, dass diese weit überwiegend in den späten Abendstunden und an den Wochenenden lägen, da die Gäste der Spielbank ja in der Regel tagsüber selbst einer Beschäftigung nachgehen würden. Für die Spielbank als Dienstleister sei es zudem eine Selbstverständlichkeit und natürlich auch ein betriebswirtschaftliches Erfordernis, sich bezüglich der Öffnungszeiten an den Wünschen der Gäste zu orientieren. Es gäbe zwar auch Frühschichten, die jeweils in den Nachmittagsstunden begännen, er sei als Neueinsteiger aber natürlich (noch) nicht in der glücklichen Lage, sich die Arbeitszeiten selbst aussuchen zu können. Zudem seien die Wochenenden natürlich auch von einem stärkeren Besucheraufkommen geprägt, was mit einem höheren Personalbedarf einherginge, sodass auch Dienstzeiten am Wochenende selbstverständlich seien.

An dieser Stelle unseres langen, sehr offenen und sehr persönlichen Gesprächs, musste Hannes länger innehalten, bevor er, sichtlich sehr bewegt, sagte, dass er den Mut, seinen Standpunkt derart dezidiert vorzutragen, wohl nicht aufgebracht hätte, wenn sein strenger, aber auch gerechter Vater zu diesem Zeitpunkt noch am Leben gewesen wäre und sein Leben dann vermutlich ganz anders verlaufen wäre.

Gegenüber seiner Mutter traute er sich aber, den eingeschlagenen Weg der vollständigen Abnabelung weiterhin konsequent zu vertreten, mit dem Resultat, dass die Stimmung zunehmend fröstelnder wurde und schließlich mit der Frage - für die man außerhalb der Region seines Elternhauses vermutlich kein Verständnis hätte - ob sie daraus schließen könne, dass er an Karfreitag und Allerheiligen unter diesen Umständen nicht zu Hause (und gemeint war natürlich das elterliche Haus) sein würde, den Höhe- bzw. Tiefpunkt erreichte.

Hinsichtlich des Karfreitags konnte Hannes sie dahingehend beruhigen, dass an jenem Tage alle Casinos geschlossen seien, merkte aber auch an, dass ansonsten an allen Feiertagen (auch an kirchlichen) Hochbetrieb herrschen würde und er als Einsteiger an diesen Tagen selbstverständlich Dienst werde „schieben" müssen.

Nach einem Moment der Stille und Einkehr kam dann der zweite, zuvor avisierte, gewichtige Satz seiner Mutter, mit dem sie sehr stark in sein weiteres Leben einzugreifen versuchte und der da lautete:

„... Wenn dem so ist, brauchst Du gar nicht mehr nach Hause zu kommen ...".

Mit einer derart einschneidenden, konsequenten und letztlich auch trennenden Haltung hatte Hannes keinesfalls gerechnet, und seine Visionen gerieten für einen Moment ins Wanken.

Eine solche Zwickmühle zwischen zwei Übeln (Bruch mit der Mutter oder aber Preisgabe seiner beruflichen Zukunftspläne) habe er in jedem Fall vermeiden wollen, eröffnete er mir im weiteren Verlauf unseres, mit sehr vielen persönlichen Gedanken und Emotionen gespickten, Gespräches.

Trotzdem brachte er die Kraft bzw. Courage auf und bewies das Rückgrat, sich auf sein eigenes Bauchgefühl zu verlassen und eröffnete seiner Mutter, dass es hier in erster Linie um sein Leben und seine Zukunft ginge, von der hoffentlich der weitaus größere Teil noch vor ihm läge und deren Ausrichtung er deshalb doch selber bestimmen wolle und bat sie hierfür um Verständnis. Er machte in diesem Zusammenhang zudem deutlich, dass er sich in dieser Frage auch nicht mehr umstimmen lassen würde.

Ich zolle Hannes - nicht zuletzt in Erinnerung an meine eigene Situation in dem Alter - für diese Haltung meinen allergrößten Respekt. Während ich nicht einmal den Mut hatte, mich gegen meine eigene vermeintliche „Vernunft" durchzusetzen und mich beruflich neu zu orientieren, hatte Hannes sogar den Schneid bewiesen, sich zudem auch noch gegen den Widerspruch seiner Mutter zu stellen und konsequent den Weg zu beschreiten, den sein Bauch ihm vorgab und der, so werden wir im Folgenden noch sehen, sein Glück werden sollte.

Er durchlief in der branchenüblichen „Ochsentour" diverse Casinos quer durch die Republik und erklomm nach und nach die - nach außen undurchschaubare - Hierarchieleiter in dieser stark abgekapselten, völlig eigenen Welt. Weitere Ausführungen zu diesem Thema finden Sie, neben einigen generellen Anmerkungen zum staatlich konzessionierten Glücksspiel, in der Geschichte von Thomas.

Er ist der absolut festen Überzeugung, dass er gut daran tat, jeweils auf sein Bauchgefühl gehört zu haben und würde jeden dieser Schritte einschließlich der absolvierten Ausbildung zum Sparkassen-Kaufmann noch einmal so machen. Ihm hätten sich Welten geöffnet, er hätte Erfahrungen und Eindrücke sammeln können, die ihm in der alten, noch dazu sehr eingeengten, Welt dauerhaft verborgen geblieben wären. Er ließ aber auch durchblicken, dass er einem Jugendlichen heute nicht mehr guten Gewissens empfehlen könnte, diesen Beruf zu ergreifen, zu sehr hätten sich die Begleitumstände inzwischen zum Negativen entwickelt, auch wenn es für ihn immer viel mehr als ein Job, sondern absolute Erfüllung gewesen sei.

Neben des auch bei Thomas nachzulesenden Aspekts der steigenden Anzahl von Casinos, die sich um eine gleichbleibende Zahl von Spielern „streiten" würden (als er begann, gab es in Deutschland 14 Spielbanken, heutzutage sind es über 70), führte Hannes noch weitere Gesichtspunkte an, die sich negativ auf die wirtschaftlichen Rahmenbedingungen der Spielbanken auswirken würden. Beispielhaft erwähnte er so u. a. den Umstand, dass insbesondere das Pokerspiel in den Spielbanken fast vollständig zum Erliegen gekommen sei, weil die Spieler inzwischen bequem von der häuslichen Couch aus im Internet spielen würden. Er verriet mir zum Thema Besucherzahlen noch folgende besorgniserregende Insiderinformation: In der Spielbank, in der seine Croupiers-Laufbahn begann, gab es in den „fetten" Jahren jährlich rd. 350.000 Besucher, heute sind es nur noch rund ein Fünftel. Vergleichbar mit dem Immobilienmarkt hätten Spielbanken heutzutage nur noch in absoluten Toplagen eine Überlebenschance und auch nur dann, wenn sie über den Spielbetrieb hinaus mit weiteren Attraktionen, wie z. B. einer Event-Gastronomie werben könnten. Die Spielbank, in der er momentan arbeitet, sei noch eine der wenigen „brummenden" (gut laufenden) Spielbanken, die sich an Freitag- und Samstagabenden über rd. 900 Gäste pro Abend freuen könne, während sich eine nur rd. 100 km entfernt liegende Spielbank an einzelnen Abenden in der Woche sogar mit weniger als 20 Spielern begnügen müsse.

Ja, es wäre ein schmerzlicher Einschnitt in der Beziehung zu seiner Mutter gewesen und er hätte schwer daran zu tragen gehabt. Sie hätten dann aber, nach rund einem halben Jahr, von beiden Seiten aus begonnen, den Kontakt wieder aufzunehmen und zunächst schriftlich wieder miteinander zu kommuniziert, bevor er dann tatsächlich den Weg zurück ins Elternhaus gefunden hätte, um sich mit ihr wieder vollständig zu versöhnen, was ihm letztlich auch gelang.

Wesentlicher Punkt dabei war der Umstand, dass sich seine Mutter auch selbst eingestanden hätte, seinerzeit zu hart reagiert zu haben und sich viel zu sehr dem eigenen Weltbild gegenüber verpflichtet gefühlt hätte.

Ja, sie hätte gespürt, wie sehr er für und in dieser Welt lebe und wie viel ihm die Ausübung dieses Berufes bedeuten würde, ohne aber auch nur den Hauch eines Zweifels daran aufkommen zu lassen, dass es sich dabei keinesfalls um ihre Welt handeln würde.

So blieben auch alle Versuche von Hannes erfolglos, seine Mutter auch nur ein einziges Mal dazu zu bewegen, „seine" Spielbank zu betreten und sich doch selbst einmal einen Eindruck von „seiner Welt" zu verschaffen. Für seine Mutter blieb - trotz allen Verständnisses für ihren Sohn - jener Ort in ihrem Weltbild eben der „Vorhof zur Hölle", wofür Hannes auch Verständnis zeigte.

<u>Persönliche Anmerkungen:</u>

Hannes hat mich mit seinem Mut, seiner Gradlinigkeit und seiner Konsequenz besonders nachhaltig beeindruckt. Von allen Persönlichkeiten in dieser „Sammlung", deren Geschichte Sie bereits gelesen haben bzw. noch erfahren werden, hatte er den schwersten Weg zu seinem gefühlten Glück zu bewältigen, weil er nicht nur - wie wir alle - mit sich selbst und den internen Widersprüchen zwischen der eigenen Intuition und der vermeintlichen Vernunft zu kämpfen hatte, sondern darüber hinaus sogar innerfamiliäre und emotional belastende Widerstände bewältigen musste.

Respekt, großer Respekt für Dich, lieber Hannes und für Deinen ganz persönlichen, mühsam und aufrichtig erkämpften Lebensweg!

Kapitel 16 - Ina

„... Ich fahre immer noch Umwege um den Flughafen herum, um nicht schmerzlich daran erinnert zu werden, dass mein „Dienst über den Wolken" nunmehr endgültig vorbei ist ..."

Ina wuchs in einer der deutschen Metropolen in behüteten Verhältnissen als Tochter eines Werbegrafikers und einer Hausfrau auf. Schon in der Kindheit verspürte sie einen großen Hang zum „Weltenbummler". Bereits zu dieser Zeit ließ ihr Bauchgefühl sie wissen, dass die Wahl des Berufs einer Flugbegleiterin (seinerzeit hatte der Beruf noch die Bezeichnung „Stewardess") ihre absolute Berufung werden würde. Sie verbrachte Zeiten in England und Frankreich, um die geforderten Nachweis zu erbringen, ihre Fremdsprachenkenntnisse im Ausland erworben zu haben, was seinerzeit eine der - inzwischen gelockerten - Bedingungen für die Ausbildung zur Flugbegleiterin darstellte.

Konsequent verfolgte sie diesen Weg, der beinahe schon ganz zu Beginn ein abruptes Ende gefunden hätte, denn - ganz streng nach den Regularien - war sie seinerzeit einen Zentimeter zu klein und auch zu jung, aber manchmal können ein starker Wille und ein Bauchgefühl sogar deutsche Bürokratenberge versetzen. So begann sie in den Siebzigerjahren die Ausbildung, absolvierte diese mit Bravour und widmete fortan ihr Leben der Fliegerei.

Sofort fühlte sie sich darin bestätigt, diesen Weg gewählt zu haben, und während bei einigen Mitstreiterinnen aus ihrem Lehrgang die anfängliche Euphorie - im wahrsten Sinne des Wortes - schnell wieder „verflog", wuchs bei ihr diese Leidenschaft sogar noch weiter an. Sie hatte das Glück, dass der aus dem Bauch heraus gewählte Beruf zur Berufung wurde und bis zum Eintritt in den Vorruhestand ohne jede Einschränkung auch geblieben ist.

Nach einer längeren Unterbrechung ihrer fliegerischen Tätigkeit, die sie der Erziehung ihrer Kinder widmete, entschloss sie sich, eine berufliche Tätigkeit in der Altenpflege aufzunehmen, um mehr Zeit für die Familie zu haben, den Arbeitsweg zu verkürzen und vor allem um in den Genuss verlässlicher, geregelter und vor allem regelmäßiger Arbeitszeiten zu kommen.

Schnell erkannte man auch dort, dass sie die, auch für diesen Beruf unabdingbare, positive Dienstauffassung mit der Betonung auf „dienen" nicht nur oberflächlich angelernt hatte, sondern diese authentisch und aufrichtig mit Hingabe gegenüber den Betreuten lebte. Ihren Kolleginnen und Kollegen war sie ein von Respekt und Gleichberechtigung gegenüber allen Gästen geprägtes Vorbild.

Man bot ihr deshalb schon sehr früh eine Festanstellung, geregelte Arbeitszeiten und ein ansehnliches Gehalt an, weil schnell zu erkennen war, welch ein „Juwel" man mit ihr gewonnen hatte, ahnte aber auch, dass man diese „Fliegerin aus Leidenschaft" auf Dauer wohl nicht werde halten können.

Sie blieb in Gedanken der Fliegerei, ihrer größten Leidenschaft, unablässig verbunden, ohne dabei ihre gegenwärtige, aufopferungsvolle Tätigkeit in der Pflege auch nur ein bisschen zu vernachlässigen.

Es kam, wie es kommen musste, entgegen der Warnungen aus ihrem persönlichen Umfeld und der monetären Aspekte gab sie den gesicherten Job mit der Perspektive auf ein berufliches Vorankommen und einem guten Auskommen auf, weil, Sie ahnen es,

ihr Bauchgefühl und die Liebe zur Fliegerei stärker waren als die vermeintliche Vernunft.

Sie kehrte also zurück in „ihre Welt", trug endlich wieder jene Uniform, die ihr alles bedeutete, musste aber feststellen, dass sich die Welt inzwischen weitergedreht und sich das Klima derweil zum Nachteil gewandelt hatte.

Von der, auf ihrer Seite, als Selbstverständlichkeit unterstellten erneuten Festanstellung war plötzlich nicht mehr die Rede. Die in der heutigen Arbeitswelt übliche Trickserei mit befristeten Verträgen und anderen arbeitsrechtlichen „Spielchen" hatte inzwischen auch bei „ihrer" Airline Einzug gehalten.

Ihre vorbildliche Dienstauffassung, Ihre Erfahrung und die Art und Weise, mit der sie das inzwischen - mit viel Getöse - verabschiedete „Leitbild" schon immer authentisch gelebt hatte, zählten auf einmal weniger als Kostenkennziffern, Kopfzahlen und Quoten.

Sie hätte sich wehren, einen anderen Job annehmen oder an ihre zwischenzeitliche Wirkungsstätte, wo man sie mit „Kusshand" per sofort wieder aufgenommen hätte, zurückkehren können.

Sie tat es nicht, sie akzeptierte schweren Herzens die neuen „Rahmenbedingungen", vertraute auf, wie sich später herausstellen sollte, leere Versprechungen ihrer Vorgesetzten und blieb ihrem Arbeitgeber treu, weil, Sie ahnen es schon,

> ihr Bauchgefühl und die Liebe zur Fliegerei stärker waren als die vermeintliche Vernunft.

Die schon zitierten „Tricksereien" mit dem Instrument der befristeten Verträge führten auch dazu, dass sie sogar für Intervalle von jeweils vier Wochen „aussetzen" (natürlich ohne Fortzahlung der Bezüge) musste, um dann mit dem nächsten Vertrag das „Spiel" erneut zu beginnen.

Auch diese massiven Sanktionen (wobei ihr die fehlenden Flüge und der Fortfall der Möglichkeit, diesen geliebten Dienst über den Wolken leisten zu können, mehr zugesetzt haben als die ausgeblieben Gehälter) konnten ihren Bauch nicht umstimmen und ihrer ganz außergewöhnlichen Leidenschaft für die Fliegerei nichts anhaben, denn, Sie wissen es längst,

> ihr Bauchgefühl und die Liebe zur Fliegerei stärker waren als die vermeintliche Vernunft.

Irgendwann ist dann aber auch die Loyalste unter den Leidenschaftlichen, als die „unsere" Ina zweifelsfrei bezeichnet werden kann, nicht mehr länger bereit, sich derart ausnutzen zu lassen, sodass sie sich entschloss, mithilfe juristischen Beistandes (erfolgreich) nunmehr endlich die erneute, unbefristete Festanstellung zu erstreiten.

Sie wollte einfach nur auf sicherer Basis ihrer Berufung nachgehen, fliegen, dienen und authentisch die Servicementalität vorleben, die ihre Airline vollmundig und ganzseitig in den einschlägigen Magazinen anpries.

Ohne Groll trug sie wieder und weiterhin ihre geliebte Uniform samt Halstuch, dessen Farben wir hier nicht verraten, weil, sie ahnen es natürlich schon,

> ihr Bauchgefühl und die Liebe zur Fliegerei stärker waren als die vermeintliche Vernunft.

Ja, sie waren sogar noch stärker als die negativen Erfahrungen und die sehr schmerzliche Erkenntnis, dass uneingeschränkte und aufrichtige Loyalität nicht unbedingt auf Gegenseitigkeit beruhen muss.

So blieb sie bis zum Schluss ihrer Intuition treu, flog bis zum letzten Tag vor dem Eintritt in den Vorruhestand, um mit Hingabe ihren Beruf auszuüben und ihrer Berufung nachzugehen. Keinen Tag hat sie es bereut, sie würde alles wieder genauso machen und ist glücklich, eine so positive berufliche Lebensbilanz ziehen zu können, um die ich sie voll umfänglich beneide.

Die Leidenschaft, die sie zum Beruf machen konnte, zieht sich hinein bis in die aktuellen Tage des Vorruhestandes, den sie zwar genießt, aber nie, ohne auch den Dienst am Fluggast schmerzlich zu vermissen.

Schmunzelnd berichtete Sie mir, dass es wohl nicht jeder von sich behaupten könne, die Friseurtermine in New York wahrgenommen und die Maniküre in Singapur genossen zu haben.

Sie kann zwar inzwischen ohne Wehmut, jene Flieger auf privaten Flügen wieder betreten, die vorher ihren geliebten Arbeitsplatz darstellten, wählt aber zum Teil Umwege im Terminal bzw. um den Airport herum, um nicht jene Zonen passieren zu „müssen", in denen sich die aktiven Kollegen sammeln und sich auf das vorbereiten, was Ina künftig verwehrt bleiben wird, den, von ihr so geliebten „Dienst am Gast" über den Wolken, dort, wo - nach Reinhard Mey - die Freiheit wohl grenzenlos ist.

Ihrem Bauch hat sie inzwischen mehr als nur einmal für jenen „Anschub" gedankt, der ihr die Türen in jene Welt geöffnet hat, in der sie das ganz große Glück hatte, die Leidenschaft zum Beruf und zum Lebensinhalt machen zu können.

Ein besseres Beispiel für die Verlässlichkeit des Bauchgefühls kann es kaum geben, und ich kann Ihnen versichern, dass diese Ina mit all Ihren Facetten und ihrer beispiellosen Leidenschaft für die Fliegerei absolut leibhaftig und authentisch ist, und somit die Chance gar nicht so klein ist, dass Sie jene Ina mit ihrem stets ehrlich gemeinten „*... kann ich sonst noch etwas für Sie tun ...*" in ihrer Uniform samt Halstuch, dessen Farbe nach wie vor unser Geheimnis bleibt, sogar wirklich auf einem ihrer Flüge als Fluggast erlebt und mit Sicherheit in äußerst positiver Erinnerung behalten haben.

<u>Persönliche Anmerkungen:</u>

Das persönliche Gespräch mit Flugbegleiterin Ina gehörte zu den prägendsten Erfahrungen, die ich im Zuge der Realisierung dieses Buchprojektes sammeln durfte. Jeder von uns kennt im persönlichen Umfeld Mitmenschen, die in ihrem Beruf aufgehen, eine stets positive Ausstrahlung haben und über die Gabe verfügen, mitreißend, im positiven Sinne ansteckend und motivierend auf das gesamte Umfeld zu wirken, aber das ist nur ein Hauch dessen, was Ina auszulösen vermag, wenn sie anderen mit glänzenden Augen von ihrer größten Leidenschaft, der Fliegerei, vorschwärmt.

Kaum jemand kann so glaubhaft darlegen, dass die Ausübung dieses Berufes, der die gleichzeitige Beherrschung eines Straußes an den Fertigkeiten, nämlich denen einer Servicekraft, Sicherheitsexpertin, Krankenschwester, Polizistin, Animateurin, Babysitterin, Psychologin, Seelsorgerin und sogar denen einer Putzfrau zum Inhalt hat, ihm bzw. ihr so sehr auf den Leib geschrieben ist, wie eben „unserer" Ina.

Es sind die „Inas", von denen es in jedem größeren „Laden" zum Glück immer noch eine Handvoll gibt, die diese „Molochs" am Leben halten, weil sie trotz allem immer noch ihre Rolle als „Visitenkarte" ihres Hauses verinnerlicht haben, den Job eben nicht nur als Job verstehen, sondern als Berufung, Chance und Herausforderung, wo ansonsten unter zunehmend verschlechterten klimatischen Bedingungen der „Dienst nach Vorschrift" und die „innere Kündigung" immer mehr um sich greifen.

Mögen uns die „Inas" niemals ausgehen.

Kapitel 17 - Katharina

„… Ihr könnt mir erzählen, was ihr wollt, ich gehe sowieso zur Polizei …!"

Katharina wurde als einziges Kind eines kaufmännischen Angestellten und einer Beamtin in einer deutschen Metropole geboren.

Schon in ihrer frühesten Kindheit war sie für ihre Eigenwilligkeit (um das Wort „Dickköpfigkeit" an dieser Stelle zu vermeiden) bekannt und brachte ihre Eltern damit regelmäßig an den Rande der Verzweiflung. Auch ihre spätere berufliche Entwicklung stand für sie bereits im zarten Alter von nur fünf Jahren unverrückbar fest.

So erklärte sie ihren erstaunten Eltern

> *„… Ihr könnt mir erzählen, was ihr wollt, ich gehe sowieso zur Polizei …".*

Zu dieser rein intuitiv geprägten Entscheidung gelangte sie durch eine deutsche TV-Vorabendserie, in der eine Polizistin eine Hauptrolle spielte und für Katharina zum Idol wurde.

Weibliche Polizisten waren zu dieser Zeit noch eher unüblich, was ihre Eltern zu der Annahme veranlasste, es handle sich dabei ohnehin nur um eine kindliche Traumvorstellung und würde schon bald durch realistischere Berufswünsche ersetzt werden.

Bei einem Besuch der örtlichen Polizeiwache, zu dem ihre Mutter sie einmal mitnahm, um eine echte Polizeiwache zu sehen, erkannte sie, dass hier tatsächlich nur männliche Polizisten arbeiteten, einer der Beamten kommentierte dies spaßeshalber: „Du könntest ja mal die erste Polizistin hier werden!".

Was der Beamte als Scherz gesagt hatte, wurde für Katharina schon fast zum Lebensziel und bestärkte sie nur in ihrem Plan, eine in ihren Augen „richtige" Polizistin zu werden, mit Uniform, Streifenwagen und spannenden Einsätzen.

Noch sicherer war sie sich darin, auf keinen Fall einer sitzenden Tätigkeit im Büro nachzugehen. Die Abneigung gegenüber dieser Art von Berufen ging sogar so weit, dass sie zu Beginn des ersten Schuljahres in der Grundschule bei der obligatorischen Frage nach dem Beruf des Vaters für den Eintrag im Klassenbuch angab

„...Mein Vater hat keinen Beruf, der geht nur ins Büro...".

Deutlich mehr Respekt hatte sie da eher vor ihrem Onkel, der als Möbeltischler „echte Werte" zur Freude aller erstellte.

So dickköpfig wie sie war, so gradlinig und konsequent verfolgte sie auch ihre Ziele, selbst wenn die Erreichung des Zieles mit erheblichen Zusatzaufwänden oder sogar Entbehrungen verbunden war.

Die Idee mit der Laufbahn bei der Polizei reifte weiter und mündete schließlich in der Vision, dass es ein Job bei der internationalen Polizei (*„... jedenfalls aber weit weg ..."*) sein sollte. Nach Absolvierung der Grundschule und dem damit einhergehenden Erfordernis der Auswahl einer weiterführenden Schule überraschte sie ihre Eltern mit der nächsten - aus ihrer Sicht - unverrückbaren Entscheidung bezüglich ihres weiteren Lebensweges.

Da ihr klar war, dass der Traum von der internationalen Polizei-karriere unweigerlich mit der Notwendigkeit weit überdurchschnitt-licher Fremdsprachenkenntnisse verbunden sein würde, forderte sie ihre Eltern auf, auch ein stadtbekanntes, zweisprachiges, aber entferntes Gymnasium in die Liste der zu besichtigenden etwaig künftigen Schulen aufzunehmen.

Der Zufall wollte es so, dass diese schulische Einrichtung als erste unter den Kandidaten ihren „Tag der offenen Tür" im Programm hatte. Nach nur wenigen Minuten des Studiums des Schwarzen Brettes und des äußeren Eindrucks eben dieser Schule verkündete sie selbstbewusst und etwas trotzig

„... Wir brauchen nicht mehr woanders hinzufahren, ich gehe sowieso hier her ...".

Wohl war ihren Eltern nicht dabei, wäre doch der Besuch dieser Schule mit einem rund einstündigen Schulweg verbunden und nur mit einer aufwendigen Umsteigeverbindung im ÖPNV zu erreichen gewesen. Katharina zog aber ihre Entscheidung konsequent durch, wenn auch anfangs mit leicht schlotternden Knien angesichts des Schulweges und des Umstandes, dass alle alten Schulfreundinnen es vorgezogen hatten, die Schule „um die Ecke" zu besuchen.

Erläuterung: Das bewusste zweisprachige Gymnasium zeichnete sich dadurch aus, dass es von Beginn an dreimal so viel Englisch-Stunden wie an „normalen" Gymnasien gab und darüber hinaus jedes Jahr ein Fach hinzukam, das dann ebenfalls in englischer Sprache unterrichtet wurde bis dann schließlich das Abitur in Gänze in englischer Sprache zu bewältigen ist.

Zum Beginn der 7. Klasse kam obligatorisch die Wahl einer zweiten Fremdsprache auf Katharina zu. Sie blieb ihrer klaren, zielorientierten Linie treu und wollte die Entscheidung an dieser Stelle von den Empfehlungen ihres - für sie immer noch absolut feststehenden - künftigen Arbeitgebers, der Polizei, abhängig machen.

Sie begab sich deshalb zielstrebig und selbstbewusst auf die Revierwache ihres - tendenziell eher dörflich geprägten - Stadtteils und befragte die „künftigen Kollegen" nach der sinnvollsten Fremdsprachen-Wahl für eine spätere Mitarbeit bei der Polizei. Die Kollegen gaben ihr die Empfehlung für zwei südosteuropäische Sprachen mit auf den Weg, die allerdings, zum großen Bedauern Katharinas, nicht auf der Angebotsliste ihres fremdsprachlich orientierten Gymnasiums standen.

Es versteht sich von selbst, dass sie das obligatorische Berufspraktikum auf einer Polizeiwache absolvierte, nachdem sie sich bereits ein Jahr vorher um diese „Option" eigenständig gekümmert hatte. Ihre Eltern waren einerseits stolz auf den Grad der Eigenständigkeit und des Engagements ihrer Tochter, wären aber noch glücklicher gewesen, wenn Katharina hier und da auch andere Angelegenheiten mit der gleichen Konsequenz, Zuverlässigkeit und Hartnäckigkeit verfolgt hätte.

Nach dem Praktikum waren dann auch die letzten etwaig vorhandenen - aber natürlich nie bekundeten - Restzweifel beseitigt und ihr Entschluss unverrückbar, definitiv zur Polizei gehen zu wollen. Dabei stand für sie allein das Tätigkeitsprofil des Polizeiberufes und niemals die „Segnung" einer späteren Beamten-Versorgung im Vordergrund, doch dazu später mehr.

Es war auch in anderen Fragestellungen so, dass sie - nicht immer zur Freude ihrer Eltern - viele Entscheidungen ausschließlich mit sich selbst ausmachte.

Sie „baute" ein zwar nicht traumhaftes (sie wollte ja auch nicht Medizin studieren), wohl aber gutes Abitur und nutzte dabei sogar die Chance, ein komplettes Schuljahr in den Vereinigten Staaten zu absolvieren, um sich in Englisch den letzten Feinschliff „abzuholen".

Weil sie alles, was sie tat, in konsequenter Ausrichtung auf dieses eine Berufsziel vollzog, wählte sie natürlich auch ihre Sportart in diesem Kontext. Sie erlernte mit Ju-Jutsu jene Kampfsportart, in der auch die Polizisten (in ihrem Bundesland) in Sachen Selbstverteidigung ausgebildet werden. Es verstand sich von selbst, dass sie dabei auf das Kurs-Angebot des Polizeisport-Vereins am anderen Ende der Stadt und nicht etwa auf das gleichlautende Programm des „normalen" Sportvereins in der unmittelbaren Nachbarstadt zurückgriff.

Sehr frühzeitig begann sie damit, die Einstellungsvoraussetzungen und Kriterien der Einstellungstests aller Länder-Polizeibehörden (die sich im Übrigen allesamt über jeweils mehrere Tage erstreckten) akribisch zu analysieren und aufzulisten, um sich dann im Nachgang gezielt bei einzelnen Bundesländern zu bewerben. Dabei standen nicht die räumliche Nähe zum Elternhaus - wie das eigentlich zu erwarten gewesen wäre - sondern vielmehr die Fragen nach einer etwaigen Tauchübung im Zuge der Sportprüfung (vor der sie einen ordentlichen „Bammel" hatte) und Laufbahnfragen (Einstellung im mittleren oder gehobenen Dienst) in ihrem Fokus.

Sie hatte schließlich die Zusagen zweier Bundesländer für das Auswahlverfahren in der Tasche und entschied sich für die weiter entferntere Variante, weil sie ihr „spannender" erschien und glaubte, sich, fernab von zu Haus, eher eine echte Eigenständigkeit aneignen zu können.

Sie bestand den Einstellungstest mit Bravour und war nun als Polizeikommissar-Anwärterin ihrem großen Ziel deutlich nähergekommen.

Es begann eine harte und anstrengende dreijährige Ausbildung (in ihrem Wunsch-Bundesland) sowohl in theoretischer, als auch praktischer Hinsicht, die sie mit großem Einsatz und guten Ergebnissen bewältigte.

Den theoretischen - sehr stark juristisch geprägten - Teil hat sie an einer Fachhochschule für öffentliche Verwaltung mit dem Abschluss „Diplom-Verwaltungswirt", den praktischen Teil in einer kasernierten Polizeischule mit dem Abschluss „Polizeikommissarin zur Anstellung" erfolgreich absolviert.

Natürlich lernte sie schnell, dass der Alltag im polizeilichen Leben nichts mit den reißerischen Vorabendserien im TV, bei denen viel geschossen und alle Fälle in 30 Minuten - unter Verletzung so ziemlich aller denkbaren Dienstvorschriften - gelöst werden, gemein hatte. Trotz der Härten, denen sie im Zuge der Ausbildung fern ab des Elternhauses ausgesetzt war, zweifelte sie auch in diesen Tagen keine Sekunde daran, mit der Hilfe Ihrer Intuition und ihrer Visionen die richtige Entscheidung getroffen zu haben.

Im Zuge der Ausbildung stand auch eine Hospitation bei einer fremden Polizeieinheit „im laufenden Betrieb" an, um den Alltag auf der Revierwache kennenzulernen. Katharina wäre nicht „unsere" Bauchgefühl-Protagonistin Katharina, wenn sie es sich einfach gemacht und den kurzen Weg in die Nachbarstadt unternommen hätte. Nein, sie ging den komplizierten Weg und kümmerte sich selbst um einen Praktikantenplatz und eine Unterkunft im Norden Englands, um bei der britischen Polizei zu hospitieren.

Ihr war klar, dass sie im Gegensatz zu ihren Kollegen alle Kosten dieser „Extrawurst" würde selber tragen müssen. Dafür gab es dann vielleicht aber die Chance, schon einmal die ersten Fühler in Richtung internationaler Einsätze ausstrecken zu können (z. B. in der Funktion einer sogenannten Kontakt-Beamtin bei den Olympischen Spielen in London in 2012).

Da ein solches Ansinnen beim zuständigen Polizeipräsidium völlig neu und einzigartig war, musste zunächst aufwendig geprüft werden, ob die einschlägigen Vorschriften eine derartige Vorgehensweise überhaupt zuließen. Ihrem Ansinnen wurde nicht nur stattgegeben, sondern es stieß sogar auf Interesse und Begeisterung mit dem Ergebnis, dass Katharina im Nachgang zur erfolgreich absolvierten Hospitation in England ausführlich (schriftlich) Bericht erstatten musste. Darin kam sie zu dem - für ihre Länderpolizei - betrüblichen Ergebnis, dass die hiesige Ausstattung meilenweit und viele Jahre hinter jener der britischen Polizei hinterherhinken würde.

Diese Erkenntnis hat dem Wunsch Katharinas, internationale Polizeiarbeiten zu leisten, weiteren Vorschub geleistet.

Im persönlichen Gespräch drückte es Katharina deutlich prägnanter aus als im offiziellen Bericht, indem sie - in der für sie typischen Art - mir gegenüber die Formulierung „... selbst in Uganda sei die Polizei besser ausgestattet als hier ..." wählte.

Im ersten Jahr (nach der Ausbildung und Laufbahnprüfung) muss dann praktisch jeder Anfänger einen der wenig beliebten Dienste bei der Bereitschaftspolizei oder im Objektschutz ableisten. Katharina kam zum Objektschutz und bewachte „ohne Murren und Knurren" gefährdete Objekte in der Landeshauptstadt (insb. jüdische Einrichtungen und Konsulate).

Auch diese weniger befriedigende, aber unstreitig notwendige Tätigkeit ließ sie nicht am eingeschlagenen Wege zweifeln.

Da sie sich für ein „Flächenland" als Arbeitgeber entschieden hatte, schwebte nach Abschluss der Ausbildung bzw. des Jahres im Objektschutz auch das Damoklesschwert eines erforderlichen Umzuges über ihr, da sie - nicht nur theoretisch - überall in diesem großen Bundesland hätte eingesetzt werden können.

Es traf sie halbwegs gut. Zwar wurde sie in eine andere Stadt versetzt, konnte aber ihren neuen Einsatzort, zumindest anfangs, halbwegs gut mit dem ÖPNV erreichen, was so selbstverständlich nicht ist, wenn man in Wechselschicht arbeitet und z. B. für die Frühschicht schon vor 6.00 Uhr morgens auf der Wache sein muss. Sie entschied sich nach rund einem Jahr letztlich doch, ihren Wohnsitz an den neuen Standort zu verlegen, und fühlte sich dort richtig wohl, zumal sie auch schnell einen guten Draht zu den Kolleginnen und Kollegen ihrer Dienstgruppe entwickelte.

Nach dem „Lehrjahr" im Objektschutz ging es endlich auf die lang ersehnte, erste richtige Wache mit der örtlichen Zuständigkeit u. a. für das überregional bekannte Messegelände.

So gehörte dann auch die Beruhigung von - überwiegend asiatischen - Taschendiebstahl-Opfern, die leichtgläubig größere Mengen Bargeldes in Messetüten bei sich führen, zu ihren ersten Aufgaben im Rahmen des Dienstes als „Freund und Helfer".

Es dauerte es nicht lange bis zum ersten dienstlichen Todesfall. Es sollte sich herausstellen, dass Katharinas in dieser Situation den richtigen Ton und die passenden Worte fand, denn selbst die sehr erfahrenen Kollegen räumten ein, dass sie bei der Übermittlung der Todesnachricht ein außerordentlich feinfühliges Fingerspitzengefühl bewiesen hätte und überließen ihr zunehmend diese unangenehme Pflicht, um die sich naturgemäß niemand reißt.

Auch der „Kontakt" mit einem Bahn-Suizidfall nahm sie zwar emotional mit, ließ sie aber immer noch nicht an der Berufswahl zweifeln. Es gelang ihr zunehmend besser, das dienstlich Erlebte zum Dienstschluss auch tatsächlich abzuschütteln.

Diese Fähigkeit ist eine der wesentlichen Grundvoraussetzungen für Polizisten, Krankenschwestern, Feuerwehrleute, Soldaten und all jenen, bei denen der Umgang mit dem Tod zwar nie zur Routine wird, aber zum Dienst unweigerlich dazu gehört, um nicht selbst seelisch Schaden zu nehmen.

Das zweite, was Katharina - wie all ihre Mitstreiter - lernen musste, war auf „Kommando" schlafen zu können, weil andernfalls die Härten des Wechselschicht-Dienstes auf Dauer nicht zu ertragen wären. Sie berichtete mir weiter, dass eben dieser Umstand bzw. der selbst gewählte Beruf einen ganz anderen Lebensrhythmus mit sich gebracht hätte, da der Schichtdienst die Wahrnehmung regelmäßiger Termine z. B. in Sportvereinen nicht zuließe und auch die Pflege sozialer Kontakte zu Freunden oder der Familie natürlich erschwert sei. Dieser Background sei einer der wesentlichen Gründe dafür, dass Polizisten-Ehen überdurchschnittlich häufig geschieden werden. Besonders dramatisch sei dabei die Situation bei reinen Polizei-Ehen, weil die Partner bei Einsätzen in unterschiedlichen Dienstgruppen z. T. nur noch über Post-It-Aufkleber am Kühlschrank miteinander kommunizieren könnten. Der unabdingbar erforderliche Abstand zum dienstlichen Geschehen würde verlorengehen, weil sich die heimischen Gespräche am Essenstisch häufig nur noch um erlebte Einsätze und Kollegen drehen würden.

Ja, auch sei sie zum Dienstschluss müde und erschöpft, aber noch viel wichtiger sei doch, dass sie dabei glücklich sei. Ganz bewusst nehme sie auch die „Kehrseiten" der Medaille in Kauf und würde auch mit niemanden tauschen wollen.

Zur Vorbereitung des von ihr angestrebten Einsatzes in einer internationalen Polizeimission (z. B. als Ausbilderin von Kollegen in Afghanistan) begann sie nach langen, eigenen Recherchen einen Master-Studiengang an einer überregional bekannten deutschen Universität, der sich (durchgängig auf Englisch) mit internationalem Polizeirecht auseinandersetzte.

Da es sich bei den Studenten um Polizisten aus der ganzen Welt handelte, die in unterschiedlichen Zeitzonen lebten und überwiegend in Wechselschicht arbeiteten, war dieses Studium (natürlich) nicht als Präsenz- sondern als Online-Studium angelegt, bei dem vorgegebene Lerneinheiten in festgelegten Zeiträumen zu absolvieren waren.

Bei den Prüfungen handelte es sich um „Essays", also schriftliche Abhandlungen zu meist sehr komplexen, überwiegend juristischen Sachverhalten (z. B. Kriegsvölkerrecht, UN-Befugnissen etc.), die zu vorgegebenen Terminen (natürlich durchweg auf Englisch) elektronisch einzureichen waren, oder um Diskussionen, die per Videokonferenz abgehalten wurden.

Schnell musste Katharina in einer „Quasi-Leidensgemeinschaft" mit all ihren Kommilitonen feststellen, dass die anfängliche Einschätzung der Uni „... Das können Sie locker neben dem normalen Dienst schaffen ..." bzw. „... Gehen Sie davon aus, dass ein wöchentlicher Einsatz von wenigen Stunden mit Sicherheit ausreichen sollte ..." weit an der Realität vorbei ging, zumal jeder der beteiligten Professoren den - seitens der Studenten zu erbringenden - Lernaufwand natürlich nur auf das eigene Fach, nicht aber auf das Gesamtstudium bezog.

Mehrere Studenten gaben sukzessive das Studium wieder auf, weil sie die Doppelbelastung nicht länger zu tragen bereit waren. Nicht so Katharina, sie biss die Zähne zusammen und schloss das Studium im April 2015 mit dem Titel eines „Master of Criminal Justice, Governance and Police Sciences (M.A.)" erfolgreich ab. So manche Nacht wurde von ihr zum Tag gemacht, um die fälligen „Essays" zu fertigen. Ein Grund für die Beharrlichkeit war sicherlich auch der Umstand, dass sie für das Studium vorab eine Studiengebühr von über EUR 8.000,00 auf den „Tisch" hat legen müssen und dafür alle ihre seit der Kindheit mühsam gefütterten Sparbücher auflösen musste.

Als „Belohnung" für das bestandene Studium gönnte sich unsere „internationale" Polizistin eine Auszeit und legte ein Sabbatical (Sabbatjahr) ein. Sie ging gerade noch rechtzeitig für ein halbes Jahr nach Australien (das Work & Travel-Visum gibt es nur bis zum 30. Lebensjahr), um dort ihren Horizont zu erweitern und schon einmal die Fühler in Richtung der dortigen Polizei auszustrecken. Abgerundet hat sie diese spannende Zeit mit Aufenthalten in Thailand, Vietnam, Laos und Kambodscha.

Möglich war das Ganze nur, weil sie bereits über zwei Jahren davor einen entsprechenden Antrag beim Polizeipräsidium gestellt hatte. In der Konsequenz hieß das, dass sie zwei Jahre in Vollzeit für 2/3 der Bezüge arbeitete, um im dritten Jahr (dem eigentlichen Sabbat-Jahr) für ebenfalls 2/3 der Bezüge vollständig von allen Diensten freigestellt zu werden.

Vielleicht ist diese Geschichte ja ein Anstoß für Sie, selbst einmal über ein solches Ansinnen nachzudenken, um sich z. B. einen Jugendtraum zu erfüllen. Auch wenn nicht extra dafür geworben wird, sind erstaunlich viele Arbeitgeber bereit, einem solchen Antrag stattzugeben, zumal sie wissen, dass sie nach einem Jahr einen besonders gut erholten, innerlich zufriedenen und voll motivierten Mitarbeiter zurückbekommen. In Zeiten von Burn-out und einer Vielzahl innerer Kündigungen ist das Sabbatjahr eine sehr ernsthaft zu prüfende Variante für eine gesunde Life-Work-Balance, wie es auf neuhochdeutsch heißt. Ja, ein Sabbatjahr schmälert Ihre Rente, mit einem zutiefst entspannenden Sabbatjahr steigt aber auch die Wahrscheinlichkeit, dieses Rentenalter überhaupt zu erreichen bzw. diese Lebensphase so lange wie möglich zu genießen …

Lebe heute! Erfüllen Sie sich jetzt Ihren Traum! Niemand garantiert Ihnen, dass Sie morgen gesundheitlich noch dazu in der Lage sein werden, und hören Sie auch in dieser Frage auf Ihren zuverlässigsten Berater, den Sie haben (nein, nicht Ihren Partner, sondern ihr ureigenes Bauchgefühl).

Ja, sie würde alles noch einmal so machen, versicherte Katharina mir, ohne lange darüber nachdenken zu müssen. Natürlich gäbe es „Scheiß-Tage" im Dienst und durchaus auch einmal Reibereien im Team, aber das sei überall so und wäre am Tag darauf schon wieder vergessen.

Natürlich sei der Lohn angesichts der Härten des Dienstes, der Gefahren, denen man ausgesetzt sei, und der schichtdienstbedingten Behinderung normal funktionierender sozialer Kontakte im Prinzip nicht angemessen, aber sie wolle nicht klagen, zumal sie das Glück gehabt hätte, sich ihren Traumberufswunsch erfüllen zu können und im Zuge dessen, Abwechslungen erleben zu dürfen, die es in anderen Jobs nicht gäbe („... *erst recht nicht im Büro* ...", fügte sie noch schmunzelnd hinzu).

Was ihr aber zu schaffen mache, so ließ sich mich - in einem sehr offenen Gespräch - weiter wissen, sei das Gefühl mangelnden Respektes, wenn nicht sogar aktiver persönlicher Anfeindungen oder auch blanken Hasses, obwohl sie doch genau diesen Job gewählt habe, um dem Postulat des „Freundes und Helfers" gerecht zu werden. Derart einschneidend negative Erfahrungen hätte sie im Rahmen der Hospitation in England zu keinem Zeitpunkt machen müssen, obwohl sie dort auch Dienst in einer sozial benachteiligten Gegend habe schieben dürfen.

Diese kleinen Minuspunkte würden aber aufgehoben werden durch die Vielzahl positiver Feedbacks aus der Bevölkerung sowie der Kollegen und der kleinen Erfolgserlebnisse bei der täglichen Arbeit.

So berichtete sie mir stolz von ihrem inzwischen erworbenen Ruf als Spezialistin für die Erkennung gefälschter Führerscheine aus anderen europäischen Ländern und dem Umstand, auch tatsächlich schon Fälschungen erfolgreich identifiziert und aus dem Verkehr gezogen zu haben.

Auch sei ihr die Verbringung eines bekannten Fußballspielers zur Wache in leibhaftiger Erinnerung, der sehr früh morgens zu schnell und zudem auch alkoholbedingt fahruntüchtig in einem schnittigen Sportwagen unterwegs gewesen sei. Er habe sich wenig kooperativ gezeigt, weil er angeblich keine Zeit hätte, zumal er ja pünktlich beim Training sein müsse ...

Ich hatte Ihnen ja berichtet, dass Katharina den Beruf der Kommissarin allein wegen des Aufgabenprofils, nicht aber wegen der beamtenrechtlichen Absicherung ausüben würde. Sie ist inzwischen zur Beamtin auf Lebenszeit ernannt worden, klebt aber nicht an diesem Status. Freimütig erklärt sie, dass sie es sich durchaus vorstellen könne, auch unter Verzicht auf diese Alterssicherung, nach Kanada, Australien oder England zu gehen, um dort ihrer Berufung - auch ohne jegliche Absicherung - nachzugehen.

Persönliche Anmerkungen:

Ich habe selten eine Persönlichkeit treffen dürfen, die so konsequent, frühzeitig und zielgerichtet ihre beruflichen Visionen verfolgt und umgesetzt hat und dafür auch bereit war, so weitreichend alle persönlichen Interessen hintenanzustellen wie jene Katharina aus dieser beruflichen Bauchgefühl-Lebensgeschichte. Sie hat sich mit absoluter Bestimmtheit, großem Selbstvertrauen, einer gehörigen Portion Mut und Selbstsicherheit mit ihrer großen Vision des Berufswunsches seit ihrer frühen Kindheit nahezu allein auf den Weg durch die Schule und Ausbildung gekämpft, sich dabei von niemanden, einschließlich ihrer Eltern („… *wir haben Angst um Dich, geht es nicht vielleicht ein bisschen weniger gefährlich …*") beirren lassen und sich stets auf sich selbst und ihr Bauchgefühl verlassen.

Diese authentische Lebensgesichte zeigt Ihnen, dass es mit Willensstärke, Konsequenz und klarer Zielorientierung durchaus gelingen kann, auch ein weit entferntes visionäres Ziel zu erreichen, um sich einen ganz persönlichen Wunsch beruflicher Ziele zu erfüllen.

Ich zolle Katharina für Ihren gemeisterten Weg meinen absoluten und uneingeschränkten Respekt und bekenne freimütig, dass ich - auch wenn es andere Zeiten gewesen sind - niemals den Mut aufgebracht hätte, meinen Eltern im Alter von fünf Jahren zu sagen, dass ich meinen weiteren Schulweg und die Berufswahl unbeeinflusst selber in die Hand nehmen würde.

Hätte ich es getan, wäre ich heute - wie Sie im Prolog lesen konnten - Croupier geworden und dieses Buch wäre vermutlich nie erschienen.

Danke Katharina für Deine spannende und vor allem motivierende Geschichte, die aufzeigt, dass es sich lohnt, auf das eigene Bauchgefühl zu „hören", sich selbstbewusst auf seine inneren Stärken zu verlassen und dabei auch längere und unsichere Wege zu beschreiten, um sich seine Visionen zu erfüllen.

Schlussbemerkung:

Ich hatte das Glück, den Weg von Katharina von frühester Kindheit an verfolgen zu dürfen und kann von daher uneingeschränkt bestätigen, dass die hier dargestellte Eigensinnigkeit und Zielstrebigkeit (in ausgewählten Fragen) eher noch untertrieben sind. Wie sagte doch ihre Patentante anlässlich ihrer Konfirmation: „... *Ja, es ist schon etwas Besonderes, eine Katharina zu sein* ..."!

Bewahre Dir Deinen Mut und möge Dir das Glück bei den nächsten Entscheidungen, die Du in Deiner persönlichen beruflichen Zukunft zu treffen hast, treu bleiben.

Sollte Dir Dein ausgeprägtes Bauchgefühl zu gegebener Zeit signalisieren, dass es Deine Bestimmung sei, die schmucke Urkunde zur Ernennung als Beamtin auf Lebenszeit zurückzugeben und Polizistin in England, Australien oder Kanada zu werden, so folge der untrüglichen Einschätzung Deiner so harmonisch mit Dir agierenden Intuition, egal, wer alles die Hände über dem Kopf zusammenschlägt.

Kapitel 18 - Marion

„... Es ist für mich schlichtweg unvorstellbar, über einen Zeitraum von womöglich 20 Jahren in einem Büro stets den gleichen Kollegen gegenüberzusitzen und deren Lebensgeschichten einschließlich der missratenen Klassenarbeit der Kollegenkinder etc. aus dem Effeff zu beherrschen ..."

Marion wuchs in einer für junge Menschen eher wenig anziehenden, überwiegend ländlich geprägten und keinesfalls coolen Region in sehr behüteten Verhältnissen als Tochter eines Polizeibeamten und einer kaufmännischen Angestellten auf. Schon in der Kindheit spürte sie drei stark ausgeprägte Leidenschaften, die sie später allesamt auch beruflich beeinflussen sollten. Bei diesen Vorlieben handelte es sich erstens um den Willen, die große, weite Welt zu bereisen, zweites um den ausgeprägten Wunsch, fremde Sprachen zu erlernen und drittens um die - bei heranwachsenden Mädchen nicht unübliche - Liebe zu Pferden.

Sie ging direkt nach dem Abitur ins Ausland, bzw., um genauer zu sein, nach England und Frankreich, um im Rahmen von Jobs und Praktika im vorgenannten Sinne zum einen die große weite Welt außerhalb ihres beschaulichen Umfeldes kennenzulernen und zum anderen, sich ihrer zweiten Leidenschaft, dem Erlernen fremder Sprachen im „Original", zu widmen. Darüber hinaus verdiente sie sich auf diesem Wege den einen oder anderen Franc bzw. so manches Pfund-Sterling. Sie schlug somit quasi zwei Fliegen mit einer Klappe und öffnete sich, ohne dieses in dem Moment bereits zu wissen, mit bauchgesteuerter „Vorbestimmung", ganz weit die Türen für ihre spätere berufliche Laufbahn.

Wie der Zufall es wollte, ergab sich - während des Aufenthalts in Großbritannien - für sie die Möglichkeit, an der Informations-Veranstaltung einer sehr renommierten Airline teilzunehmen, im Rahmen derer - dem überwiegend jugendlichen Publikum - der Beruf des Flugbegleiters vorgestellt wurde. Das Berufsbild löste absolute Begeisterung in ihr aus und stärkte das ohnehin „rufende" Bauchgefühl, würde sie doch auf diesem Wege die Hobbys und Visionen sogar zu einem - zudem auch noch bezahlten - Job machen und die dörfliche Umgebung in Richtung einer der großen deutschen Städte mit einem internationalen Flughafen verlassen können.

Sie bewarb sich für die Ausbildung und wurde mit offenen Armen empfangen, weil sie eine der seinerzeit ganz wesentlichen Voraussetzungen, nämlich den Nachweis, der im Ausland erlangten Fremdsprachenkenntnisse, bereits mitbrachte. Das erworbene Cambridge Certificate, das sie eigentlich nur für sich und aus Spaß an der Freud in Großbritannien erworben hatte, war plötzlich „Gold" wert und letztlich der vermutlich entscheidende Türöffner zu einer Welt, die ihre Berufung werden sollte. Sie bestand die Ausbildung mit Bravour und erfüllte sich den Traum, die große, weite Welt bereisen zu können.

Sie hatte darüber hinaus das Glück, auf den ganz großen Flugzeugtypen (in der Fachsprache Muster genannt), die im interkontinentalen Verkehr zum Einsatz kommen, geschult und eingesetzt zu werden. So konnte sie ihrem zweiten Hobby, dem Besuch der Metropolen dieser Welt, frönen und zudem fremdsprachlich in Übung bleiben.

Diese „wunderbare Fügung", das Angenehme mit dem Nützlichen verbinden zu können, hat aber auch ihren Preis: Ein Leben mit festen Arbeitszeiten und regelmäßig freien Wochenenden zu führen, war und ist ihr nicht vergönnt.

Die Begleitumstände sind dabei noch belastender als jene bei „normalen" Wechselschichtlern, kommen doch bei Marion und ihren Kollegen noch die Belastungen für den Biorhythmus (die innere Uhr) durch den ständigen Wechsel der Zeitzonen hinzu. Können Sie sich daran erinnern, wie viel Tage Sie nach Ihrem letzten Interkontinentalflug gebraucht haben, um wieder in den Tag-Nachtrhythmus zu kommen (ohne in einem komfortablen Business-Seat zu dösen)?

Es sind aber nicht nur der Jetlag, der den Schlafrhythmus kräftig durcheinanderwirbelt und der schwere Trolley, der auch bei Turbulenzen sicher durch die Gänge zu bewegen ist, sondern auch die klimatischen Bedingungen in der Kabine, die an der Gesundheit zehren.

So herrschen „in der Röhre", wie die Flugbegleiter die Kabine nennen, eine Luftfeuchtigkeit von nur 5 - 10 % (normal sind in unseren Breitengraden 40 - 50 %) und ein Luftdruck, der mit dem auf der Zugspitze vergleichbar ist, wodurch sich die körperlichen Anforderungen an die Cabin-Crew gegenüber normalen klimatischen Verhältnissen deutlich erhöhen.

Kleine Anmerkung am Rande: Es sind übrigens genau diese klimatischen „Begleitumstände", die dazu führen, dass in Flugzeugen außergewöhnlich viel Tomatensaft getrunken wird, während dieser auf dem Boden eher ein Schattendasein in der hintersten Ecke des Saft-Regals im Supermarkt fristet. Am Boden riecht Tomatensaft leicht muffig und schmeckt lasch, an Bord tritt er - gemäß einer Untersuchung - hingegen „harmonisch" in Erscheinung, schmeckt tendenziell süß und fruchtig und deutlicher nach Tomaten.

Daneben spielt bei den Flugbegleitern bzw. den Piloten auch das Thema „kosmische Strahlungen" eine wichtige Rolle. Es gibt hier zwar keine Dosimeter wie bei Mitarbeitern in einer Röntgenpraxis, wohl aber werden in persönlichen „Strahlenkonten" akribisch die Strahlenbelastungen jedes einzelnen Fluges berechnet und festgehalten. Bei Annäherung des Wertes an eine Grenze, die wissenschaftlich noch als unbedenklich eingestuft wird, werden ggf. auch Zwangspausen, quasi zur Rekonvaleszenz, verordnet. Schwangere werden nach Kenntnisnahme der „glücklichen Umstände" aus diesem Grund bis zur Entbindung nicht mehr an Bord eingesetzt.

Zu Ihrer Beruhigung: Bezüglich ihres eigenen „Strahlenkontos" müssen Sie sich überhaupt keine Sorgen machen, egal wie oft im Jahr Sie Urlaub machen oder geschäftlich unterwegs sind, Sie werden unendlich weit von dem Ausmaß entfernt bleiben, das auch nur ansatzweise bedenklich sein könnte.

Schwerwiegender ist aber der Geräuschpegel, der in der Kabine herrscht. Er beträgt rd. 80 dB, was in etwa der Lautstärke eines Presslufthammers entspricht. Sie werden das - aufgrund der zahlreichen Ablenkungen - vermutlich während des Fluges so nicht wahrnehmen, spüren es aber noch Stunden später (vor dem Einschlafen, wenn sie das Brummen der Turbinen nach wie vor „im Ohr" haben).

Dieser Umstand mag einer der Gründe dafür gewesen sein, dass sich Marions „zweites Bauchgefühl" zunehmend stärker in Erinnerung rief und in ihr immer deutlicher den Wunsch weckte, nach Möglichkeiten zu suchen, ihr anderes großes Hobby, die Liebe zu Pferden zum Beruf zu machen. Ja, sie zog einen beruflichen Wechsel sehr ernsthaft in Erwägung, obwohl ihr der Job der Flugbegleiterin bis dahin stets Erfüllung und Zufriedenheit gebracht und sie ihre Berufswahl bis dahin keinen Tag bereut hatte.

Durch das Studium einer Fachzeitschrift für Reiterei erfuhr sie von der Vakanz einer Stelle bei einem überregionalen Interessenverband auf dem Sektor der Pferdezucht. Sie bewarb sich spontan, setzte sich erfolgreich gegen mehrere Bewerberinnen durch und trat erwartungsvoll und euphorisch ihren „pferdenahen" Job an.

Leider musste sie aber sehr schnell erkennen, dass sie sich in ein ultrakonservatives Umfeld mit längst überholten Führungsmethoden und den Erschwernissen einer extrem ausgeprägten männlichen Dominanz begeben hatte, das sich nur schwerlich mit ihrer offenen und kommunikativen Art vereinbaren ließ und meilenweit von dem Betriebsklima entfernt war, das sie von ihrer teamorientierten Airline gewohnt war. Positiv anzumerken waren - aus ihrer Sicht - aber die sehr gute Bezahlung, die faire Überstundenregelung und die weitgehend frei gestaltbare Einteilung der Arbeitszeit.

Doch das Bauchgefühl signalisierte Marion, dass Geld nicht alles ist und der monetäre Aspekt das atmosphärische Unwohlsein nicht würde aufwiegen können.

Schon nach rund acht Wochen war ihr klar, dass sie diesen Job unter keinen Umständen über die sechsmonatige Probezeit hinaus würde ausüben können. Sie wollte sich aber auch nicht die Blöße geben, den Job vorzeitig hinzuschmeißen, was aus ihrer Sicht einer Niederlage gleichkäme und so hielt sie tapfer - ihrer Tugend der Zuverlässigkeit folgend - bis zum Ende der Probezeit durch, um dann, erhobenen Hauptes und um eine nachhaltige Erfahrung bereichert, den dortigen Dienst zu quittieren.

Ihrem Bauchgefühl folgend durchforstete sie den Stellenmarkt nach Angeboten, die ihrem Profil eher entsprachen, ohne dabei dem alten Grundsatz „Einmal Flieger - immer Flieger" zu folgen. Zudem sollte der neue Job - nach Möglichkeit - eine Vergütung auf dem sehr zufriedenstellenden Niveau des abgelegten Verbandsjobs offerieren, obwohl dieser Aspekt bei allen beruflichen Entscheidungen Marions - wie wir später noch deutlicher sehen werden - eigentlich niemals im Vordergrund gestanden hat.

So wechselte Sie in den deutlich impulsiveren Marketing-Bereich eines Anbieters im boomenden Mobilfunkmarkt, da dieses Metier auf den ersten Blick deutlich eher ihrem quirligen Naturell und ihren stark ausgeprägten kommunikativen Fähigkeiten entsprach. Aber auch hier wurden Ihre Wünsche und Visionen - trotz der ebenfalls guten Bezahlung - nicht erfüllt.

Wieder stand ein Wechsel bevor, und da ihre Leidenschaft zur Fliegerei nach wie vor unverändert groß war, folgte sie schließlich doch dem Prinzip „Einmal Flieger - immer Flieger". Es steckt eben immer doch ein Körnchen Wahrheit in diesen alten „Weisheiten".

Ihr Bauchgefühl hatte sie nicht nur zurück in die „richtige" Richtung geschubst, sondern, so werden wir gleich noch sehen, hierfür auch noch einen Zeitpunkt gewählt, der glücklicher nicht hätte sein können.

Denn wäre sie nur vier Wochen später zu ihrer Airline - deren Namen wir hier natürlich nicht nennen - zurückgekehrt, wäre ihre alte Zulassung für diverse Muster bereits endgültig abgelaufen. Der Wiedereinstieg wäre einem Neubeginn gleichgekommen und mit dem Erfordernis einer erneuten Prüfung und natürlich einer deutlich niedrigeren tariflichen Eingruppierung einhergegangen. So aber hatte sie ihr Bauchgefühl rechtzeitig in die angestammten Pfade an der alten Wirkungsstätte zurückgeführt.

Nichtsdestotrotz musste sie erhebliche finanzielle Einbußen hinnehmen, zudem verlor sie einige Jahre an Seniorität (was es damit auf sich hat, werden Sie später in der „Geschichte" von Thilo noch lesen), aber dafür war sie zurück in ihrem Beruf, der ihre Berufung war und ist. Sie war froh, zum wiederholten Male ihrem Bauchgefühl gefolgt zu sein.

Sie offenbarte mir gegenüber, dass dieser finanzielle Rückschritt hochgerechnet auf die verbleibenden Berufsjahre durchaus den Gegenwert einer sehr schicken Eigentumswohnung gehabt hätte. Sie sei aber trotzdem froh, wieder als Flugbegleiterin zu arbeiten, weil es ihre Erfüllung ist.

Ein Aspekt des persönlichen Gespräches, das ich mit Marion geführt habe, ist mir ganz besonders nachhaltig in Erinnerung geblieben, zumal er in besonderer Weise geeignet ist, die stark ausgeprägte offene und kommunikative Ader von Marion zu unterstreichen. So führte sie aus, dass es für sie unvorstellbar sei, über einen Zeitraum von womöglich 20 Jahren in einem Büro stets den gleichen Kollegen gegenüberzusitzen und deren Lebens-geschichten einschließlich der missratenen Klassenarbeiten derer Kinder etc. aus dem Effeff zu kennen.

Vielmehr bräuchte sie die stetige Abwechslung, sowohl aufseiten der von ihr betreuten Gäste als auch bei den Kollegen in der Kabine. Etwaige Stinkstiefel müsse sie so nur max. fünf Tage ertragen, denn die Wahrscheinlichkeit, bei einem anderen Umlauf noch einmal in gleicher Besetzung zu fliegen, sei verschwindend gering.

Dann und wann sei es aber natürlich auch schade, mit einem sympathischen Kollegen nicht länger Seite an Seite den Dienst über den Wolken zu verrichten, räumte sie freimütig ein. So aber müsse man sich stets sehr schnell auf neue Charaktere einstellen und „von jetzt auf gleich" zu einem funktionierenden Team zusammenfinden und das mache den Reiz aus, oder um ein bekanntes Zitat aus dem Film Forrest Gump zu wiederholen „... *Das Leben ist wie eine Schachtel Pralinen, man weiß nie, was man bekommt ...*".

Es trat dann ein Umstand ein, der die Lebenssituation für Marion nachhaltig verändern sollte. Sie lernte ihren Mann kennen und lieben und, ob Sie es glauben oder nicht, manchmal erfüllen sich eben auch die uralten Klischees - Sie ahnen es jetzt sicherlich -, ja, ihre Liebe war Pilot bei „ihrer" Airline.

Seinetwegen war sie bereit, die Metropole, die sie längst lieb gewonnen hatte, zu verlassen und mit ihm ein Haus in jener Region zu bauen, die sie als Jugendliche unbedingt verlassen wollte.

In der Konsequenz hieß das aber für Marion, für jeden ihrer meist fünftägigen Umläufe einen Arbeitsweg von rd. 500 km zu ihrer angestammten „Basis" auf sich nehmen zu müssen. Es versteht sich von selbst, dass sie die zeitlichen und finanziellen Zusatzaufwände in diesem Kontext zulasten ihrer Freizeit und des eigenen Portemonnaies bestreiten musste.

Zwar sei sie von Ihrem Piloten inzwischen wieder geschieden, dem Haus und der Region - der beiden Kinder wegen - aber treu geblieben und hat die anstrengenden Begleitumstände niemals mehr ernsthaft infrage gestellt. Ein Rückzug in die „große Stadt" ihres regelmäßigen Einsatzorte stünde zumindest gegenwärtig für sie nicht zur Debatte, nicht zuletzt auch deshalb, weil sie sich in ihrer Umgebung inzwischen ein umfangreiches soziales Netzwerk aufgebaut hätte, das sie pflegt, soweit die zuvor geschilderten Begleitumstände dieses zulassen.

Natürlich spielten dabei auch wirtschaftliche Aspekte eine Rolle, das Leben ist hier halt deutlich günstiger als in jener Metropole, in die sie sich regelmäßig begeben muss.

Schmunzelnd könnte man resümieren, dass wohl nicht viele andere von sich behaupten können, regelmäßig mit dem Flugzeug zur gewohnten Arbeitsstätte anzureisen, wenn es denn nicht mit eben diesen Strapazen und auch nicht mit dem steten Risiko verbunden wäre, unpünktlich an der angestammten Basis einzutreffen und somit den Einsatz für den interkontinentalen Umlauf „quasi unentschuldigt" zu verpassen.

Persönliche Anmerkungen:

Marion war meine allererste Gesprächspartnerin auf meinem Weg quer durch Deutschland in den unterschiedlichsten Branchen. Dieses prägende Erlebnis hat mich darin bestärkt, dieses Buchprojekt voranzutreiben, weil allein die Perspektive, eine Vielzahl von derart völlig einzigartigen und beeindruckenden „Bauchgefühl-Lebensgeschichten" persönlich erfahren zu dürfen, eine große Faszination in mir ausgelöst hat und mir im Nachhinein gezeigt hat, dass sich alle hierfür getätigten Aktivitäten und Aufwendungen nicht nur gelohnt, sondern zudem auch meinen Horizont stark erweitert haben.

Ich zolle Marion meinen allergrößten Respekt für die Mühe, die sie zu tragen bereit ist, um den - in ihrer Situation - fast unmöglichen Spagat zwischen Job, Kindern und sozialem Umfeld hinzubekommen. Es zeigt aber auch besonders deutlich, wie groß Marions Liebe zur Fliegerei denn sein muss, dass sie hierfür einen solchen „Einsatz" zu bringen bereit ist.

Einen Vorteil der extremen räumlichen Trennung zwischen Job und Heimat gibt es denn aber doch: Marion kommt entspannt zu Haus an, zumal sie auf dem „privaten" Heimflug in ihre familiäre Wahlheimat, den sie ja als Gast ihrer Kollegen genießen durfte, schon hinreichend Gelegenheit und Muße hat, den eigenen, angespannten „Job- Modus" herunterzufahren und sich zwar erschöpft, aber eben auch glücklich und zufrieden auf die Zeit zu Hause mit ihren Kindern und ihrem Freundeskreis einzustimmen.

Marion ist ein prägnantes Beispiel dafür, dass es - eine hinreichende eigene Motivation vorausgesetzt - sehr wohl die Vereinbarkeit von Familie und Beruf gibt, wenn man denn Opfer zu bringen bereit und der Beruf zugleich auch Berufung ist.

Liebe Marion, vielen Dank für Deine ganz persönliche, spannende und abwechslungsreiche Geschichte, Deine offene Art und die Aufrichtigkeit, mit der Du mir Deinen - stets von Intuition geprägten - Werdegang offengelegt hast.

Ich wünsche Dir weiterhin all die glücklichen Momente und Erfahrungen über den Wolken, die diesen Beruf so liebenswert machen und Dich für all die Strapazen entschädigen, die Dein „Traumjob" mit sich bringt.

Abschließend möchte ich es nicht versäumen, mich nochmals bei Dir für den „Weg" zu bedanken, den Du seinerzeit eingeschlagen hast und der uns im Rahmen dieses Buchprojektes zusammengeführt hat und zum Ausgangspunkt dieser Sammlung von beruflichen Bauchgefühl-Lebensgeschichten geworden ist.

P.S.: Marion ist inzwischen, nachdem Ihre Kinder nunmehr erwachsen sind, (doch) in die Nähe ihrer Basisstation gezogen und hat den Purser-Lehrgang erfolgreich absolviert. Das sei natürlich auch wieder aus einem Bauchgefühl heraus entstanden. Für sie begänne jetzt ein neuer Lebensabschnitt, auf den sie sich freue, schrieb sie mir kürzlich.

Kapitel 19 - Michael

„... Nein, kein Zurück in die „Alte Welt", ich bin jetzt ausgeglichener und glücklicher als je zuvor ..."

Michael kann wohl ohne Übertreibung als ein „internationales" Kind bezeichnet werden. Bedingt durch den Beruf des Vaters, der als Banker weltweit an den unterschiedlichsten Orten zum Einsatz kam, hat er - zusammen mit seinem älteren Bruder - bereits in der Kindheit das Flair vieler reizvoller Städte auf allen Kontinenten dieser Welt schnuppern dürfen und auf diesem Wege schon früh eine starke Affinität zur Fliegerei entwickelt.

So wuchs schon während der Schulzeit der Wunsch, nach dem erfolgreich abgeschlossenen Abitur zumindest für ein Jahr einmal die „Seiten zu wechseln" (von der des Gastes auf die des Flugbegleiters) und seinen Horizont durch die Gewinnung erster Erfahrungen auf der Seite der Cabin Crew zu erweitern, zumal er, wie er mir im persönlichen Gespräch offenbarte, schon immer „Hummeln im Hintern" gehabt hätte.

Nach den strengen Regularien war er jedoch hierfür noch zu jung (er hätte seinerzeit mindestens 21 Jahre alt sein müssen) und so ging er den - vornehmlich von den Eltern angestrebten - „konservativen" Weg, nämlich jenen, der ihn zunächst über eine Ausbildung zum Industriekaufmann und anschließend zum Studium der Betriebswirtschaftslehre führte. Er folgte somit im Wesentlichen dem Weg seines sehr erfolgreichen Bruders.

Nach der Erlangung des Diploms hatte Michael das Glück des Tüchtigen und bekam einen aussichtsreichen Start-up-Job in der - zu dieser Zeit - boomenden Internetbranche. Er bewährte sich, bekam überaus positive Feedbacks von allen Seiten, musste aber erkennen, wie kurzlebig mancher dieser „Kometen" in der dynamischen Internetwelt sind. Sein Arbeitgeber wurde verkauft, das „Klima" wandelte sich massiv zum Schlechteren, weil „Heuschrecken" eben mehr an Rendite denn an Mitarbeiterzufriedenheit interessiert sind und schon gar keine Rücksicht auf individuelle Verdienste und Skills aus der Vergangenheit nehmen.

Schon zu dieser Zeit signalisierte ihm sein Bauchgefühl, dass für ihn das Betriebsklima, das kollegiale Umfeld und jegliche Formen sozialer Kontakte entschieden wichtiger seien als die mit Ellbogen und ggf. auch Rücksichtslosigkeit erworbenen zusätzlichen Verdienstmöglichkeiten.

Aufgrund seiner Fähigkeiten, Erfahrungen und seiner stark gefestigten Persönlichkeit gelang es ihm jedoch, eine anspruchsvolle und mit Leitungsfunktion verbundene Position bei einem großen deutschen Medienunternehmen zu erlangen. Schnell musste er dann aber erkennen, dass diese Vertrauensstellung mit täglichen Arbeitszeiten von mindestens zwölf Stunden und der arbeitgeberseitigen Erwartung, natürlich auch an Wochenenden zu arbeiten, weil der Projektstatus natürlich wichtiger sei als die persönliche Regeneration, einherging.

Nachdem er lange auf die Zusagen vertraute und der Glaube an eine Wendung zum Besseren schwand, beschlich ihn zunehmend das Gefühl, an dieser Stelle eher ausgenutzt denn gefördert und schon gar nicht weiter befördert zu werden. Durch einen weitreichenden personellen Wechsel auf der obersten Entscheidungsebene, der traditionell mit einer umfassenden Restrukturierung und einer daraus abzuleitenden Neubesetzung diverser Leiterstellen einhergeht, verlor er seine Position. Der weit überdurchschnittliche Einsatz und sein persönliches Engagement in der Vergangenheit waren nicht nur wertlos geworden, sondern sogar hinderlich für eine weitere Entwicklung innerhalb des Hauses, nicht zuletzt, weil er schlichtweg zu „teuer" geworden war.

Er hatte sich schon längst von der Illusion verabschiedet, ein positives Feedback oder ein Lob für seine richtungsweisenden Ideen zu bekommen, obwohl dieses für sein Bauchgefühl und seine empfindsame Seele wichtiger gewesen wäre, als die letzte Stufe bei der Zielerreichungstantieme. Die neue Managergeneration wollte weder verdienstvolle, erfahrene und schon gar nicht kritische Leitende, sondern kostengünstige „Gefolgsleute", die widerstandslos diesen Kurs mitfuhren und jederzeit austauschbar waren.

Diese Entwicklung ging einher mit Tendenzen, die Sie, wenn Sie denn in einem Großunternehmen arbeiten, auch beobachtet haben dürften, nämlich jenen, die dazu führen, dass interne Statistiken und Kennziffern wichtiger werden als Erfolge am Markt bzw. Leitende aus dem Controlling mehr Gehör finden, als jene aus dem Vertrieb. Diese Umstände ließen Michael mehr und mehr daran zweifeln, in einem solchen Umfeld noch weitere, rund 30 Berufsjahre verbringen zu wollen. Am Ende war es ein einzelner Satz à la „... *Toller Erfolg Michael, aber wo ist Deine Statistik für das letzte Quartal ...*", der das Fass zum Überlaufen brachte und ihm zu einem gravierenden, wohl aber auch zu seinem glücklichsten Entschluss „verhalf".

Trotz seiner mannigfaltigen Erfahrungen und Kompetenzen, die seine Karriere weiter vorangetrieben hätten, hörte er nun endlich auf sein Bauchgefühl, das ihn an die schon fast verschüttete Affinität zur Fliegerei erinnerte. Aufgrund seiner mannigfaltigen Erfahrungen und seiner Fähigkeit, auch komplexe Sachverhalte analytisch einschätzen zu können, gelang es ihm, eine realistische Bewertung der eigenen Situation vorzunehmen, und so resümierte er, sich hier nicht mehr - in der von ihm gelebten und zuvor auch geschätzten Weise - einbringen zu können, und hörte erstmals seit langer Zeit auf das, was sein Bauchgefühl ihm signalisierte.

Dabei kam ihm der glückliche Umstand einer just gestarteten Image-Kampagne einer Airline zugute, die im Zuge ihres Expansionskurses und der bevorstehenden sukzessiven Umrüstung auf noch größere Flugzeuge „Heerscharen" von neuen Flugbegleitern suchte.

Sein Bauchgefühl besiegte die Aspekte der wirtschaftlichen Vernunft und der Karriere und so kündigte er zur Überraschung aller Beteiligten, um sich seiner jugendlichen Leidenschaft, der Fliegerei zu widmen und jener „Welt der Kennziffern", die längst nicht mehr die seine war, den Rücken zu kehren.

Er bewarb sich für den Lehrgang zur Ausbildung als Flugbegleiter und bestand diese mit hervorragenden Noten. Er wurde zwar nicht auf den „Mustern" ausgebildet, die einen Einsatz im interkontinentalen Bereich nach sich gezogen hätten, war aber froh, überhaupt „den Fuß in die Tür" bekommen zu haben. So fliegt er jetzt innereuropäisch, mit einem Jetlag von maximal zwei Stunden, meist mit Übernachtung während des Umlaufs, oft aber eben auch mit einer Rückkehr zur Basis am Abend desselben Tages, was einer Partnerschaft wesentlich eher zuträglich ist, als die bis zu fünftägigen Umläufe im interkontinentalen Segment. Auch gibt es in diesem kontinentalen Segment öfter einmal neue Strecken und somit zusätzliche Abwechslung. Ein weiterer Vorteil ist die deutlich flexiblere Möglichkeit bezüglich der Disposition der freien Tage.

Michael hat diesen Schritt „zurück", den nicht wenige als Degradierung und Unfug bezeichnen würden, nie bereut, auch wenn er mit sehr erheblichen finanziellen Einbußen verbunden war.

In einem sehr persönlichen Gespräch legte er mir offen, dass in seinem neuen Umfeld der Teamgedanke im Gegensatz zur „Alten Welt" mit den aufgesetzten Leitbildern nicht nur propagiert, sondern auch authentisch gelebt und vor allem auch vorgelebt werde. An seiner neuen „Wirkungsstätte" sei sich niemand zu schade, auch Aufgaben des Anderen zu übernehmen, zudem sei auch das Führungsverhalten der Vorgesetzten ein völlig anderes.

Die Arbeitszeiten seien mit jenen in der Vergangenheit, die er hinter sich ließ, absolut nicht vergleichbar. Er sei nunmehr weitgehend frei, was die Gestaltung der Einsatzzeiten und Destinationen anginge und auch in dieser Hinsicht rundum zufrieden. Es würde sich, so führte er weiter aus, um ein absolut authentisches Miteinander und um eine - so wörtlich - „ehrliche" Arbeit handeln, bei der man abends spüren würde, was man tagsüber geleistet habe und dessen Sinn man sich - im Gegensatz zur früheren Funktion - bewusst sei.

Der wichtigste Pluspunkt, so ließ er mich weiter wissen, sei aber der Umstand, dass nach Rückkehr zur Basis der „Dienstschluss" auch wirklich „Dienstschluss" bedeuten würde und mit der Option verbunden sei, tatsächlich entspannen und ein Glas Wein genießen zu können und eben nicht - wie früher - noch stundenlang E-Mails beantworten und sich seelisch auf die Besprechung des Folgetages vorbereiten zu müssen.

Während früher „kein Anschiss" das größtmögliche Lob war, gibt es in seiner neuen Welt deutlich öfter glänzende Augen, ein aufrichtiges „Danke", einen wohlmeinenden Händedruck der Fluggäste und ein authentisches Schulterklopfen der Kollegen. Alle diese Formen des spontanen, ehrlich gemeinten, persönlichen Feedbacks seien Balsam für seinen feinfühligen Charakter und ihm persönlich wichtiger als jene unpersönlichen und „lieblosen" variablen Vergütungen in seiner früheren Arbeitswelt.

Die heutigen Herausforderungen seien sogar vielfältiger als zuvor, zumal man sich dort auf die Marotten der Kollegen und der Chefetage einstellen konnte, er es hier aber täglich mit neuen Fluggästen und Kollegen zu tun bekäme. Zwar seien die „Probleme" jetzt bodenständiger, müssten aber direkt, unmittelbar und abschließend gelöst werden. Dabei würde einem dann und wann auch schon einmal situationsbedingt die Rolle eines „Pfarrers", Psychologen bzw. Schlichters mit dem Erfordernis zuwachsen, sofort, angemessen, effektiv und im Sinne des Dienstleistungsgedankens zu handeln.

Nein, er wolle auf keinen Fall zurück in die „Alte Welt", vielmehr sei er jetzt viel ausgeglichener und glücklicher als je zuvor, ließ er mich abschließend wissen.

Persönliche Anmerkungen:

Positiver als bei Michael kann die Bilanz bezüglich der mutigen Umsetzung des eigenen Bauchgefühls kaum ausfallen. Es sind Menschen wie er, die uns aufzeigen, dass es sich lohnt, konsequent zu sein, seinem Bauchgefühl zu folgen und dafür auch deutliche materielle Nachteile in Kauf zu nehmen. Ein jeder von uns hat zumindest gedanklich schon mehr als einmal jenen Brief geschrieben, der mit den Worten „... *Hiermit kündige ich den Anstellungsvertrag mit Wirkung zum ...*" beginnt. Michael aber hat ihn a b e r nicht nur geschrieben, sondern ihn mit der Bereitschaft, alle daraus resultierenden Konsequenzen persönlich zu tragen, auch tatsächlich abgeschickt.

Ich bewundere ihn für diese konsequente Haltung, die ich leider nie habe aufbringen können. Die Gesellschaft wäre aufrichtiger, das Klima des Miteinanders in der heutigen Arbeitswelt menschlicher und das Führungsverhalten authentischer, wenn wir denn mehr dieser „ Michaels" hätten.

P.S.: Michael hat inzwischen „konzernintern" die Airline gewechselt und so die Chance ergriffen, nunmehr auch interkontinentale Metropolen kennenzulernen, die ihm in seiner „Sammlung" noch fehlen. Wie sehr er diese Möglichkeiten genießt, ist auch den regelmäßig versandten Fotos aus aller Welt zu entnehmen. Zudem hat er inzwischen - nach einer ganz außergewöhnlich kurzen Zeit - bereits seine Purser-Zulassung in der Tasche und trägt seit Kurzem mit Stolz den zweiten „Streifen" am Ärmel.

Kapitel 20 - Thilo

„... Andreas (der Autor), du brauchst es meinem Arbeitgeber ja nicht zu sagen, aber ich würde diesen Job auch machen, wenn ich nicht dafür bezahlt werden würde ...!"

Thilo wuchs als jüngerer von zwei Brüdern eines Bauunternehmers und einer Psychotherapeutin in einem ländlich geprägten Umfeld auf. Er kam völlig problemlos durch die Schulzeit, legte ein beachtenswertes Abitur ab, verspürte aber noch kein Bauchgefühl, das ihn in eine bestimmte berufliche Richtung gewiesen hätte. In der Hoffnung, zu sich selbst und zu den inneren Wünschen zu kommen, begann er mit dem Studium der Philosophie, das er mit dem Bachelor (B. A. Phil.) abschloss. Da ihn dieser Studiengang nicht vollständig ausfüllte, „gönnte" er sich parallel noch ein Studium der Informatik mit der Absicht, auch etwas „Greifbares, Handfestes" und hoffentlich auch beruflich Verwertbares zu erlernen. Auch diesen Studiengang schloss er mit einem Prädikatsexamen und dem Grad eines Diplom-Informatikers ab.

Weil die durch das Doppelstudium ohnehin verschärfte „Taktung" immer noch nicht seinem Leistungsvermögen entsprach, legte er auch ein Auslandssemester in Santiago de Chile mit der positiven Begleiterscheinung ab, neben der deutschen Muttersprache nunmehr auch fließend Englisch, Spanisch und Portugiesisch zu sprechen. Zwecks Horizonterweiterung bekleidete er nach dem Auslandssemester zeitweise auch noch die Stelle eines Assistenten für Presse- und Kulturarbeit in der deutschen Botschaft in Chile. Zurück an der Uni übernahm er die Funktion einer studentischen wissenschaftlichen Hilfskraft und wurde temporär auch in die Forschung und Lehre eingebunden. Parallel dazu nahm er eine Beschäftigung auf Basis eines dreimonatigen Praktikums in einem der großen deutschen Softwarehäuser auf, um das Erlernte mal in die Praxis umzusetzen.

Ausgestattet mit diesem Strauß an Abschlüssen, Qualifikationen und Kenntnissen standen ihm alle Türen offen. Er hätte Projektleiter in international aufgestellten Konzernen, Consultant bei einem der vielen Global Player in der Beratungsbranche werden können, ja sich sogar ein „Denkmal" als Visionär und Entwicklern von Leitbildern und IT-Strategien bei nahezu jedem Konzern setzen können.

Es wäre aber nicht sein Ding gewesen, es gibt in dieser Branche eine brutale „hire and fire"-Mentalität, die Erwartung einer Erreichbarkeit rund um die Uhr, das Selbstverständnis eines 14-stündigen Arbeitstages und die ungeschriebene Verpflichtung zu einer „...*Wes Brot ich ess', des Lied ich sing'*...*"*-Philosophie. Er hätte sich viel zu sehr verbiegen müssen, um allen diesen Ansprüchen gerecht zu werden, auch wenn horrende Tagessätze die drohenden „Unbehaglichkeiten" vielleicht zum Teil hätten kompensieren können.

Er besann sich auf seine Leidenschaft, die Fliegerei, hörte auf sein Bauchgefühl, heftete die Diplome ab und bewarb sich erfolgreich für einen Ausbildungslehrgang zum Flugbegleiter, den er mit Bestnoten absolvierte. Mit gespannter Erwartung trat er den Dienst an, wobei ihm bei den internationalen Einsätzen und weltweiten Destinationen seine sehr weitreichenden Fremdsprachenkenntnisse natürlich ganz besonders zu Gute kamen.

Er fühlt sich seit der ersten Minute uneingeschränkt wohl in seiner neuen Rolle und hat es keinen Tag bereut, auf seinen Bauch „gehört" zu haben, auch wenn zahlreiche Entbehrungen damit einhergehen. Da wären zum einen die unregelmäßigen Einsatzzeiten und zum anderen die wenigen freie Tage, die er tatsächlich zu Hause und eben nicht weltweit in Hotels verbringen kann.

Ferner sind es die Bereitschaftsdienste, die er auf gepackten Koffern mit ständiger Erreichbarkeit zu Hause verbringen muss, verbunden mit der Verpflichtung, sich - im Fall des Falles - binnen einer Stunde einsatzbereit in Uniform am Flughafen einzufinden, um z. B. für einen erkrankten Kollegen für einen fünftägigen Routine-Umlauf (Verkettung von internationalen Flügen von der Basis bis zurück zur Basis) einzuspringen, die eine erhebliche zusätzliche Belastung darstellen und soziale Kontakte, das unkomplizierte Treffen mit Freunden, den Erwerb von Theaterabonnements und die zuverlässige Beteilgung am Trainingsbetrieb des Sportvereins erschweren, wenn nicht sogar unmöglich machen.

Das Ganze geht sogar so weit, dass er es sich im Zuge des Bereitschaftsdienstes nicht einmal erlauben kann, zum Mittag ein Glas Wein zu trinken (keinen Alkohol in den letzten zwölf Stunden vor dem Einsatz) oder ein aufwendiges Menü zuzubereiten, weil dieses von einer Minute auf die andere abrupt beendet sein könnte.

Es ist übrigens nicht so, wie oft vermutet, dass die Crews routinemäßig in immer derselben Besetzung fliegen. Die Crew wird für einen Umlauf mit einer Länge von bis zu fünf Tagen jeweils nach unterschiedlichsten Kriterien zusammengestellt. In der Regel lernen sich die Mitglieder der Crew (bis zu 18 Personen in den ganz großen Maschinen) erst beim „Briefing" rund 90 Minuten vor dem Flug kennen und bekommen ihre Aufgabenfelder zugewiesen. Da jeder exakt weiß, welcher „Job" auf welcher Position zu erledigen ist und zudem alle gelernt haben, sich blitzschnell auf andere Charaktere einzustellen, gelingt es reibungslos, zu einem Team zusammenzuwachsen und dem Fluggast das Gefühl zu geben, eine total aufeinander eingespielte Mannschaft vor sich zu haben. Was bei „Bürojobs" in Form eines halbjährlichen Beschnupperns geschieht, muss hier binnen einer Viertelstunde erledigt sein. Das Ganze habe, so wurde mir immer wieder bestätigt, sowohl Vor- als auch Nachteile. Während ich im normalen Job unter Umständen 20 Jahre unter einem Chef zu leiden habe, sind es hier maximal fünf Tage. Die Chance, den bewussten Purser (Leiter der Cabin Crew) bzw. die bewusste Purserette (umgangssprachlich auch Purserin genannt) noch einmal zu treffen, ist bei der ungeheuren Anzahl von Flugbegleitern (die größte deutsche Airline beschäftigt rund 20.000 Flugbegleiter) minimal. Auf der anderen Seite bedarf es schon eines Glückstreffers, um tatsächlich jene Kollegin an Bord wiederzutreffen, mit der man sich außergewöhnlich gut verstanden hat. Durch die Bank wurde mir aber bestätigt, dass diese Form der Zusammenarbeit seitens der Gruppe der Flugbegleiter als außerordentlich positiv empfunden wird. Es böten sich so zahlreiche Chancen einer Horizont-Erweiterung, wenn man sich mit jedem Flugsegment auf neue Fluggäste und alle paar Tage auf neue Kollegen einstellen müsse.

Alle diesen Konsequenzen waren und sind ihm bewusst, und er hat sich ohne Wimpernzucken dafür entschieden, all diese „Kontrapunkte" zu akzeptieren und gegen die rundum spannenden Erfahrungen aus der Fliegerei zu tauschen.

Mit seiner persönlichen Entscheidung, seine Arbeitszeiten (und somit natürlich auch die Vergütung) auf 2/3 der normalen Vollzeit zu beschränken, ist es ihm gelungen, sich trotz der ungewöhnlichen und vor allem unregelmäßigen Arbeitszeiten dennoch im nennenswerten Umfang am gesellschaftlichen Leben in seinem persönlichen Umfeld beteiligen und soziale Kontakte auch tatsächlich pflegen zu können.

Da er auf Interkontinentalflügen aber naturgemäß nicht nach 2/3 der Strecke aussteigen, sondern jeweils nur volle Arbeitstage leisten kann, hat sich ein Konstrukt gebildet, das vorsieht, dass er zwei Monate auf Vollzeitbasis bei einer 2/3 Vergütung arbeitet und dann den dritten Monat (bei gleicher Bezahlung) komplett als Freizeit genießen kann. Einen erheblichen Teil dieser gewonnenen Freizeit verbringt er übrigens bei privaten Flügen. Ja, diese Gestaltung der Arbeitszeit brächte spürbare finanzielle Einbußen mit sich, die er aber ganz bewusst hinzunehmen bereit sei.

Überhaupt gäbe es in diesem Job außergewöhnlich viele Teilzeit-beschäftigte, die nach einer Vielzahl von unterschiedlichen Arbeitszeit-Modellen beschäftigt sind (u. a. Vollzeit im Sommer und Freistellung in den Wintermonaten).

Ja, ich würde es immer wieder so machen, erzählte er mir mit glänzenden Augen und jeder hätte sehen können, wie authentisch diese Aussage war und ist. Ganz im Vertrauen sagte er mir weiter

„... Ich würde auch ohne Geld fliegen ...".

Über diesen Job hinaus engagiert sich Thilo in seiner Gewerkschaft für die Interessen der Kollegen seines Berufsstandes, nicht zuletzt auch, um das Image des Berufs im Ansehen in der Gesellschaft zu verbessern, zumal das völlig unberechtigte Bild des „Luftkellners" bzw. - noch viel schlimmer - das der „Saftschubse" nach wie vor nicht aus den Köpfen zu verdrängen ist.

Zwar sei der Beruf des Flugbegleiters kein anerkannter Ausbildungsberuf sei, nichtsdestotrotz sei die mit den vorgenannten Begriffen einhergehende Herablassung deplatziert und vorrangig dem Umstand der Unkenntnis geschuldet. Ja, der Service an Bord sei natürlich ein Schwergewicht der täglichen Arbeit über den Wolken, die Gewährleistung der Sicherheit sei aber eben auch ein ganz wesentlicher Part der Arbeit.

Schmunzeln Sie nicht zu früh. Das Thema ist viel breiter aufgestellt als die obligatorische Einweisung in die Sicherheitseinrichtungen und Notausgänge vor dem Start. Die Sicherheitsvorschriften haben einen Umfang von rd. 3.000 Seiten in einer sich ständig aktualisierenden Loseblattsammlung im DIN A5-Format, wusste Thilo zu berichten und diese müssten eben nicht nur inhaltlich beherrscht, sondern in Extremsituation auch angewendet und umgesetzt werden können, selbst wenn diese Umstände sehr, sehr selten im Berufsleben eintreten. So müsste die Cabin Crew im Notfall alle Passagiere innerhalb von nur 90 Sekunden komplett über die Notrutschen evakuieren können.

Seine Forderung nach einer Aufwertung der Ausbildung des Berufs durch qualifizierte Weiterbildung hin zu einem zertifizierten Abschluss vor der Industrie- und Handelskammer hat aber nicht nur reine Imagegründe, sondern auch essenzielle Aspekte. Gegenwärtig hätte eine etwaige Fluguntauglichkeit eines Flugbegleiters katastrophale Folgen, weil die Berufsgenossenschaft nur im Fall eines Handels-kammer-Abschlusses durch die Anerkennung einer Berufskrankheit für den Betroffenen tätig werden könnte.

Er hätte die Erfahrung gemacht, dass sich dieser Job immer mehr als klassischer Aussteiger- bzw. Umsteiger-Beruf präsentieren würde. So sei es bei ihm ja auch gewesen, er wollte halt Beruf und tägliches Reisen miteinander verbinden und sähe nach nunmehr rund zehn Jahren auch keine Veranlassung, daran etwas zu ändern. So erwähnte er auch eine Kollegin, die infolge einer „Sinnkrise" ihr Jura-Studium kurz vor dem Staatsexamen aufgab und als Überbrückung bis zu einer Neuorientierung den Job der Flugbegleiterin annehmen wollte und inzwischen 22 Jahre dabei sei, ohne diesen Schritt je bereut zu haben.

Aufgrund der Affinität für serviceorientiertes Verhalten gäbe es auch viele Seiteneinsteiger aus dem Bereich der Restaurant- und Hotelfachleute sowie dem Kreise der Erzieher und der pflegerischen Berufe.

Zunehmend wichtiger sei inzwischen auch die Gabe, deeskalierend zu wirken, wenn Passagiere pöbeln oder sogar handgreiflich werden würden (des Öfteren im Zusammenhang mit der Durchsetzung des Rauchverbots). Die IATA (International Air Transport Association; weltweiter Dachverband der Fluggesellschaften) gibt die Anzahl derartiger „Episoden" mit rd. 11.000 pro Jahr an. Viel mehr als Sie gedacht haben, oder? Das liegt schlichtweg daran, dass nur die besonders brisanten (mit außerplanmäßiger Zwischenlandung) bzw. die pikanten „prominenten" Fälle (z. B. Gérard Depardieu und Naomi Campbell) publik werden.

Persönliche Anmerkungen:

Es sind Menschen wie Thilo, die mich hoffnungsfroh stimmen, dass unser Land eben doch keine Servicewüste ist, wie es uns einige Publikationen immer wieder einzureden versuchen. Er lebt vor, wie befriedigend und erfüllend es sein kann, auf sein Bauchgefühl zu achten, seine Träume zu verwirklichen, diese zu leben (statt das Leben zu träumen), die Berufung zum Beruf zu machen und andere mit seiner ganz besonderen Leidenschaft, mit der er seine Aufgaben für seine Gäste und seine Airline erfüllt, anzustecken. Viele seiner Gäste verabschieden sich am Ziel mit dem Gefühl, einen durch und durch authentischen Menschen getroffen zu haben, der ein Aushängeschild seines Unternehmens darstellt und dessen Dienste man daher beim nächsten Flug gerne wieder in Anspruch nehmen würde.

Von diesem hohen Maße an Identifikation eines Mitarbeiters mit seinem Arbeitgeber könnten sich viele in unserem Hause gerne mal „eine Scheibe abschneiden", haben nicht wenige der Business-Gäste am Ende des Fluges wohlwollend resümiert.

Ja, er ist nicht den direkten Weg gegangen, um dieses Ziel zu erreichen, aber umso bemerkenswerter ist es, dass er trotz seiner außergewöhnlich vielfältigen Qualifikationen bereit war, auf eine vorgezeichnete Karriere zu verzichten, dem eigenen Gefühl und Herzen zu folgen, um sich - unter vielerlei Verzicht - seinen Traum von der Fliegerei zu erfüllen. Die Zufriedenheit, mit der diesen nach wie vor lebt, hat ihm Recht gegeben und mich zusammen mit anderen darin bestärkt, dieses Buch zu schreiben, um Sie, liebe Leser zu motivieren, auch Ihrem Bauchgefühl zu folgen und das Glück zu erleben, die Berufung zum Beruf gemacht zu haben.

P.S.: Thilo büffelt im Rahmen seiner momentanen Elternzeit für die Erlangung der Privatpiloten-Lizenz (PPL) und nimmt - wann immer es geht - die hierfür erforderlichen Flugstunden, um sich seinen Wunsch zu erfüllen, selbst einmal ein kleines Flugzeug als Pilot zu steuern.

Kapitel 21 – Thomas

„… Ich habe (in dieser Fragestellung) alles richtig gemacht. In keinem anderen Beruf hätte ich so mannigfaltige Erfahrungen sammeln, so spannende Charaktere kennenlernen und ein so abwechslungsreiches Leben führen können …!"

Thomas wuchs behütet als drittes von vier Kindern in einer ganzjährig von Touristen „belagerten" Stadt als Sohn eines Kapitäns zur See und einer Hausfrau auf. Nach dem Abschluss der Lehre zum Stark- stromelektriker und der Fortbildung an der Fachhochschule für Elektrotechnik, die er mit dem Fachabitur erfolgreich abschloss, öffneten sich ihm die Tore zu einem der ganz großen und renommierten Häuser auf diesem Sektor. Mit der Perspektive, bundesweit in große Montage-Projekte eingebunden zu werden, ging er quasi zum „FC Bayern" in diesem Gewerk und liebte fortan seinen Beruf und dessen Umfeld. Er kam weit herum, lernte viel dazu und eignete sich Spezialwissen an, das ihn mit der Zeit nahezu unverzichtbar machte. Zudem zeichnete er sich stets durch aufrichtige, umfassende Loyalität gegenüber seinem renommierten Arbeitgeber aus und absolvierte dort eine Zeit, die durch absolute Zufriedenheit auf beiden Seiten gekennzeichnet war.

Obwohl er nur einen Steinwurf entfernt von einer der - weit über die Region, wenn nicht sogar über die Landesgrenzen hinaus - berühmten, traditionellen und schon fast pompösen Spielbanken aufwuchs, übte dieser Umstand überhaupt keinen Einfluss auf seinen beruflichen Werdegang aus, zumal er - wie bereits ausgeführt - eine umfassende Zufriedenheit in seinem Job verspürte und mit diesem scheinbar auch seine Berufung gefunden hatte.

Ganz ohne jeden Bezug zur „Welt der Spielbanken" sollte sein Leben dann aber doch nicht verlaufen. So hat er denn im Laufe der Jahre auch zweimal den Abwerbungsversuch eines guten Freundes, der als Croupier in einer der deutschen Metropolen arbeitete, nach jeweils einer nur kurzen Überlegungszeit, freundlich aber bestimmt zurückgewiesen, auch wenn ihn die avisierten Verdienstmöglichkeiten - so räumt er freimütig ein - schon gereizt hätten. In der Rückschau sagte mir Thomas, dass in diesem Stadium wohl bereits die „Saat" gesät worden sei, die dann später aufgehen sollte.

Bedingt durch einen merklichen Abschwung in der allgemeinen Wirtschaft und einer damit einhergehenden Auftragsflaute in der schon immer sehr konjunkturabhängigen Elektrobranche verschlechterte sich das Betriebsklima auch bei diesem bewussten Branchenprimus zusehends.

Dieser Umstand belastete Thomas, der seit jeher ein auf Teamgeist und Harmonie ausgerichteter Mensch war, über Gebühr und veranlasste ihn dazu, sich erstmals ernsthaft mit dem Gedanken eines Wechsels auseinanderzusetzen. Wenige Monate zuvor wäre ihm diese Idee nicht einmal ansatzweise in den Sinn gekommen, weil doch bis dahin eigentlich alles passte, von den Arbeitsbedingungen über das kollegiale Umfeld bis hin zu dem recht ordentlichen Gehalt.

Im Zuge dieser Findungs- bzw. Überlegungsphase erreichte ihn während eines Urlaubs in England der dritte Anruf jenes Freundes, dessen Abwerbungsversuche - wie Sie erfahren haben - er ja bereits zweimal abgewehrt hatte, und wieder hatte das Gespräch den Tenor, Thomas zu veranlassen, doch noch einmal über einen Wechsel in die Welt der Spielbanken nachzudenken.

Aus einem spontanen Bauchgefühl heraus entschied er sich, einen solchen Schritt nunmehr tatsächlich in Erwägung zu ziehen. Um aber auch „Nägel mit Köpfen" zu machen und es sich nicht doch noch einmal anders zu überlegen, flog er noch am selben Abend von London aus mit der letzten Maschine in die Heimatstadt der Spielbank seines Freundes, ohne zu wissen, dass dieser spontane Trip seinen weiteren Lebenslauf kolossal verändern sollte.

Nach der obligatorischen Registrierung als Gast und der Begrüßung durch seinen „hartnäckigen" Freund, fiel sein Blick zunächst natürlich auf die - für jedermann - beeindruckende Großzügigkeit des Interieurs und dann im zweiten Schritt auf eines der allseits bekannten „Schwarzen Bretter" mit einem Aushang, der einen zeitnah beginnenden Ausbildungslehrgang zum Croupier anpries.

Spaßeshalber und vom Gedanken geprägt „Fragen kostet ja nichts" entschied er, wieder einmal aus dem Bauch heraus, und unterstützt durch einen kleinen Anstoß seines Freundes, sich nach den Einstiegs- und sonstigen Rahmenbedingungen dieses - für ihn - vollständig neuen Umfeldes zu erkundigen.

Es war eine glückliche Fügung, dass der betreffende Ansprech- partner tatsächlich noch im Hause und zudem auch bereit war, Thomas direkt zu empfangen.

Doch damit war noch nicht Schluss mit den „glücklichen Zufällen, die das Leben so schreibt", oder wenn Sie wollen, auch mit der "schick- salhaften Vorbestimmung", denn - so stellte sich im Laufe des weiteren Vorgehens heraus - war es ein Gespräch zweier Menschen, bei denen die Chemie von Beginn an stimmte und die zudem auch in der gleichen „Sprache" miteinander kommunizierten, waren sie doch beide Starkstromelektriker im früheren bzw. noch aktuellen Leben.

Lange Rede – kurzer Sinn: Die Zulassung zum Lehrgang war nur noch reine Formsache. Er durchlief die Ausbildung mit Bravour, nicht zuletzt auch deshalb, weil er Tag für Tag parallel zur Ausbildung unter privater Anleitung seines Freundes die Gepflogenheiten und das geforderte Pensum „trainierte". Er machte dabei eine so gute Figur, dass er schon vor dem Abschluss der Ausbildung in den aktiven Spielbetrieb eingebunden werden konnte.

Es sei an dieser Stelle erwähnt, dass die dreimonatige Ausbildung außergewöhnlich hart ist, durchweg in den Abendstunden (weil die Absolventen während der Ausbildung tagsüber i. d. R. noch einer normalen beruflichen Beschäftigung nachgehen) stattfindet und von nur rd. 5 % der Lehrgangsteilnehmer bestanden wird. Nein, es ist kein Druckfehler, es fehlt nicht etwa die „0" hinter der „5".

Es ist tatsächlich so, dass der weitaus größte Teil der Absolventen mit der erforderlichen Gedächtnis- und Konzentrationsleistung schlichtweg überfordert ist und deshalb oft schon nach den ersten Tagen frustriert wieder aussteigt. So muss ein Croupier u. a. wissen, welcher Spieler welche Jetons gesetzt hat und welche Zahlenkombinationen sich hinter den Serien-Annoncen verbergen. Zudem muss er natürlich auch die Lage der Zahlen im Kessel (Reihenfolge im und entgegen dem Uhrzeigersinn; Aufzählung der jeweils vier Nachbarn zu jeder Zahl) sicher beherrschen. Diese uneingeschränkte Konzentrationsleistung ist über einen Zeitraum von mindestens 60 Minuten am Stück zu erbringen. Neben dem erforderlichen Gedächtnisvermögen ist aber auch die - für die Optik und Faszination - so wichtige „Feinmotorik" (mehr als 100 Jetons in weniger als einer Minute mit dem Rechen, Rateau genannt, einzuziehen und dabei die richtig platzierten Jetons auf dem Tableau zu belassen) - zumindest an den französischen Tischen - von den Lehrgangsteilnehmern gefordert.

Er begab sich somit auf den steinigen Weg durch die Hierarchiestufen dieser ganz eigenwilligen „Branche", der ihm auch ein gehöriges Maß an Mobilität abverlangte und u. a. für Hospitationen in mehreren bundesweit angesiedelten Dependancen.

An dieser Stelle ist es - im Gegensatz zu den anderen „Bauchgefühl-Lebensgeschichten" - vonnöten, einige ganz grundsätzliche Bemerkungen über den - in wesentlichen Zügen - doch recht ungewöhnlichen Beruf des Croupiers und die völlig eigenständige Welt der staatlich konzessionierten Spielbanken zu verlieren. Nur so ist zu verstehen, warum Menschen wie Thomas trotz der nachfolgend geschilderten, überaus belastenden und familienfeindlichen Rahmenbedingungen in eben dieser Welt ihre absolute Erfüllung gefunden haben und keinesfalls in die angestammte „Welt der Anderen" zurückkehren möchten.

Wenn Sie selbst (oder auch Ihr Bauch) mit einem Start oder auch einem Wechsel in diese völlig eigene Welt liebäugeln, sollten Sie unbedingt wissen, dass von Ihnen zum einen absolute Flexibilität sowohl bezüglich der Arbeitszeit (inkl. der unbeliebten Option geteilter Schichten) als auch in Bezug auf die Mobilität (Standortwechsel) und zum anderen die uneingeschränkte Zurückstellung persönlicher Interessen erwartet wird.

Sie können ermessen, dass ein Familienleben unter diesen Bedingungen nahezu fast ausgeschlossen ist. Ein bedeutender Teil der Croupiers quartiert sich aufgrund der geschilderten Rahmenbedingungen oft in möblierten Appartements in unmittelbarer Nähe der jeweiligen Spielbank ein, um im Zuge der nicht seltenen Wechsel der Spielbank nicht immer mit dem gesamten Hausstand umziehen zu müssen. Der zweite wichtige Aspekt an dieser Stelle ist die Minimierung des Arbeitsweges, der ggf. auch mehrfach täglich zu absolvieren ist, da die Schichten u. U. - auch länger - unterbrochen werden, wenn z. B. bei einem schwachen Besucherandrang nicht alle Tische zu besetzen sind. Auf der anderen Seite fördern diese Pausen natürlich auch die absolut notwendige uneingeschränkte Konzentration, die in diesem Beruf in besonderer Weise gefordert ist.

Nein, wir reden an dieser Stelle nicht (nur) über „Spaß" (den haben in erster Linie die Gäste), sondern vielmehr (auch) über eine höchst anstrengende Tätigkeit, dafür allerdings in einer absolut unglaublich faszinierenden Atmosphäre. Ja, ich weiß, ich bin an dieser Stelle nicht ganz objektiv, rede ich doch hier über einen Beruf, der mein Traumberuf gewesen wäre, wenn ich denn meiner Intuition gefolgt wäre ...

Nichtsdestotrotz habe ich keinen in dieser Branche getroffen, der jemals wieder in die „normale" Welt zurückwollte. Es gibt zudem wohl keine andere Branche, in der es ein derart großes Zusammengehörigkeitsgefühl untereinander, mit schon fast „familienähnlichen" Strukturen, gibt, aber wohl auch keine andere, die sich so stark nach außen abschirmt und eben nicht in die „Karten schauen" lässt (hier ja schon fast im wörtlichen Sinne), wie eben die der Croupiers.

Ob aus der jobbedingten starken Verpflichtung zur Diskretion heraus, oder, um sich nicht erklären oder gar rechtfertigen zu müssen, weil dieser Beruf immer noch nicht den gesellschaftlichen Stellenwert genießt, den er - aus meiner Sicht - absolut verdient hat, möge an dieser Stelle offenbleiben.

Sie müssten zudem damit leben, dass Ihr Einkommen extrem stark schwankt, denn fast alle Croupiers sind auf quasi freiberuflicher Basis beschäftigt und haben in der Regel keinen Anspruch auf ein regelmäßiges, festgeschriebenes und turnusmäßig anzupassendes Gehalt.

Vielmehr bezieht der Croupier sein Einkommen (ausschließlich) in Form eines bestimmten Anteils (in Prozent bzw. nach einem internen Punktesystem) aus dem sogenannten Tronc, jenem „Topf" also, in dem alle Trinkgelder gesammelt werden. Es ist ein ungeschriebenes Gesetz in den Spielbanken, dass ein Gast, der auf Zahl („Plein") gewinnt und dafür den 35-fachen Betrag seines Einsatzes gewinnt, ein Stück (Jeton) mit den Worten „für die Angestellten" dem Croupier als „Entgelt" (nicht mit einem Trinkgeld im üblichen Sinne zu verwechseln) überlässt, der den Jeton durch Einwurf in einen „sparschweinähnlichen" - im Spieltisch eingelassenen - Schlitz, eben dem bewussten Tronc zuführt. Eine entsprechende Verpflichtung des erfolgreichen Spielers gibt es natürlich nicht, aber der Großteil der Spieler weiß, dass die Croupiers von diesen Zuwendungen leben und hält sich an diese „Anstandsregel".

Da das Aufkommen an Spielern und deren Umsätze am Tableau (Spieltisch) stark schwanken, befindet sich auch das Einkommen der Croupiers in einem ständigen Auf und Ab.

Um diese Unwägbarkeiten bezüglich der Einkommenssituation insbesondere für jüngere Croupiers bzw. Berufseinsteiger zumindest etwas abzumildern, sind inzwischen Verträge, die eine garantierte Mindestvergütung vorsehen, die Regel, nicht zuletzt auch, um hinreichenden Nachwuchs für künftige Croupier-Generationen akquirieren zu können.

Die Zeiten, in denen, wie im Roman „Der Spieler" von Fjodor Dostojewski reiche Witwen in nur einer Nacht das gesamte geerbte Vermögen durchbringen, sind natürlich längst vorbei, falls es diese in einer solch starken Ausprägung überhaupt je gegeben haben sollte (vergleichbar mit dem Ammenmärchen, dass sich Lottokönige zum Essen mit dem Taxi nach Paris chauffieren lassen).

In der Gesellschaft im Allgemeinen und insbesondere auch in den staatlich konzessionierten Spielbanken ist das Thema „Spielsucht" inzwischen so stark sensibilisiert worden, dass ein exzessives Spiel praktisch schon fast ausgeschlossen ist. Sie können ja inzwischen kaum noch einen Lottoschein abgeben, ohne mit der Nase auf das Thema Spielsucht und die entsprechenden Therapiemöglichkeiten hingewiesen zu werden. Es ist eine Aufgabe des Casinos und insbesondere auch ihrer Croupiers, sicherzustellen, dass Spieler, die offenkundig weit über ihre „Verhältnisse" hinaus exzessiv spielen, casinoseitig - auch im Interesse des Spielers (quasi als Selbstschutz) - vom weiteren Spielbetrieb auszuschließen und bundesweit - zumindest - in den staatlich konzessionierten Spielbanken (nur die sind legal) zu sperren. Diesen Schritt kann ein Spieler, der sich selbst seine Spielsucht eingesteht, mittels eines eigenen Antrags auf Sperrung auch von sich aus unternehmen. Kommt die Spielbank dieser „Fürsorgepflicht" im vorgenannten Sinne nicht nach, kann sie u. U. sogar in Regress genommen werden.

Eine der schwierigsten Aufgaben des Croupiers ist es somit, die Sensibilität und das Fingerspitzengefühl dafür zu entwickeln, exzessives Spielen jenseits der „wirtschaftlichen Leistungsfähigkeit" zu erkennen und gegenüber dem Gast mit psychologischem und diplomatischen Geschick - mit größtmöglicher Diskretion und dem eminent wichtigen Aspekt absoluter Gesichtswahrung für alle Beteiligten - angemessen, aber auch bestimmt zu reagieren.

Nicht selten befindet er sich so in einer klassischen „Zwickmühle", denn seine Loyalitätspflicht gegenüber seinem Arbeitgeber, der Spielbank bzw. deren Konzessionäre verlangt von ihm natürlich in erster Linie, für eine „spielfreundliche" Atmosphäre zu sorgen, da letztlich beide ihr Geld mit und an den spielfreudigen Gästen verdienen.

Für eine Vielzahl der Leser dürfte dieser fremden Welt immer noch der Ruf von Halbwelt, das Image des halbseidenen Milieus und ein Hauch von Rotlicht anhaften. Wenn Sie aber je in einer der Spielbanken waren, von denen wir hier reden (und eben nicht von verrauchten Hinterzimmern in zwielichtigen Etablissements), dann werden Sie sicherlich bestätigen können, dass nichts, aber auch absolut nichts von diesen Vorurteilen tatsächlich zutrifft (mal abgesehen von vielleicht einigen, wenigen vereinzelten Gästen, die nicht so ganz ins übrige Umfeld zu passen scheinen), sondern Sie sich dort eher mit dem Touch einer gehobenen Gesellschaft umgeben und - mit etwas Glück - sogar „Stars und Sternchen" aus der Welt des Glamours treffen können.

Es gibt übrigens keine Branche, die einer so umfassenden Über-wachung unterliegt, wie jene der staatlich konzessionierten Spiel-banken. Es sind dauerhaft - während der gesamten Öffnungszeiten - mindestens fünf Finanzbeamte im Casino, die bei jeder Tischeröffnung und -schließung sorgsam die Abrechnung jedes einzelnen Tisches verfolgen, protokollieren und somit die Grundlage dafür schaffen, dass die darauf fällige Steuer seitens des Finanzamtes ermittelt werden kann. Der Steuersatz, den die Spielbanken auf das Bruttospielergebnis abzuführen haben, ist mit Abstand der höchste, den wir in Deutschland kennen und dürfte vermutlich auch Ihre Schätzung noch deutlich übertreffen. Er ist nicht einheitlich festgelegt, sondern wird vielmehr individuell je Casino - in Abhängigkeit von der jeweiligen Ertragslage - zwischen der Kommune und der Spielbank festgelegt, übersteigt aber in jedem Falle deutlich die Hälfte des Ertrages der Spielbank.

Sie können sich vorstellen, dass sich der Staat hier sehr kreativ und gierig verhält. So gab es schon Kommunen, die die Schrauben an dieser Stelle zu fest angezogen haben, sodass Spielbanken aufgrund kontinuierlicher Verluste - nicht zuletzt auch aufgrund eben dieser Abgabenlast - wieder schließen mussten. Ein nennenswerter Anteil dieser Steuereinnahmen fließt übrigens traditionsgemäß in kulturelle Projekte und die Förderung von Sportanlagen, die letztlich uns allen zugutekommen. Sollten Sie also im Casino etwas verlieren, so können Sie sich damit trösten, indirekt doch auch ein „gutes Werk" getan zu haben.

Zurück zu „unserem" Thomas: Er hatte das Glück des Tüchtigen und war zur richtigen Zeit am richtigen Ort. Er bekam die in der Branche eher seltene Chance, eine neue Spielbank mit aufzubauen und somit Erfahrungen sammeln zu dürfen, die nur wenigen vergönnt sind bzw. waren und für seinen weiteren Werdegang in dieser „eigenen Welt" nachhaltige Bedeutung haben sollte.

Thomas war stets sehr sportlich und hat es in seiner aktiven Zeit im Fußball bis zum Stammspieler in der Oberliga (das ist immerhin die höchste Liga im Amateurbereich unterhalb der drei bundesweiten Profiligen und den semiprofessionellen Regionalligen) geschafft.

Die zuvor bereits angedeuteten Restriktionen für ein gesundes Familienleben galten und gelten auch für ihn. Man lebt als Croupier quasi in und für die Spielbank. Thomas hat (aber) in dieser wirklich eigenständigen, schon fast hermetisch abgeschlossenen Welt, in die man als Außenstehender kaum einzudringen vermag, seine „Ersatz-Familie" gefunden, indem er mit außergewöhnlichem Engagement, Liebe, Akribie und unter Aufopferung vieler Tage privater Zeit für die gleichermaßen „Betroffenen" Fußballturniere europaweit auf die Beine stellt und damit sehr viel zum zuvor zitierten Zusammengehörigkeitsgefühl beiträgt.

Er hat inzwischen alle Hierarchiestufen durchlaufen (und davon gibt es eine Vielzahl), die sich einem Außenstehenden ohne Insider-Kenntnisse nur sehr schwer erschließen, weil die Beteiligten in ihrer sehr strengen Kleiderordnung (dunkler Anzug bzw. Smoking) natur-gemäß keine Schulterklappe bzw. Dienstgradabzeichen tragen. Auch an dieser Stelle steht die Diskretion im Vordergrund.

Thomas hat seine aktive Zeit als Croupier am Tableau inzwischen beendet und ist seit dem mit der Funktion eines technischen Leiters einer renommierten Spielbank in einer anderen deutschen Metropole betraut. Diese Rolle gefällt ihm außerordentlich gut. Es gibt viel mehr Technik in einem Spielcasino, als Sie vielleicht vermuten. Ein erheblicher Teil davon spielt sich dabei im Verborgenen ab und dient - unter Beachtung der datenschutzrechtlichen Bestimmungen zum Schutze der Privatsphäre der Spieler und der Mitbestimmungsregeln zum Schutze der Mitarbeiter - der Überwachung des Spielbetriebes. So wäre es z. B. fatal, wenn durch technische Unzulänglichkeiten das Prinzip der Chancengleichheit für alle Spielereignisse (will heißen, es muss beim Roulette bei jedem einzelnen Spiel, die Wahrschein-lichkeit für jede Zahl immer gleich hoch sein) nicht gewahrt wäre (die Insider sprechen hier von „Kesselfehlern" bzw. Chaleur).

Seien Sie aber versichert, dass etwaige Tendenzen dem Casino schon auffallen, bevor Sie auch nur einen Gedanken an eine derartige „Chance" verschwenden könnten, um etwa die scheinbar geniale Idee zu entwickeln, den Tag darauf mit dem vermeintlichen Wissen wiederzukommen, um „abzuräumen", denn zu diesem Zeitpunkt dreht sich dieser bewusste Kessel längst an einem anderen Tableau. Diese rd. 20 kg schweren Teile werden Tag für Tag in einem „geheimen" Rhythmus untereinander getauscht.

Ja, so antwortete er auf meine obligatorische Frage, ob er diesen Weg noch einmal so bestreiten würde. Ja, ohne jede Einschränkung, es sei der glücklichste Umstand seines Lebens gewesen, just in dem Moment, in dem er erstmals an seiner Zukunft im angestammten Beruf gezweifelt hatte, von jenem Anruf in London heimgesucht worden zu sein, der sein Leben so nachhaltig verändern sollte.

Es sei in der Rückschau die beste Entscheidung seines Lebens gewesen, das reglementierte, geordnete Arbeitsleben verlassen und den Weg in diese - für ihn immer noch unverändert - faszinierende Welt gefunden zu haben. Er würde alles - wenn er denn die Zeit zurückdrehen könnte - noch einmal ganz genauso machen. Er könne sich keine Konstellation vorstellen, in der er ein positiveres Fazit in der Rückschau hätte ziehen können und unterstrich damit aber auch, dass er die Jahre in der „Alten Welt" keinesfalls als verlorene Jahre betrachte. Alles sei zu seiner Zeit richtig gewesen und somit könne er nunmehr höchst zufrieden auf ein unverändert erfülltes Berufsleben zurückblicken und freue sich auf neue Herausforderungen auf der Zielgeraden seines sehr eigenen Werdegangs.

Ihm sei aber natürlich auch bewusst, dass er die gute Zeit in der Casinowelt habe erleben dürfen, in der die Verdienstmöglichkeiten noch ungleich höher gewesen seien. Die Zeiten hätten sich für die jüngeren Kollegen spürbar zum Schlechteren gedreht. Die nach wie vor sehr stark schwankenden Bezüge würden sich heutzutage auf einem deutlich niedrigeren Niveau bewegen. Ein wesentlicher Grund hierfür sei dem Umstand geschuldet, dass die Zahl der Casinos in den letzten 20 Jahren stark gestiegen (die Kommunen lassen sich diese sprudelnde Einnahmequelle - siehe oben - natürlich nicht entgehen), die Zahl der regelmäßigen Spieler aber in etwa gleich groß geblieben sei, sodass die gleichgroße „Torte" immer mehr „hungrige Mäuler" stopfen müsse.

Da es den Casinos immer schwerer fällt, allein nur die steigenden Betriebskosten für die oftmals sehr üppigen und repräsentativen Flächen einzuspielen, geraten einige - auch renommierte - Häuser zunehmend in Schwierigkeiten, mit der Folge, dass die ersten von ihnen inzwischen bereits Insolvenz anmelden mussten. Viele Häuser konnten nur gerettet werden, weil sie das „große Spiel" (Roulette, Black Jack) aus Kostengründen in der traditionellen, aber eben personalintensiven Form (mit Croupiers, echtem Tableau und Mahagoni-Kessel) aufgegeben und durch einen kühlen, seelenlosen Automaten-Betrieb ersetzt haben.

Inzwischen erkennen auch die Kommunen bzw. Länder diese Brisanz und kommen den Spielbanken bezüglich der Höhe der Abgaben entgegnen („… *Man kann die Kuh nicht schlachten, die man melken will* …").

<u>Persönliche Anmerkungen:</u>

Ich habe selten jemanden getroffen, der so sehr in seinem Beruf aufging und diesen so authentisch und konsequent gelebt hat bzw. noch lebt wie jener Thomas, den Sie eben kennengelernt haben. Obwohl es „nur" sein zweiter Beruf ist, zu dem aufgrund eines wiederholten Anrufs zur richtigen Zeit, einer spätabendlichen Flugverbindung und vielleicht einer vermeintlichen Vorbestimmung gekommen ist, liebt er diesen Beruf und bringt sich mit seiner ganzen Persönlichkeit und einem gehörigen Anteil auch an privater Zeit ein, um dem Nachwuchs in dieser außergewöhnlichen „Welt" Halt und Ersatzfamilie zu sein.

Wenn Sie ihm eine Zeit zuhören könnten, würden Sie schnurstracks Ihren dunklen Anzug hervorholen, die Krawatte binden (inzwischen geht es auch ohne sie, obwohl ich das - ganz persönlich - für einen „Verfall der guten Sitten" halte) und eines der großen Casinos mit dem besonderen Flair aufsuchen und fasziniert in „seine" Roulette-Welt des „Faites vos jeux" und „rien ne va plus" (die Sprache in den gehobenen Casinos war früher Französisch) eintauchen und mit Sicherheit einen sehr unterhaltsamen und bewegenden Abend erleben, der Ihnen noch lange in Erinnerung bleiben wird. Dabei ist es eigentlich auch unerheblich, ob Sie das sprichwörtliche „Anfänger-glück" haben und das Casino tatsächlich mit einem Gewinn verlassen oder aber den Gesetzen der Wahrscheinlichkeiten folgend, etwas verlieren, oder? Es besteht übrigens überhaupt kein Spielzwang, Sie können also auch den ganzen Abend einfach nur zusehen, staunen und Atmosphäre schnuppern, ohne auch nur einen einzigen Jeton (der kleinste hat einen Wert von € 2,00) setzen zu müssen.

Verbuchen Sie einen etwaigen Verlust unter dem Stichwort "Erfah-rung" und als Horizont-Erweiterung und gehen Sie bitte nicht mit Ehrgeiz an das Vorhaben, diesen monetären Verlust beim nächsten Besuch aber unbedingt wieder hereinholen zu wollen oder gar zu müssen.

Erinnern Sie sich stattdessen vielmehr an einen wundervollen Abend mit einem großartigen und spannenden Erlebnis und eine ganz besondere Erfahrung, die Ihnen keiner mehr nehmen kann und die Sie über den kleinen Verlust hinwegtrösten wird.

Nein, das angeblich todsichere System, das Ihnen garantierte Gewinne verspricht, gibt es nicht (Gewinner ist nur derjenige, der Ihnen das „System" angedreht hat). Roulette war, ist und bleibt ein reines „Glücksspiel" und zwar das fairste, das wir kennen (statistisch verlieren Sie nur 1/37 Ihres Einsatzes, während es z. B. im Zahlenlotto „satte" 50% sind).

Vielen Dank Thomas! Es war eine großartige Erfahrung, Dich und „Deine Welt" kennengelernt zu haben! Ich wünsche Dir noch viele gesunde Jahre in Deiner neuen Funktion, die Dir auf den Leib geschrieben zu sein scheint, verbindet sie doch Elemente aus der alten Berufswelt mit solchen aus Deiner neuen Welt, die längst zu Deiner Berufung geworden ist. Für deine aufopferungsvolle Rolle als Organisator diverser Fußballturniere für Deine „Croupiers-Familie" und als „Ziehvater" für den Croupiers-Nachwuchs zolle ich Dir meinen aufrichtigen Respekt.

Eigentlich kannst Du später gar nicht aufhören und Dich so einfach in den Ruhestand verabschieden, wer soll denn an diesen Stellen die Kontinuität bewahren und Deine Missionen fortführen, aber vielleicht findest Du ja einen jüngeren Kollegen, der mit dem gleichen Maß an Herzblut ausgestattet ist und Dein Werk fortsetzt.

Viel Glück dabei!

Kapitel 22 - Willy

„... Aus den „Königen der Landstraße" sind inzwischen längst die „Sklaven der Wirtschaft" geworden, auf deren Rücken der wirtschaftliche Kosten- und Zeitdruck ausgeübt wird ..."

Willy wurde als drittes von sieben Kindern eines Fernfahrers und einer Hausfrau in einer landwirtschaftlich geprägten Region Norddeutschlands geboren, der man nachsagt, dass dort die Ergebnisse politischer Wahlen immer schon vorher feststehen. Schon als Kind im Alter von sieben Jahren wollte er LKW-Fahrer werden, zumal ihn seinerzeit die scheinbare Mächtigkeit der Fahrzeuge beeindruckte und sein Vater ihm in seinen Kindheitstagen in höchsten Tönen von diesem Beruf für „harte Männer" vorschwärmte.

Ein einschneidendes Erlebnis, welches normalerweise dem Berufswunsch ein frühes Ende bereitet hätte, sollte bei Willi den gegenteiligen Effekt auslösen: Sein Vater kam bei einem sehr schweren Lkw-Verkehrsunfall in Ausübung seines Dienstes ums Leben. Was Willi dann als damals zwölfjähriger erlebte, war eine große Welle der Hilfsbereitschaft und Unterstützung. Die Familie der Fernfahrer, wie sein Vater sie immer genannt hatte (und gemeint waren damit nicht nur die Kollegen aus dem unmittelbaren Umfeld), standen seiner Mutter, ihm und seinen Geschwistern zur Seite, um bei der Bewältigung der schwierigen Zeiten zu helfen. Dieses von einmaligem Zusammengehörigkeitsgefühl, der Hilfsbereitschaft und Kameradschaft geprägte Erlebnis verstärkte daher sogar noch den Wunsch, Fernfahrer werden zu wollen. Ja, es stand nunmehr für ihn fest, er wollte selber ein Teil dieser „Gemeinschaft", dieser besonderen „Familie" der Trucker werden.

Er war zu diesem Zeitpunkt aber noch zu jung, um diesen Beruf ergreifen zu können (die Führerscheinprüfung hätte er erst mit 21 ablegen können) und so entschloss er sich, quasi als eine Art Überbrückung, zunächst eine „artverwandte" Ausbildung zu absolvieren.

Was lag da näher als eine Lehre als Kfz-Schlosser zu absolvieren, die er mit guten Ergebnissen abschloss, bevor er zur Ableistung des Wehrdienstes von der Bundeswehr eingezogen wurde. Im Zuge der üblichen 15-monatigen Grundwehrzeit nutzte er die Chance und bestand alle denkbaren Prüfungen für ein schier unglaubliches „Sammelsurium" an Fahrerlaubnissen.

So erhielt er die Führerscheine für die alten Klassen 1 (Motorrad), 2 (Lkw) und 3 (Pkw) und absolvierte zudem auch die Prüfungen für Kräne und Bagger erfolgreich. Zu guter Letzt bestand er auch die Prüfung für den Fahrgastbeförderungsschein und konnte somit auch Busse fahren. Obwohl die Voraussetzungen für die Umschreibung dieser Bundeswehr-„Lizenzen" vom militärischen Bereich auf den zivilen Verkehr zumindest zum Teil eigentlich das Erreichen des 21. Lebensjahres vorsahen, wurden sie ihm - mit besonderer Erlaubnis - schon ein Jahr vorher gewährt.

In seinem Bauchgefühl-Traumberuf des Fernfahrers durfte er jedoch, weil er schlichtweg zu jung war, noch nicht arbeiten. Daher musste er noch eine weitere „Warteschleife" fliegen und überbrückte diese Zeit mit Aushilfstätigkeiten in einer Großschlachterei, *„Schweine buckeln"*, wie er es nannte.

Nach einem halben Jahr der Schufterei (haben Sie eine Vorstellung davon, wie schwer es ist, den ganzen Tag ausgewachsene Schweinehälften auf der Schulter zu tragen?) war es denn endlich so weit, es nahte der 21. Geburtstag.

Das Mindestalter war nun endlich erreicht und er konnte in einer Spedition, die seinen Vater noch persönlich kannte, seinen Dienst antreten. Mit seiner Erfahrung wuchsen über die Jahre auch die Züge, die er bewegte (bis hin zum 38-Tonner). Er fühlte sich dort rundum wohl, es gab ein absolut verlässliches, ja schon fast familiäres Umfeld, eine angenehme Kollegialität und eine von Menschlichkeit geprägte Beziehung zum Chef, genauso wie es ihm sein Vater immer vorgeschwärmt hatte.

Er ist dieser Spedition rund 20 Jahre treu geblieben, musste aber feststellen, dass sich sukzessive die wirtschaftlichen Rahmenbedingungen der gesamten Branche von Jahr zu Jahr verschlechterten und auch vor Willys Arbeitgeber keinen Halt machten.

Beispielhaft seien hier der Kostendruck, die Marktöffnung für ausländische Fuhrunternehmer, die Beschäftigung osteuropäischer Fahrer und die Ausnutzung der Marktsituation durch die großen Auftraggeber bei den Einzelhandelsketten etc. erwähnt. Auch die klimatischen Bedingungen wurden rauer, Versprechungen - nicht nur bezüglich der Zahlung eines Weihnachtsgeldes etc. - wurden bzw. konnten nicht mehr eingehalten werden, wobei der empfundene Vertrauensverlust, der mit einer tief sitzenden menschlichen Enttäuschung einherging, für Willy weitaus bedeutender war als der rein monetäre Aspekt.

Willy, dem die Zeiten in der Branche noch geläufig waren, als das „Wort unter Männern" noch eine Bedeutung - ähnlich des Handschlages eines ehrbaren Hamburger Kaufmanns - hatte, war verbittert, weil ihm dieses Gebaren in „seiner Welt" völlig fremd war. Er war entschlossen, dem Einzug dieser unsäglichen Methoden - in der bisher von Harmonie und Verlässlichkeit dominierten „Welt" - Einhalt zu gebieten, das alte „Klima des Miteinanders" zu retten und nahm zusammen mit einigen Kollegen erstmals Kontakt zur Gewerkschaft auf.

Dort ließen sie sich - mit viel Erstaunen - über die Rechte und Pflichten sowohl auf ihrer, als auch auf der Arbeitgeberseite, aufklären. Sie mussten in einer, in diesem Umfang nicht erwarteten, Deutlichkeit erkennen, in welch dreister Art sie in der Vergangenheit „über den Tisch gezogen" worden waren bzw. in welchem Ausmaß man ihnen klar definierte Rechte vorenthalten hatte.

Schnell reifte der Entschluss, sich erstmals zu wehren und die sich zunehmend noch weiter verschlechternden Arbeitsbedingungen und die wenig glaubhaften Beschwichtigungen mit Verweis auf die angeblich betriebswirtschaftlichen Notwendigkeiten nicht länger hinzunehmen.

Es folgten sehr „intensive" Gespräche mit dem Chef und der Geschäftsführung seiner (gar nicht so kleinen) Spedition, die in einer sehr aufgeheizten Atmosphäre stattfanden und von wechselseitigen Drohungen geprägt waren.

Willy hatte die Federführung auf der Seite der Fahrer an sich gezogen und übte - mit voller Akzeptanz der Kollegen - quasi das Mandat des Fahrersprechers aus, wobei er sich strategisch außerordentlich geschickt anstellte.

Ohne dass ihm dieser Umstand in dieser Verhandlungsrunde schon bewusst gewesen wäre, sollte ihm sein strategisches Talent später noch neue Türen öffnen und zu einem zweiten beruflichen Standbein verhelfen.

Doch zunächst zeigte Willy in der sehr hitzigen, mehrstündigen Verhandlungsrunde u. a. die Option auf, einen Betriebsrat zu gründen, und stellte damit eine Idee in den Raum, die ihm noch vor Kurzem in seiner „Fernfahrer-Familie", in der Welt des „Einer für Alle - Alle für Einen" nicht einmal ansatzweise in den Sinn gekommen wäre. Man muss an dieser Stelle einflechten, dass die Transport- und Logistik-Branche (wohl aus scheinbar berechtigtem Grunde) in dieser Zeit die Gewerkschaften scheute wie der Teufel das Weihwasser, und so reichte allein die Ankündigung aus, um den Verlauf der Gespräche in völlig neue Bahnen zu lenken und sich plötzlich Zugeständnisse auftaten, die zuvor noch völlig unerreichbar schienen. Um den Bogen jedoch nicht zu überspannen, bzw. im Sinne eines „Friedensangebots", bot Willy seinem Chef an, auf die avisierte Gründung eines Betriebsrates vorerst zu verzichten, wenn denn zumindest ein Teil der (absolut berechtigten) Forderungen, die - mit gesundem Menschenverstand - eigentlich eine Selbstverständlichkeit darstellen sollten, zeitnah erfüllt werden würden. Ein besonderes Gewicht legte er dabei auf die verbindliche Festschreibung der ausstehenden Spesenregelung.

Es gab eine für alle Beteiligten zufriedenstellende Einigung, eine Sammlung vollmundiger Versprechungen („... *Wir sitzen doch alle in einem Boot* ...") und die Wahl eines Fahrersprechers (anstelle der Gründung eines Betriebsrates). Es war keine große Überraschung, dass „unser" Willy mit seinem ausgeprägten Verhandlungsgeschick einstimmig von seinen Kollegen mit diesem Mandat ausgestattet wurde, obwohl der Chef vehement eine andere Konstellation verfolgt und umzusetzen versucht hatte.

Der Frieden sollte allerdings nicht lange anhalten. Schnell zogen die eigentlich für abgeschlossen geglaubten Methoden der Drangsalierung wieder ein, als hätte es den mühsam ausgehandelten „Friedensvertrag" niemals gegeben.

Willy wollte sich nicht weiter und vor allem nicht wieder vertrösten lassen, hörte auf sein Bauchgefühl und kündigte, weil ihm klar war, dass sich trotz aller Beschwichtigungen nichts mehr wirklich ändern würde. Er wählte diesen einschneidenden, schwierigen und nachhaltig bedeutungsvollen Weg, obwohl sein Verstand ihm signalisierte, dass ein solcher Schritt aufgrund seiner vertraglich abgesicherten Rechte aus seinem „alten" Vertrag (ein solcher würde in dieser Form aktuell keinem neuen Fahrer mehr angeboten werden), insbesondere was das Thema Altersversorgung anging, absolut unvernünftig war.

Aber das Bauchgefühl, das Unwohlsein unter den neuen Arbeitsbedingungen bzw. die Enttäuschung über den erneuten Wortbruch seines früher so fairen Arbeitgebers bzw. den Verlust der Tugenden wie Verlässlichkeit, Aufrichtigkeit und Kollegialität waren größer und für ihn bedeutender als die spürbaren finanziellen Nachteile. Er war fest entschlossen, die Firma definitiv zu verlassen und sich neu zu orientieren. Ein Entschluss, der einem naturgemäß nach mehr als 20 Jahren bei einem Arbeitgeber nicht leicht fällt.

Er hatte für diesen bedeutenden Schritt eine fünfmonatige Vorlaufzeit bis zum Ausstieg vereinbart, um - in seiner gewohnt loyalen Art - einerseits der Spedition die Chance einzuräumen, einen geeigneten Nachfolger für ihn zu finden, diesen auch selbst einzuarbeiten und andererseits sich selbst hinreichend Zeit zu verschaffen, eine adäquate Anschlussverwendung zu finden (er hatte ja aus einem Bauchgefühl heraus gekündigt, ohne eine andere Stelle „in petto" zu haben).

Der dann aber unweigerlich fällige Abschied fiel ihm letztlich doch schwerer, als er es sich im Vorwege ausgemalt hatte. Es flossen sogar Tränen, nach über 20 Jahren mit anfänglich tiefer emotionaler Bindung ja auch absolut verständlich.

Er wechselte in den sogenannten Werkverkehr (Güterkraft-verkehr von Industrie und Handel mit eigenem Personal) und somit in eine ganz andere Welt, die sich insbesondere durch regelmäßige Arbeitszeiten und zudem auch eine bessere Vergütung auszeichnete. Aber eben diese Regelmäßigkeit und das Korsett der festen Touren hatten kaum noch etwas mit den Freiheiten und der Eigenständigkeit eines „Kapitäns der Landstraße" zu tun, die er zu Beginn seines Berufslebens noch hatte spüren und genießen dürfen.

Der - aufgrund der bestehenden Schützenbrüderschaft - immer noch vorhandene Draht zu seinem alten Unternehmen führte letztlich dazu, dass er sich - nach acht Jahren in dieser reglementierten Welt - dazu verleiten ließ, seinem Bauchgefühl nochmals zu folgen und dorthin noch einmal zurückzukehren.

Willy hatte - und es war ihm wichtig, dieses zu betonen - die neue Stelle im Werksverkehr keinesfalls wegen etwaiger Unstimmigkeiten oder gar schlechter Arbeitsbedingungen verlassen, sondern allein wegen immer noch vorhandenen Beziehung zum alten Unternehmen, nennen Sie es ruhig Herzensangelegenheit. So viel Loyalität und Identifikation mit dem Unternehmen gäbe es in dieser Branche in der heutigen Zeit definitiv nicht mehr, resümierte er mit aufrichtiger und auch authentischer Wehmut.

Es herrsche heutzutage eine Art von Söldner-Mentalität, was zu einem gehörigen Teil den Umständen einer unpersönlichen Atmosphäre in den Betrieben und den von Kosten getriebenen, Arbeitsbedingungen geschuldet sei.

Er musste aber sehr schnell feststellen, dass - nicht zuletzt bedingt durch einen inzwischen vollzogenen Eigentümerwechsel - die Firma längst nicht mehr jene war, die er verlassen und schon gar nicht jene, in der alles einmal begonnen hatte. All die mühsam erkämpften Fortschritte, die zum Teil - wie Sie ja bereits lesen konnten - schon unter der alten Führung wieder zurückgezogen worden waren, hatten längst keinen Bestand mehr. Inzwischen gab es dort aber immerhin einen Betriebsrat, zu dessen Vorsitzenden er schon kurze Zeit später gewählt wurde.

Nach weiteren zwei Jahren wurde das Unternehmen abermals veräußert. Zeitgleich stellten sich bei Willy die branchenüblichen, gesundheitlichen Probleme in Form massiver Rückenbeschwerden ein, die es nicht zuließen, den Beruf auf dem „Bock" weiter auszuüben. Zum Glück genoss er als Betriebsratsvorsitzender Kündigungsschutz, sodass er sich - im Gegensatz zu vielen älteren Kollegen in vergleichbarer Situation - zumindest keine Sorgen um seinen Arbeitsplatz machen musste.

Zu diesem Zeitpunkt war er nebenberuflich bereits acht Jahre ehrenamtlich agierender Bundesvorsitzender einer kleinen, aber stetig wachsenden und zudem sehr rührigen Gewerkschaft für Berufskraftfahrer und wurde, wann immer er antrat, regelmäßig in seinem Amt bestätigt. Nun war für ihn der richtige Moment gekommen, diese Position hauptberuflich auszuführen, worin er wiederum - nach den vielen Jahren auf Achse - seine Erfüllung fand.

Dieses Mandat brachte es auch mit sich, dass er Eingang in die Politik fand und so u. a. als Sachverständiger Mitglied im zuständigen Fachausschuss des Landtages seines Bundeslandes wurde, um dort den Ausschussmitgliedern der Fraktionen für Anfragen und Berichten aus der Branche zur Verfügung zu stehen.

Inzwischen vertritt Willy seinen Berufsstand sogar auch im Bundesfachausschuss für Verkehr seiner Partei in Berlin und hat begonnen, dort sehr dicke „Bretter zu bohren" und sukzessive dem einen oder anderen Politiker die Augen für die Probleme an dieser Stelle zu öffnen ...

Weil er denn nun mal „Hummeln im Hintern" hätte, ihn die Mandate in der Gewerkschaft bzw. der Politik immer noch nicht vollständig ausfüllen und ihn das Nichtstun nervös machen würde, betreibt Willy zusammen mit seiner Frau außerdem noch einen florierenden Getränkemarkt, dessen Name inzwischen zu seinem persönlichen Spitznamen geworden ist. Er passt zu ihm wie angegossen, weil er auch schmunzelnd Bezug auf seine Zeit als Fernfahrer nimmt.

Natürlich habe ich auch ihm meine obligatorische Frage gestellt, ob er denn in der Rückschau alles noch einmal so machen würde, ob sein Bauchgefühl ihm den richtigen Weg gewiesen hätte und er trotz der erfahrenen Enttäuschungen eine insgesamt befriedigende Bilanz seines Berufslebens ziehen würde.

Ja, antwortete er nach einem Moment des Innehaltens, seinerzeit wäre es richtig gewesen, den Beruf des Fernfahrers zu ergreifen, er möchte diese Zeit keinesfalls missen, weil er die „guten Zeiten" noch habe erleben dürfen und er sei dankbar für diese Erfahrungen, die kein anderer Beruf ihm hätte bieten können.

Selbst der vermeintlich falsche Schritt zurück zum alten Arbeitgeber hätte - trotz der schlechten Rahmenbedingungen - sein Gutes gehabt, weil dieser ihm den Weg zu seiner zweiten Laufbahn als Interessenvertreter seiner Kollegen geebnet hätte. Diese Tätigkeit sei ebenso befriedigend wie die anfänglichen Jahre als „König der Landstraße".

Er räumte aber auch ein, dass diese „gute Zeit" schon länger definitiv vorbei sei und er deshalb Jugendlichen - aus der Fürsorgepflicht eines Gewerkschafters heraus - nicht mehr empfehlenden könne, diesen Beruf zu ergreifen.

Aus den "Königen der Landstraße" à la Manfred Krug in der TV-Vorabendserie „Auf Achse", an die sich nur die älteren Leser noch erinnern dürften, seien längst die „Sklaven der Wirtschaft" geworden, auf deren Rücken der Kosten- und Zeitdruck ausgeübt werden würde.

So würden immer mehr Lasten und fremde Aufgaben (wie z. B. das Entladen des Fahrzeugs) auf den Schultern der Fahrer abgeladen, ohne dass sich diese hiergegen wehren könnten, zumal sie damit die Auftragsvergabe an ihre Spedition und somit letztlich ihren eigenen Arbeitsplatz gefährden würden.

Eine wenig rühmliche Rolle in dieser Hinsicht würde dabei auch der eine oder andere bekannte Lebensmittel-Discounter spielen. Trotzdem sei er zufrieden mit seinem persönlichen Weg, da er auf ein erfülltes, spannendes und abwechslungsreiches Berufsleben zurückblicken könne.

Ja, rückblickend sei er froh, immer wieder auf sein Bauchgefühl gehört zu haben, weil es ihm Optionen geschaffen und letztlich Türen geöffnet hätte, die er verstandesgemäß nicht im Blickfeld hatte und die sich allesamt als glückliche Fügung herausgestellt hätten.

Persönliche Anmerkungen:

Im Gegensatz zu vielen anderen, "typischen" Gewerkschafts-funktionären, die eher eine sozialpolitische denn fachliche Herkunft haben und vorrangig eigene karrieregetriebene Ziele verfolgen, hat Willy eine absolut authentische Ausstrahlung, eine natürliche Art.

Er weiß, wovon die Kollegen sprechen, wenn sie - oft mit viel Angst, als illoyaler Verräter dazustehen und ggf. sogar ihren Job zu verlieren - ihm von ihren persönlichen und firmeninternen Problemen berichten. Er versteht es, ihnen das sichere Gefühl zu vermitteln, sich darauf verlassen zu können, dass er alles Menschenmögliche unternehmen wird, um ihnen ganz allgemein, vor allem aber in der konkreten Situation zu helfen.

Dieses authentische Engagement spüren die Kollegen, und das ist der wesentliche Grund dafür, dass sie ihm bei den Wahlen immer wieder das Vertrauen aussprechen und „seine" Gewerkschaft - als eine der ganz wenigen in Deutschland - immer noch wächst.

Lieber Willy, vielen Dank für Deine ganz persönliche, sehr bewegende Geschichte, Deine offene Art und die Aufrichtigkeit, mit der Du mir auch von den Schattenseiten Deines Berufslebens berichtet hast.

Ich wünsche Dir vor allem weiterhin viel Erfolg im harten Kampf für die Interessen der Kollegen in einer Branche, die eine solidarische Unterstützung besonders nötig hat, nicht zuletzt, um endlich die gesellschaftliche Anerkennung zu erfahren, die sie sich mehr als verdient hat.

Teil III

Der Weg zum eigenen Bauchgefühl

Kapitel 23 - Vorbemerkungen

Gestatten Sie mir, dass ich einige Bemerkungen persönlicher Art loswerden möchte, bevor wir dann in die Materie zur „Erkundung" des eigenen Bauchgefühls einsteigen. Sie konnten dem Kapitel 2 (Meine eigene Geschichte oder „...wie es zu diesem Buch kam...") und der Kurzbeschreibung meiner Biografie entnehmen, dass ich einen kaufmännischen Background und somit weder diplomierter Psychologe noch „Berufsberater" mit einer umfangreichen Erfahrung auf diesem Sektor bin. Eigentlich dürfte ich mich - mangels nachgewiesener Qualifikation - somit gar nicht zu den Methoden, die Sie anschließend kennenlernen werden, äußern, zumal mir die wissenschaftlich abgesicherten Beweise für die Richtigkeit des Verfahrens fehlen.

Es ist in Deutschland (leider) immer noch so, dass Zertifikate, Diplome und akademischen Titel in der Gesellschaft einen höheren Stellenwert genießen und scheinbar glaubhafter sind als praktische Lebenserfahrung.

Ja, es ist - wie eben schon ausgeführt - richtig, dass ich den wissenschaftlichen Hintergrund zum „... *Wenn ich könnte, wie ich wollte, würde ich-Experiment* ..." nicht belegen kann. Ich habe aber mit dieser Vorgehensweise unter Anleitung meiner wirklich fachkundigen Therapeutin sehr positive Erfahrungen sammeln können und richtungsweisende Erkenntnisse für mich gewonnen. So wäre auch dieses Buch nicht erschienen, wenn ich nicht im Zuge dieses Experimentes entsprechende Impulse in dieser Richtung bekommen hätte.

Es obliegt Ihnen also, für sich selbst zu entscheiden, ob Sie mir an der Stelle ein Stück weit vertrauen und den aufgezeigten Weg selber gehen oder aber das Ganze mit einem „... dem glaube ich nicht, der ist ja nicht vom Fach ..." zur Seite schieben. Verdenken könnte ich es Ihnen nicht.

Es ist weiter richtig, dass ich auch kein zertifizierter Berufsberater bin. Ich kann Ihnen aber versichern, dass ich im Zuge meines beruflichen Lebens mehrfach auf beiden Seiten des Tisches bei Bewerbungsgesprächen gesessen habe und die Sichtweise beider Parteien aus persönlicher Anschauung gut kenne. Zudem gebe ich Ihnen in den folgenden „Arbeitskapiteln" (ja, in den nun folgenden Kapiteln übernehmen Sie den aktiven und handelnden Part) auch keine Empfehlungen für die Ausübung eines bestimmten Berufes (das könnte ich auch gar nicht, weil ich Sie ja nicht kenne), sondern ein Hilfsmittel an die Hand, mithilfe dessen Sie für sich selbst Hinweise erlangen können, in welchen Feldern geeignete berufliche Optionen für Sie liegen könnten.

Schluss jetzt mit den Vorreden. Lassen Sie uns mit dem Experiment „... *Wenn ich könnte, wie ich wollte, würde ich ...*" beginnen.

Kapitel 24 - „... Wenn ich könnte, wie ich wollte, würde ich ...“

a) „Bedienungsanleitung“

Ohne Sie bevormunden zu wollen, rate ich Ihnen, diesen Part des Buches nicht in angespannten oder unruhigen Situationen wie z. B. in der S-Bahn auf dem Wege von der Arbeit bzw. wie einen Thriller am Stück zu lesen. Hintergrund hierfür ist die Notwendigkeit absoluter Ruhe und uneingeschränkter Konzentration, um wirklich zu authentischen Ergebnissen für sich selbst zu kommen. Nur so können Sie sich selbst Ihrer persönlichen Visionen und Leitmotive bewusst werden und mehr über sich selbst erfahren.

Sie werden mithilfe der vorgeschlagenen Methoden, mehrere Wochen für die „Gipfelerstürmung“ benötigen, zumal es „Meilensteine“ auf diesem Wege gibt, an denen Sie das Buch zur Seite legen und sich wieder anderen Dingen des täglichen Lebens widmen sollen.

Idealerweise lesen, bearbeiten und reflektieren Sie diesen interaktiven Part des Buches in <u>völliger Ruhe allein an einem neutralen Ort</u>. Dieser bewusste Ort sollte nicht mit - für Sie persönlich - emotionalen Assoziationen sowohl positiver, als auch negativer Art verbunden sein. Es bestünde sonst die Gefahr, dass Sie zu verfälschten Ergebnissen kommen könnten. In der Konsequenz bedeutet das auch, dass Sie diesen Part nicht daheim auf dem Sofa bewältigen sollten.

Nehmen Sie sich für dieses „Studium“ maximal 45 Minuten am Stück Zeit, weil ansonsten die Konzentration nachlässt und die „Ablenkungen“ die Oberhand gewinnen würden.

Gönnen Sie sich ggf. durchaus Ruhephasen von mehreren Tagen, wenn Sie spüren, dass Sie die erforderliche entspannte Grundhaltung, aufgrund welcher Einflüsse auch immer, in der konkreten Situation nicht aufbringen können.

Fangen Sie im Sinne des Tenors dieses Buches schon jetzt an, Ihren Bauch und nicht Ihren Verstand, Ihren Outlook-Kalender oder gar die TV-Programmzeitschrift zu „fragen". Es gibt an dieser Stelle kein geplantes Projektende, sondern nur Ihre absolut einzigartige Persönlichkeit sowie Ihr Gefühl, Ihr ganz individuelles Wohlbefinden und Ihr Bauchgefühl, was die Geschwindigkeit, den Zeitpunkt und die Art Ihres ganz persönlichen Vorgehens angeht.

Ohne mich wiederholen oder Ihnen gar Vorschriften machen zu wollen, unter dem Punkt „Bei völliger Ruhe allein an einem neutralen Ort" verstehe ich auch den kurzweiligen und vollständigen Verzicht auf die „modernen Kommunikationsmittel"…

b) „Einkaufsliste"

Besorgen Sie sich ein gebundenes Buch (keine Ring- oder Spiralbindung), das lediglich aus leeren, nicht linierten oder karierten Seiten besteht und dessen Einband „etwas hergibt", wobei es natürlich nicht unbedingt Leder sein muss. Das Format sollte größer sein als DIN A5 sein, muss aber auch nicht die A4-Größe erreichen. Im Handel haben diese persönlichen, höherwertigeren „Notizbücher" oft ein Format von ca. 19 x 25 cm, es gibt inzwischen sogar solche, die ein Motto wie „Live your dreams, follow your heart etc." schon auf dem Cover tragen.

Wichtig ist dabei, dass es sich um eine gebundene Ausgabe handelt, aus der Sie sich nicht „trauen", Seiten herauszureißen, weil es zum einen überaus hässliche Narben hinterlässt und es sich zudem auch aus Respekt vor der Kunst des Buchbinders quasi verbietet.

Hintergrund ist schlichtweg die Tatsache, dass Sie die später von Ihnen vorzunehmenden Einträge nur voll konzentriert und wohlüberlegt vornehmen werden, zumal Ihnen in diesem ansehnlichen Werk selbst schon Streichungen wehtun würden.

Darüber hinaus besorgen Sie sich für die weitere „Arbeit" im Zuge der Findung Ihrer Visionen und Motive einen Füllfederhalter. Bestellen Sie diesen nicht einfach online, sondern probieren Sie ihn mit einer Schriftprobe im Geschäft persönlich aus.

Sie werden feststellen, dass Ihre Hand völlig unterschiedlich auf die verschiedenen Formen der Feder und die Größen und Gewichte der Füllfederhalter reagiert. Testen Sie es ausführlich aus, bevor Sie sich entscheiden. Gehen Sie auch nicht den einfachen Weg und „leihen" sich einfach den „Füller" aus der Federtasche Ihrer Kinder. Es wäre fatal, wenn sich Ihre Hand aufgrund einer für Sie falschen Feder verkrampfen würde. Auch hier ist der Grund für die Auswahl der höherwertigeren Variante (anstelle des Werbekulis) ein ähnlicher wie bei der Auswahl des Mediums, dem Sie Ihre Wunschvorstellungen anvertrauen.

Unbewusst werden Sie sich mit dieser „Ausstattung" nämlich spürbar besser auf die Inhalte konzentrieren, die Sie an dieser Stelle niederschreiben. Sie werden - glauben Sie es mir - schon aus Respekt vor der handwerklichen Kunst, die hinter der Fertigung der Feder steckt, keinen unüberlegten „Mist" schreiben, nicht zuletzt auch deshalb, weil Sie feststellen werden, wie schnell eine Tintenpatrone bzw. noch besser die - selbst aus dem Tintenfass aufgenommene - Tinte verbraucht ist (während der Werbekuli in der Regel nicht einmal das Ende seiner „Paste" erlebt). Sie können das mit dem handgeschriebenen, persönlichen Brief, in den Sie auch mehr „Hirnschmalz" investieren als in die schnell gefertigte E-Mail, vergleichen.

c) „Seelenbefreiung"

Sprechen Sie unbedingt mit Ihrem Partner über Ihren Entschluss, mit diesem mehrteiligen Experiment mehr über sich selbst erfahren zu wollen. Bereiten Sie ihn darauf vor, dass Sie hierfür in Zeitabständen ggf. längere Spaziergänge allein unternehmen müssen, die bewusste Kladde führen werden, die selbst gewonnenen Erkenntnisse aber erst nach Abschluss der Übung in ein paar Wochen würden offenlegen können und der allein zu bewältigende Weg nichts mit Misstrauen, Geheimnistuerei oder dergleichen zu tun hätte.

Schaufeln Sie sich frei von seelischen Belastungen, Konflikten, unausgesprochenen Problemen, die Sie schon lange mit sich herumtragen, die Sie vielleicht sogar nachts im Schlaf beschäftigen. Wie Sie das anstellen können, verrate ich Ihnen gleich.

Schreiben Sie sich den Ballast von der Seele. Das originäre Problem lösen Sie damit nicht, Sie werden aber künftig anders damit umgehen und es wird Sie im Unterbewusstsein nicht weiter derart belasten wie bisher. Ja, Sie haben richtig gelesen, Sie sollen sich den Groll von der Seele schreiben. Sie werden einen bis max. vier handgeschriebene Briefe (nein, nicht in Ihrer Kladde, sondern auf klassischen Briefbögen) verfassen. Keine Sorge, Sie werden diese niemals abschicken, nichtsdestotrotz sollten Sie so viel Kraft und Esprit in dieses Vorhaben stecken, als würde der Brief den bzw. die Empfänger tatsächlich erreichen. Sie hätten Ihren verstorbenen Eltern gern noch in den letzten Stunden etwas sagen wollen, haben diese Chance aber verpasst? Sie haben Streit mit einem ihrer Geschwister, Ihrem Nachbarn oder Arbeitskollegen und Ihr Stolz lässt es nicht zu, jetzt den ersten Schritt wieder auf ihn oder sie zuzugehen?

Dann haben Sie zumindest für sich selbst die Chance, diese permanente innere Unruhe an diesen „Baustellen" abzulegen, indem Sie den betroffenen Personen handschriftlich (das zeugt von besonderem Respekt gegenüber dem Adressaten) einen sehr persönlichen Brief mit deutlich spürbarer positiver Grundstimmung schreiben.

Beginnen Sie unbedingt mit Aussagen darüber, was Sie am Adressaten besonders schätzen, bevor Sie positiv formuliert den „Knackpunkt" aus Ihrer Sicht vortragen. Gleichzeitig bauen Sie Ihrem Gegenüber auch „Brücken", die es ihm ermöglichen, ohne Gesichtsverlust mittels eines Kompromisses auf Sie zuzugehen bzw. Ihrem friedlich vorgetragenen Vorschlag zuzustimmen. Der Brief könnte auszugsweise in etwa wie folgt aussehen:

> „... Es war falsch, das Thema, das zwischen uns steht, nicht eher aus der Welt geräumt zu haben. Denn dass du für einen vernünftig vorgetragenen Kompromiss offen bist, davon bin ich fest überzeugt. Daher möchte ich dich auf ein „Friedensbier" einladen, bei dem wir alles in Ruhe besprechen können. Ich vermisse unsere Gespräche und wünsche mir sehr, endlich wieder zu unserer normalen mitmenschlichen Kommunikation zurückzukehren ..."

Nein, das ist kein Schuldeingeständnis und nein, das ist auch kein „zu Kreuze kriechen", sondern ein überfälliger Akt der Vernunft. Der momentane Stand ist ja zudem auch der, dass Sie diesen Brief gar nicht abschicken ...

Sie stellen nach Fertigstellung des Briefes mit Sicherheit auch schon eine Veränderung an sich fest, Sie fühlen sich erleichtert und schütteln vielleicht sogar ein wenig den Kopf über sich selbst, weil Sie sich solange mit so einem verhältnismäßig unbedeutenden „Mist" beschäftigt und dabei eine Beziehung zu einem Nahestehenden nachhaltig belastet haben, oder?

Machen Sie eine Pause, zumal Sie spüren werden, dass es Kraft gekostet hat, diesen Brief zu schreiben.

Wenn Sie sich fit fühlen, können Sie gerne noch einen zweiten Brief mit dem gleichen Tenor an einen anderen Empfänger schreiben, noch mehr sollten es aber ohne eine Nacht des Überschlafens nicht sein.

Sie sind durch mit den Briefen und den Worten, die Sie schon immer loswerden wollten? Gutes Gefühl, oder? Sie lassen diese Briefe jetzt „in Rauch aufgehen". Ja, Sie haben richtig gelesen, Sie werden die mühsam geschriebenen Briefe jetzt verbrennen. Nein, nicht im Spülbecken der Küche, sondern draußen, wo der Rauch auch tatsächlich ungehindert aufsteigen kann. Sie werden im Nachgang eine noch größere Erleichterung verspüren, weil Ihnen bewusst wurde, wie nichtig doch Ihre Probleme eigentlich gewesen sind. Es gibt nicht wenige, die der festen Überzeugung sind, dass die wesentliche Aussage Ihrer Briefe das Unterbewusstsein der Adressaten tatsächlich erreichen wird. Auf jeden Fall könnten Sie jetzt deutlich entspannter einem tatsächlichen Dialog entgegensehen.

Mit dieser deutlich lockeren, unverkrampften und befreiten Seele nähern Sie sich nunmehr dem ersten echten Schritt Ihrer „*...Wenn ich könnte, wie ich wollte, würde ich...*"-Analyse.

Viel Erfolg dabei!

d) „Los geht's" - Die erste Erhebung

Wenn die in den unter a) genannten „Rahmenbedingungen" gegeben sind, Sie einen geeigneten Ort für sich identifiziert haben und die unter b) vorgeschlagene „Einkaufsliste" erledigt haben, begeben Sie sich mit Kladde, Füller und sonst nichts (<u>nicht</u> vergessen: Kein Handy, kein MP3-Player, kein Tablet) nach Möglichkeit zu Fuß dorthin, zumindest aber verbunden mit einem ausführlicheren Spaziergang. Es ist wichtig, dass Sie keine positiven oder negativen Erinnerungen an diesen Ort haben oder sonstige Assoziationen mit ihm in Verbindung bringen, weil all diese Umstände Einflüsse auf die Ergebnisse haben könnten.

Öffnen Sie jetzt Ihre jungfräuliche Kladde und versehen die Seite 3 mit der Überschrift

„… *Wenn ich könnte, wie ich wollte, würde ich* …"

Für Seite 1 können Sie sich später selbst noch einen Titel ausdenken.

Jetzt beginnt die eigentliche Stoffsammlung, völlig unsortiert, spontan und ggf. auch fernab jeglicher Vernunft, Realisierbarkeit oder Logik. Schreiben Sie wirklich alles nieder, was Ihnen zu dieser „philosophischen" Fragestellung spontan in den Sinn kommt. Anfangs werden Sie das Gefühl haben, gar nicht so schnell schreiben zu können, wie die verborgenen und auch permanent vorhandenen Wünsche aus Ihnen „heraussprudeln".

Um Ihnen eine erste Hilfestellung zu geben, habe ich nachfolgend einen kleinen Auszug aus meiner persönlichen (unsortierten) Liste aufgeführt:

- o *Italienisch lernen*
- o *Politologie studieren*
- o *Ein Jahr in Schottland leben*
- o *Einen Croupier-Lehrgang absolvieren*
- o *Den Motorrad-Führerschein erlangen*
- o *Hospitation in einer Brauerei absolvieren*
- o *Ehrenamtlich die Funktion eines Ombudsmanns für Benachteiligte ausüben*
- o *Schöffe am Amts- / Landgericht werden*
- o *Einmal einen Ferrari fahren*
- o *Ausführliche Groundhopper-Tour mit Freunden unternehmen*
- o *Privatpilotenlizenz (PPL) erlangen*
- o *Am Projekt „Seitenwechsel" teilnehmen*
- o *Hospitation als Flugbegleiter*
- o *Handelskammerprüfung nach § 34a GewO ablegen*
- o *(Diese)s Buchprojekt verwirklichen*
- o *Hospitation als Ground Operations Agent am Airport*
- o *Hospitation als Beifahrer bei einem Trucker im Fernverkehr*

Machen Sie sich keine Gedanken darüber, ob Ihre stichwortartig niedergeschriebenen Gedankengänge „spinnert", finanziell realisierbar oder altersgerecht sind. Schreiben Sie sie auch dann nieder, wenn Ihnen jetzt schon klar ist, dass sie voraussichtlich niemals umgesetzt werden können. Es geht ausschließlich darum, diese verborgenen Wünsche hervorzuholen, um dann in einem späteren Schritt hieraus Leitmotive abzuleiten.

Es können auch sehr persönliche Wünsche und Visionen wie „...Aussöhnung mit dem Bruder ..." oder „... den Mut aufzubringen, meiner Lebenspartnerin endlich den Antrag zu machen ..." sein.

Gut wäre es, wenn Sie beim Schwelgen auch einen Moment darauf verwenden würden, den Fokus auf die Zufriedenheit im Job zu legen und die Assoziationen wie „... endlich selbst das Thema interne Versetzung angehen ..." oder „... das Gespräch mit der Geschäftsleitung suchen, um endlich die ersehnte Führungsposition zu erlangen..." oder auch, „... den gedanklich schon so oft geschriebenen Kündigungsbrief tatsächlich aufzusetzen...".

Schreiben Sie alles nieder, was Ihnen in den Sinn kommt, auch wenn Ihnen einen Moment später der Verstand bereits signalisieren sollte, dass das doch alles „Quatsch und Kinderkram" sei. Der Wunsch steckt in Ihnen, er hat seine Berechtigung und vor allem ist er authentisch, sonst hätten Sie den Impuls Ihres Bauchgefühls ja nicht empfunden.

Sie haben das Gefühl, dass Ihnen nichts mehr einfällt? Gut so, seien Sie stolz darauf, es geschafft und diesen anstrengenden Prozess durchlaufen zu haben, schließen Sie die Kladde, blättern Sie nicht zurück, lesen Sie den Text nicht noch einmal, sondern schließen Sie einfach diesen Akt, ohne noch einmal darüber zu reflektieren.

Schließen Sie wirklich damit ab und grübeln Sie nicht auf dem Rückweg „... oh, schade, das habe ich vergessen, das wäre mir aber noch wichtig ...". Nein, Sie tragen es nicht nach, egal, wie groß die Verlockung, es zu tun, auch sein mag.

Nein, keine Angst, die Idee, die Sie im ersten Durchlauf vermeintlich vergessen haben, geht nicht verloren, im weiteren Verlauf Ihrer ganz persönlichen „*... Wenn ich könnte, wie ich wollte, würde ich ...*"-Analyse wird es noch einen zweiten und dritten Durchlauf geben, bei dem Sie die vergessenen Ideen platzieren können. Machen Sie sich aber auch bewusst, dass dieser Anstoß verstandesgemäß gesteuert und eben nicht aus dem Bauch heraus entwickelt wurde und somit tendenziell eher „vernünftig" denn „verborgen" ist.

Gehen Sie nach Hause, legen Sie Kladde und Füller sorgfältig weg, denken Sie nicht mehr über die Liste nach und sprechen Sie nicht über den Prozess, den Sie jetzt erstmalig durchlaufen haben, sondern leben Sie Ihr ganz normales Leben.

Lesen Sie an dieser Stelle bitte erst weiter, wenn Sie den ersten Durchlauf hinter sich gebracht haben, weil die Kenntnis über den weiteren Verlauf des Experiments die Ergebnisse des zweiten Durchlaufs beeinflussen könnten.

Der nächste Schritt, der zweite Durchlauf, folgt in zwei Wochen.

e) „Weiter geht's" - Die zweite Erhebung

Nach ca. zwei Wochen sollten Sie den zweiten Durchlauf angehen. Voraussetzung ist natürlich, dass Sie sich in einer entspannten, seelisch gelösten und körperlich stabilen Phase befinden. Das momentane Befinden ist an der Stelle wichtiger als die sklavische Einhaltung der Frist. Das Wetter passt? Prima! Suchen Sie Ihr „Werkzeug", die Kladde und den Füller (Sie wissen doch noch, wo Sie die Dinge abgelegt haben, oder?) zusammen und machen Sie sich erneut auf den Weg zu einem <u>anderen Ort</u> als beim ersten Durchlauf und zu einem weiteren Schritt auf dem Wege zu sich selbst und Ihren verborgenen Leitmotiven. Die Rahmenbedingungen sind dieselben wie im ersten Durchlauf. Wieder schreiben Sie alles nieder, was Ihnen in den Sinn kommt, ohne dieses verstandesgemäß zu hinterfragen.

Blättern Sie nicht zurück, um etwa abzugleichen, ob Sie diesen Gedanken schon einmal hatten. Tun Sie so, als würden Sie das Ganze zum ersten Mal machen. Natürlich werden viele der „bekannten", tief verborgenen Wünsche wieder ihren Niederschlag in Ihrer Liste finden, und das ist gut und richtig so. Es wird aber auch ganz neue, spontane Ideen geben, die vielleicht ihren Ursprung in neuen Gedanken oder der „Tagesform" haben. Sie sind genauso berechtigt, weil intuitiv geprägt wie die „alten" Ideen. Schreiben Sie sie alle nieder. Wenn es läuft, dann läuft es, es wird Momente geben, in denen Sie gar nicht so schnell schreiben können, wie Ihnen Ihr Bauchgefühl seine Impulse liefert.

Ansonsten gehen Sie genauso vor, wie beim ersten Durchlauf. Es sprudelt nicht mehr, Ihr Bauchgefühl hat sich „ausgepowert"? Absolut o. k.! Schließen Sie die Kladde, blättern Sie nicht zurück und schon gar nicht fangen Sie etwa an, die Erhebungsergebnisse miteinander zu vergleichen, es würde das Ergebnis, das sich nach dem dritten Durchlauf ergeben wird, verfälschen.

Wieder gehen Sie nach Hause, ohne noch einmal über den erneut durchlaufenen Prozess nachzudenken, oder sich zu ärgern, schon wieder etwas „vergessen" zu haben. Das ist nicht nur nicht schlimm, sondern sogar gewollt. Sie wollen ja Ihre intuitiven Leitmotive und nicht Ihre verstandesgemäß geprägten Antriebe ermitteln. Letztere sind Ihnen ja längst hinlänglich bekannt. Sie werden im weiteren Verlauf erkennen, dass es auch gar nicht um die jeweilige Idee als solche geht, sondern um die Ausprägung der dahinterstehen Motive (zum Beispiel Sicherheit, Wissen, Erfahrung, Anerkennung etc.).

Wie beim ersten Mal packen Sie die Gegenstände einfach wieder weg, und zwar in diesem Schritt für rund sechs Wochen, ohne dem Niedergeschriebenen nachzuhängen oder darüber zu sprechen. Bringen Sie sich nicht selbst oder Dritten gegenüber in eine Art Rechtfertigungshaltung („… *ich scheine ja ein sehr unzufriedener Mensch zu sein, dass ich so viele unerfüllte Wünsche, Sehnsüchte und Visionen mit mir herumtrage …*").

Nein, Sie sind nicht unverschämt, unzufrieden und schon gar nicht undankbar oder träumerisch, illusorisch und blauäugig. Sie vergegenwärtigen sich lediglich Ihrer intuitiven Leitmotive und das ist gut, weil dieser Schritt unumgängliche Voraussetzung dafür ist, diese auch umzusetzen und glücklich zu werden …

Vortrefflich beschrieben ist das auf der Internet-Plattform „lernologie.de", die sich mit dem Thema „Erfolgspsychologie" auseinandersetzt und im Rahmen einer Thesensammlung mit der schwergewichtigen Überschrift „Fünf Erkenntnisse, die jeder Mensch entdecken sollte, bevor er stirbt" u. a. zu folgendem Ergebnis kommt:

> Die meiste Angst haben wir davor, irgendwann im hohen Alter feststellen zu müssen, dass wir im Leben etwas verpasst haben. Im Laufe unseres Lebens bieten sich uns so viele Gelegenheiten, dieses in unsere gewünschten Bahnen zu lenken, dass wir oftmals jene Chancen versäumen, da wir etwas auf später verschieben wollen.

> Wir haben täglich die Chance, unseren Wunschpartner kennenzulernen, täglich die Chance, uns nach einer Arbeit umzusehen, die uns vielleicht mehr Spaß macht. Doch viele von uns denken, dass jetzt gerade nicht der richtige Zeitpunkt dafür ist und verschieben es auf das nächste Mal. Bedauerlich daran ist, dass wir es beim nächsten Mal wieder genauso machen und irgendwann ergraut feststellen, was wir alles verpasst haben. Schlimmer als vor dem Guten davon zu laufen, ist nur noch die Konsequenzen des Scheiterns zu ertragen!

> Offensichtlich war, dass wir am Ende nicht bereuen werden, welche Risiken wir eingegangen sind, sondern wir all jene Wagnisse bedauern werden, für welche wir nicht den Mut hatten, diese einzugehen. Gerade die verrücktesten Aktionen, egal wie peinlich sie gewesen sind und wie viel Geld sie uns auch gekostet haben, sind es, über die wir mit zunehmendem Alter lachen und sogar gerne erzählen. Es verbleibt dauerhaft eindeutig die Zufriedenheit darüber, es überhaupt versucht zu haben.

Legen Sie die Materialien also weg, denken Sie nicht mehr daran und vergessen Sie (fast), dass Sie diesen Prozess nunmehr schon zweimal erfolgreich durchlaufen haben.

Der nächste Schritt, der dritte Durchlauf, erfolgt nach einer rund sechswöchigen (wohlverdienten) Pause.

Lesen Sie an dieser Stelle bitte erst weiter, wenn Sie auch den zweiten Durchlauf hinter sich gebracht haben.

f) „Auf der Zielgeraden" - Die dritte und letzte Erhebung

Sechs Wochen sind verstrichen, in denen Sie unser Experiment schon ganz weit zur Seite geschoben, ja sogar schon fast vergessen haben? Gut so, genau die richtige Ausgangssituation für unseren abschließenden, dritten Durchlauf. Das Vorgehen kennen Sie, Sie sind ja schon fast ein Routinier auf diesem Gebiet. Wieder begeben Sie sich an einen <u>anderen</u> Ort, kommen zu sich und machen sich an die schon vertraute „Arbeit". Wieder wird es (hoffentlich) nur so aus Ihnen heraussprudeln, wieder werden Sie es schriftlich in Ihrer ganz persönlichen Kladde festhalten und niederschreiben, ja vielleicht empfinden Sie sogar schon eine Portion Freude daran, sich auf diesem Wege selbst zu nähern.

Es kommt der Moment, in dem Sie zum dritten Male für sich zu der Erkenntnis kommen „... *ja, ich glaube, das war es* ...". Klappen Sie die Kladde zu, ohne zurückzublättern oder das Erarbeitete noch einmal zu lesen. Schreiten Sie heimwärts und seien Sie stolz auf sich und Ihre Disziplin, die Erkundungsreise zu Ihren intuitiven, für den Verstand verborgenen Leitmotiven im Wesentlichen bewältigt zu haben. Freuen Sie sich auf das, was Ihnen die nächsten Schritte (nunmehr endlich) an bestimmt auch überraschenden Erkenntnissen über sich selbst noch offerieren werden. Auf diesen spannenden Schritt sollen Sie auch nicht lange warten, um sich nicht unnötig auf die Folter zu spannen. Legen Sie die Kladde noch einmal für ein paar Tage zur Seite, fahren Sie sich selbst herunter, um dann in einem Moment innerer Gelassenheit, emotionaler Ausgeglichenheit und körperlichen Wohlbefindens, den abschließenden Schritt, die Auswertung und Analyse anzugehen.

Ja, mir ist klar, dass der Drang groß ist, dieses jetzt direkt zu tun, nichtsdestotrotz sollten Sie die bewusste Frist verstreichen lassen, um wirklich - ohne jegliche Anspannung - bereit für diesen Schritt zu sein.

g) „Jetzt kommt's raus" - Die Auswertung

Sie sind bereit, das Verfahren nunmehr abzuschließen und mehr über sich und Ihre verborgenen, aber stetig in Ihnen schlummernden Motive, Visionen und Leitbilder zu erfahren? Gut so! Dann machen wir uns jetzt an die spannende Auswertung Ihrer ganz persönlichen und sehr individuellen „... *Wenn ich könnte, wie ich wollte, würde ich ...*"-Motive.

Das Ganze ist ein mehrstufiges Verfahren, das schon etwas Zeit in Anspruch nehmen wird (jedenfalls mehr als jeder der Durchläufe im Zuge der dreimaligen Erhebung), aber das ist es Ihnen doch wert, nach all der Vorarbeit, oder? Im Weiteren steht jetzt auch wieder der Verstand, die Ratio im Vordergrund, um die richtigen Rückschlüsse aus dem zu ziehen, was Sie intuitiv zuvor niedergeschrieben haben.

Jetzt geht es also endlich an die Auswertung. Öffnen Sie die Kladde und blättern Sie erstmals wieder zurück bis zur Niederschrift der ersten von Ihnen durchgeführten intuitiven Erhebung Ihrer unbewussten Leitmotive. Legen Sie eine Strichliste mit all den im Laufe der drei Erhebungen niedergeschriebenen Ideen an, ähnliche bzw. sinnverwandte Einträge können Sie natürlich zusammen-fassen und mit einem zweiten „Strich" versehen. Es wird vermutlich eine Reihe von Dreifachnennungen (bei allen drei Erhebungen hat Ihnen Ihr Bauchgefühl nachhaltig diesen Wunsch signalisiert), vermutlich aber auch einen Schwung von Doppelnennungen, das können solche sein, die Ihnen am Ende entfallen sind (vielleicht sind sie dann doch nicht so dominant?) oder gewachsene Ideen, die sie erst mit Abschluss des ersten Durchgangs „freigeschaufelt" haben.

Im ersten Schritt streichen Sie alle Wünsche, Ideen, Visionen und Motive, die bei den drei durchgeführten Erhebungen nur einmal von Ihnen benannt worden sind. Sie mögen Ihnen verstandesgemäß, strategisch oder materiell wichtig erscheinen, Ihr Unterbewusstsein hat aber offenkundig eine andere Sichtweise auf dieses „Thema" gehabt.

Sie sollen diese „herausgefallenen" Ziele ja auch nicht gänzlich und für immer aus dem Auge verlieren, aber halt für die Phase der Auswertung zur Seite legen.

Sie haben jetzt also eine Liste von unterschiedlichsten Ideen, die Ihnen mindestens zweimal in den Sinn gekommen sind, als Sie im Zuge der drei Erhebungen mit dem Tenor *„… Wenn ich könnte, wie ich wollte, würde ich …"* in Abgeschiedenheit und frei von Ablenkungen jeglicher Art in sich hineingehört haben. Die Liste ist noch völlig unstrukturiert, es mischen sich Wünsche mit der Zielrichtung etwas zu lernen (z. B. eine neue Fremdsprache oder ein Handwerk) mit solchen, bei denen eher das Abenteuer oder der Nervenkitzel im Vordergrund stehen (z. B. „Taxifahrt" in einem DTM-Tourenwagen auf dem Nürburgring oder ein Fallschirm-Tandemsprung) bzw. mit jenen, die eher eine soziale Prägung haben (z. B. das Bedürfnis, ehrenamtlich in einer Einrichtung, wie der örtlichen Tafel zu arbeiten).

Im nächsten Schritt werden wir jetzt etwas Struktur in diese Liste bringen, indem wir die Einträge im vorgenannten Sinne sortieren, auf neuhochdeutsch „clustern" genannt. Viel mehr als rund fünf „Themenblöcke (Cluster)" sollten sich nicht ergeben, das Ganze soll ja eine echte Zusammenfassung und Komprimierung darstellen.

Bei mir waren es letztlich folgende Cluster:

- *Wissen*
- *Erfahrung*
- *Spaß / Abenteuer*
- *Anerkennung*
- *Selbstfindung*

Lassen Sie sich von dieser Aufzählung keinesfalls verunsichern, diese muss sich keinesfalls mit Ihrer ganz individuellen Gliederung Ihrer „Themenblöcke" decken.

Wichtig ist es an dieser Stelle für sich selbst zu erkennen, dass Sie eine Vielzahl von Wünschen haben, die alle auf ein und dasselbe Leitmotiv, z. B. etwas zu lernen, etwas zu beherrschen oder Ängste zu überwinden, zurückzuführen sind. Basteln Sie ruhig daran und verschieben Sie einzelne Einträge vielleicht sogar mehrfach, wenn Sie meinen, dass sie doch eher zu einer anderen Gruppe gehören. Natürlich können Sie auch noch neue Themenblöcke bilden (aber gehen Sie bitte „sparsam" mit dieser Option um), wenn Ihnen gar keine passende Zuordnung in Ihrer Gruppenstruktur einfällt. Wenn Sie mit der Clusterung abschließend zufrieden sind, haben Sie schon den größten Teil der Arbeit geleistet. Egal letztlich, wie Sie die Gruppen gebildet haben, Sie werden höchstwahrscheinlich feststellen, dass das Schwergewicht der Einträge ganz eindeutig in einer bzw. max. zwei Gruppen liegt, richtig, oder?

Wenn Sie mögen, können Sie jetzt die Einträge in jeder von Ihnen gebildeten Gruppen priorisieren, d. h. in eine Reihenfolge nach Wichtigkeit, Dringlichkeit oder auch der Stärke der Ihnen innewohnenden Sehnsucht bringen. Gar nicht so einfach, oder?

Bei hat die Clusterung und Priorisierung zusammengefasst folgendes Bild ergeben:

Cluster „Wissen"	Cluster „Erfahrung"	Cluster „Anerkennung"
1. HK-Prüfung § 34a GewO ablegen	1. Zeit in Schottland leben	1. Ombudsmann
2. Italienisch lernen	2. Croupier-Lehrgang	2. Schöffe
3. Politologie studieren	3. Hospitation im Brauwesen	
	4. Hospitation Ground Operations Agent Airport	

Cluster "Spaß / Abenteuer"	Cluster "Selbstfindung"
1. Groundhopper-Tour	1. Buchprojekt abschließen
2. Beifahrer Trucker	2. Projekt Seitenwechsel
3. Motorrad-Führerschein	3. Hospitation Streetworker
4. PPL Erlangen	
5. Hospitation Flugbegleiter	
6. Ferrari fahren	

In meinem Fall ist deutlich zu erkennen, dass die Leitmotive „Erfahrungen sammeln" und „Spaß haben bzw. alte Träume verwirklichen" klar im Vordergrund stehen, auch wenn man an der einen oder anderen Stelle über die konkrete Zuordnung einzelner Wünsche natürlich diskutieren könnte.

Diese Ausprägung ist nicht verwunderlich, da ich ja zum einen das Arbeitsleben - wenn auch noch in halbwegs jungen Jahren - bereits hinter mich gebracht habe und zum anderen ja auch ganz grundsätzlich von dem Motiv „Lebe Deine Träume" bzw. „Lebe heute" geprägt bin.

Ihre Clusterung und Priorisierung dürfte vermutlich völlig anders aussehen, und das ist gut so ...

Sie werden sicherlich erstaunt, vielleicht sogar empört, aufgeregt oder ratlos und niedergeschlagen angesichts der Erkenntnisse über Ihre Leitmotive sein und vermutlich über das Verfahren schimpfen, „... *Haha, so ein Quatsch, nicht im Entferntesten bin ich der, den das Ergebnis der Analyse hier zeichnet* ...". Sind Sie sich dessen so sicher, wirklich ganz anders "gepolt" zu sein? Es gibt keinen Grund verunsichert oder aufgewühlt zu sein. Es gibt ja nicht das „Siegerbild", dem man, etwaigen gesellschaftlichen Konventionen folgend, entsprechen sollte. Es gibt keine Gewinnertypen, die richtig „gesteuert" sind und keine Loser mit den „falschen" Leitmotiven. Vielmehr erkennen wir unterschiedliche, gleichberechtigte Individuen mit ihren ganz persönlichen Lebenserfahrungen und Sichtweisen. Es handelt sich nicht um einen „Wettbewerb", bei dem man gewinnt oder verliert, sondern um einen Spiegel, der jedem einzelnen die Möglichkeit einräumt, mehr über sich selbst zu erfahren.

Jetzt wäre es übrigens an der Zeit, auch Ihren Partner oder einen Menschen, der Sie besonders gut kennt, einzubinden und ihm das Ergebnis, die Vorgehensweise und vielleicht auch einzelne Einträge aus der Liste zu präsentieren, um seine wertfreie Einschätzung zu hören, nachdem Sie ja selbst so skeptisch ob der Ergebnisse waren („... *das bin niemals ich, ich weiß ja wohl, wie ich ticke* ..."). Fragen Sie ihn aber vorab, ob sie/er nicht vielleicht selbst das Verfahren durchlaufen wolle, weil eine Präsentation Ihrer Ergebnisse massiven Einfluss auf den Verlauf des Experimentes dieser Person hätte.

Gehen Sie mal davon aus, dass diese Person ein großes Interesse an den Ergebnissen Ihrer Erhebungen hat, zumal Sie sich ja nunmehr rd. zwei Monate geheimnisvoll im „stillen Kämmerlein" damit beschäftigt haben, ohne sich auch nur ansatzweise offenbart zu haben.

Zu Ihrem großen Erstaunen wird Ihnen diese Person, wenn sie Sie denn wirklich gut kennt, vielleicht sogar spontan schelmisch grinsend sagen, dass Sie sich die Mühe dieser Prozedur nicht hätten unterziehen, sondern nur hätten fragen müssen. Es ist relativ wahrscheinlich, dass Sie von dieser Person eine nahezu identische persönliche Einschätzung Ihrer Wesenszüge bekommen (so ist es mir jedenfalls ergangen). Erstaunlich? Nur für Sie, es ist völlig normal, dass das Selbst- und das Fremdbild (zum Teil sogar erheblich) auseinanderliegen. Es ist aber absolut zielführend, sich dieser scheinbar widersprechenden Skizzen der Eigen- und Fremdeinschätzung bewusst zu werden. Der „Marsch" durch das Verfahren war dennoch nicht umsonst, denn ohne den Anknüpfungspunkt, der gemeinsamen Betrachtung Ihrer individuellen Auswertung, wäre es zu dem offenen Gespräch über die Eigen- und Fremdeinschätzung Ihres Wesens vermutlich nie gekommen.

h) „Erkenntnisse" – Das Fazit

Sie haben das Ergebnis inzwischen verdaut? Gut so! Machen Sie sich klar, dass Sie, egal zu welchen Ergebnissen Sie auch gekommen sind, kein schlechtes oder falsches Bild abgegeben haben. Sie wissen jetzt mehr über sich. Nehmen Sie diese Botschaft an. Sie helfen sich dabei, sich selbst besser einschätzen zu können. Sie werden lernen, vorausschauend zu erkennen, wie Sie in bestimmen Situationen reagieren würden, um ggf. daran zu arbeiten oder aber eben genau so mit Ihrer Persönlichkeit authentisch zu handeln.

i)   Die Ausweitung des Experiments

Abschließend oder auch völlig losgelöst vom „… *Wenn ich könnte, wie ich wollte, würde ich …*"-Experiment können Sie sich in einer Art Brainstorming (Ideenfindung) auch Gedanken über die Umstände machen, die für Sie essenziell wären, damit Sie Ihre berufliche Tätigkeit als Erfüllung ansehen würden.

Ziel ist es, eine Anzahl an Attributen spontan zu erarbeiten, die Sie für sich mit der Vision „Erfüllung" im Berufsleben in Verbindung bringen. Von besonderem Interesse ist dabei die Reihenfolge, in der Ihnen diese Attribute einfallen. Schreiben Sie diese direkt ungefiltert in Ihrer Kladde nieder und sprechen Sie anschließend mit Ihrer Partnerin bzw. Ihrem Partner darüber. Von dieser Seite kommen bestimmt noch weitere „Motive", von denen Sie - aus Sicht des Anderen - bei Ihrer beruflichen Tätigkeit geprägt sind.

Erkennen Sie ein Schwergewicht der Attribute in eine Richtung (Bestätigung, Anerkennung, Erfolg oder eher Spaß, Kollegialität und Gerechtigkeit) und stehen diese Attribute auch tendenziell eher weiter vorn in Ihrer spontanen Erhebung? Nochmals der Hinweis: Es gibt keine Musterlösung, mit der Sie Ihre Motive vergleichen müssten, es gibt kein „richtig" und kein „falsch", alles dient lediglich vorrangig dazu, mehr über sich selbst und die Leitmotive in Ihrem Unterbewusstsein zu erfahren.

Die so gesammelten Attribute (von Ihnen selbst bzw. die ggf. vom Partner ergänzten) bringen Sie nun in einen Satz ein, den Sie handschriftlich in „Schönschrift" auf ein festeres Papier, z. B. eine Karteikarte im Format DIN A7 (10,5 x 7,4 cm) schreiben. Er beginnt (immer) mit

„… Erfüllung bedeutet für mich …"

Bei mir - keinesfalls bindend für Sie - ergab sich folgender Satz:

> *„… Erfüllung bedeutet für mich einen herausfordernden, bestätigenden, wichtigen, ernährenden, bestimmenden, anstrengenden, anerkannten, lukrativen und erfolgreichen Beruf auszuüben …".*

Diese Karteikarte (natürlich mit Ihrem ganz persönlichen und selbst entwickeltem Leitsatz) hängen Sie zu Hause an einem Ort auf, den Sie mehrfach am Tag aufsuchen (Badezimmer-Spiegel, Kühlschranktür, Nachttisch) und lesen sich den Text immer wieder <u>sprechend</u> selbst vor, wann immer Sie sich an diesem bewussten Ort aufhalten.

Nach drei Wochen können Sie das Kärtchen wieder entfernen. Ihr Unterbewusstsein hat die dahinterstehenden Leitmotive gespeichert (die Wissenschaft spricht an dieser Stelle von Selbstsuggestion oder auch Affirmation) und wird - ohne dass Sie sich dessen bewusst werden - Ihr künftiges Handeln daran ausrichten.

Wenn Sie mögen, können sie dieses Experiment mit den Themen „Ehe/Partnerschaft", „Haus/Wohnung", „Beziehung zur Familie", „Beziehung zu Freunden", „Beziehung zum eigenen Körper", „Wissen/Intellekt", „Glaube" und „Freizeit" wiederholen.

Nachdem Sie - zumindest - mit dem Part „Beruf/Berufung" durch sind, wird Ihr Handeln zwar durch Ihr Unterbewusstsein zielgerichteter sein, Erfolge stellen sich nichtsdestotrotz eben leider doch nicht von allein ein. Um sich schon schnell an kleinen Schritten in die richtige Richtung zu erfreuen, sollten Sie sich in einem weiteren Brainstorming Gedanken zur folgenden Fragestellung machen:

„... Fünf Dinge, die ich <u>sofort</u> für meinen Beruf bzw. meine Berufung tun könnte ..."

Für mich bin ich an dieser Stelle (auch das ist natürlich keine Vorgabe für Sie) zu folgender „To do-Liste" gekommen:

- *Recherchen vorantreiben*
- *Lebenslauf / CV aktualisieren*
- *Aktualisierte Bewerbungsunterlagen aufbereiten*
- *Liste der Kontakte „durchwühlen"*
- *Initiativbewerbungen lostreten*

Auch dieses Kärtchen hängen Sie sich an den bewussten Ort, nicht um es sich selbst zu suggerieren, sondern um schlichtweg stetig daran erinnert zu werden, dass es da noch „offene Posten" gibt, die Sie nicht auf Dauer zur Seite schieben sollten.

Auch an dieser Stelle können Sie das Thema „... Fünf Dinge ..." wie auch schon beim Brainstorming zum Komplex „... Erfüllung bedeutet für mich ..." für die Lebensbereiche Ehe, Familie, Freunde, Heim etc. in analoger Weise wiederholen.

Viel Spaß und Erfolg dabei!

Kapitel 25 - Die „Tapete"

Die Überschrift hat Ihnen jetzt vielleicht ein leichtes Stirnrunzeln beschert, weil Sie sich natürlich fragen, was denn bitteschön eine Tapete mit unserem Thema, der intuitiven Berufswahl, zu tun haben könnte. Die Aufklärung folgt zeitnah, versprochen.

Ich hatte ja diese Methode zur Findung der eigenen Stärken und Neigungen sowohl in der Botschaft an die Eltern, als auch in der an die Jugendlichen, am Anfang des Buches avisiert, um Sie bei der Klärung der Frage, welche berufliche Orientierung denn Ihrem „Profil" am ehesten entsprechen könnte, zu unterstützen.

Es ergeht an dieser Stelle von meiner Seite die Empfehlung, dieses Experiment (auf neuhochdeutsch wird ein solches Vorgehen gern „Potenzialanalyse" genannt, auch wenn diese natürlich noch deutlich komplexer, vor allem aber unendlich viel teurer ist als unsere eher spielerische Erforschung Ihrer Stärken) gemeinschaftlich durchzu-führen, weil die Eigen- und Fremdeinschätzung dessen, was die herausragenden Stärken, Sehnsüchte und Präferenzen des Probanden angehen, oft diametral auseinandergehen. Insbesondere Jugendliche neigen mitunter dazu, sich die eigenen Stärken nicht einzugestehen und sich tendenziell schwächer zu sehen, als dieses objektiv der Fall ist. Ja, das erstaunt ein wenig, steht doch diese Erkenntnis scheinbar im Widerspruch zum gelegentlich leicht übertrie-ben selbstbewussten Auftreten in der Öffentlichkeit.

Doch nun endlich zur Aufklärung, was es denn nun mit der Tapete auf sich hat. Ja, für dieses Experiment brauchen wir tatsächlich ein Stück Tapete (keine Raufaser- oder Strukturtapete, bei denen die Rückseite nicht glatt ist), das Design ist völlig unerheblich, wir nutzen nur die Rückseite.

Besorgen Sie sich irgendwo einen Rest, kaufen Sie dafür keinesfalls extra eine ganze Rolle. Genauso gut geht es auch mit der Rückseite eines Veranstaltungs-, Kino- oder Wahlplakates, das Sie vielleicht „abstauben" können, wenn es im Glaskasten Ihrer Bushaltestelle getauscht wird. Anzustreben ist ein Format, das in etwa die Größe von DIN A1 oder DIN A2 (59,4 x 84,1 cm bzw. 42,0 x 59,4 cm) aufweist. Als weiteres Material benötigen wir ein einen Schwung „Post-it-Klebezettel".

Bevor wir jetzt mit unserem Vorhaben beginnen, betone ich an dieser Stelle - wie auch schon unter den Vorbemerkungen - dass ich den wissenschaftlichen Hintergrund nicht belegen und auch nicht den Urheber benennen kann, weil ich ja weder ein diplomierter Psychologe noch ein geprüfter Berufsberater bin. Ich habe mit Hilfestellung einer Therapeutin in einem „Selbstversuch" mit dieser Methode sehr gute Erfahrungen für mich gesammelt.

Doch nun soll es - nach langer Vorrede - endlich losgehen:

In der Mitte malen Sie drei Kreise, die sich überschneiden, wobei die Schnittmenge (zumindest die Eltern werden sich jetzt nebulös an das ungeliebte Kapitel der Mengenlehre erinnern) max. ein Drittel der Gesamtfläche jedes Kreises entsprechen sollte. Die Schnittmenge ist dabei so zu wählen, dass es im Zentrum eine Teilfläche gibt, die Bestandteil jedes der drei Kreise ist. Nehmen Sie dafür einen (runden) Frühstücksteller, dann haben die Kreise auch die richtige Größe.

Oben drüber setzen Sie die Überschrift „Meine Stärken!". Die Kreise beschriften Sie mit folgenden Überschriften:

1. Kreis: „Was ich gut kann"

2. Kreis: „Was mir Spaß macht"

3. Kreis: „Was ich sinnvoll finde" oder „Was mir wichtig ist"

Nach all diesen Vorbereitungen beginnt jetzt die eigentliche Arbeit. Im ersten Schritt veranstalten wir ein sogenanntes „Brainstorming", das Sie - so meine Empfehlung - nicht allein durchführen sollten. Außerhalb der Kreise schreiben Sie jetzt spontan - wirklich aus dem Bauch heraus - alles unstrukturiert nieder, was Ihnen zu den drei Themen in den Kreisen direkt einfällt, ohne groß über die Sinnhaftigkeit nachzudenken und auch ohne auf Prüfung dahingehend, ob die bewusste, scheinbar alberne Idee überhaupt einen beruflichen Bezug haben könnte. Lassen Sie sich ruhig Zeit dafür, legen Sie die Tapete auch gern noch einmal zur Seite, wenn Ihnen nichts mehr einfällt, gehen Sie eine Runde spazieren und setzen Sie sich danach noch einmal einen Moment an Ihr Werk.

Fertig? Gut so! Der Hauptteil der (bisher intuitiv gesteuerten) Arbeit ist vollbracht. Jetzt geht es an die Zuordnung. Übertragen Sie jeden der gesammelten Einträge auf jeweils einen der zuvor zitierten Post-it-Sticker und platzieren Sie die Sticker in einem ersten Durchlauf ganz grob einem der Kreise (Schwerpunkt Können / Schwerpunkt Spaß / Schwerpunkt Wichtigkeit) zu, indem Sie den Sticker in dem am ehesten zutreffenden Kreis „anpappen", ohne - in dieser Phase - dabei schon die Schnittmengen zweier oder gar aller drei Kreise zu berücksichtigen. Diesen Schritt wiederholen Sie mit allen weiteren im Brainstorming gesammelten Stichpunkten, bis alle Ideen einer ersten groben Sortierung unterzogen worden sind.

Falls es hilft, hier zusammengefasst die - verkürzten - Ergebnisse aus meinem Selbstversuch, die sich natürlich diametral von Ihrem Ergebnis unterscheiden werden (Sie wollen ja ein eigenständiges „Original" bleiben und eben nicht eine „Kopie" von mir werden):

Kreis „Was ich gut kann"	Kreis „Was mir Spaß macht"	Kreis „Was mir wichtig ist"
Formulieren	Arbeiten am PC	Gerechtigkeit
Organisieren	Sportveranstaltungen besuchen	Zuverlässigkeit
Verhandeln	Reisen	Verlässlichkeit
Strukturieren	Arbeit als Fußballbetreuer	Handlungs-spielräume
Netzwerke aufbauen	Fotografieren	Professionalität

Eine erste Tendenz können Sie schon jetzt erkennen, nämlich ob Sie jemand sind, dem es auf Inhalte ankommt (der Großteil der Sticker befindet sich im Kreis *„Was mir wichtig ist"*), jemand, der vorrangig Freude bei der Arbeit sucht (der Großteil der Sticker befindet sich im Kreis *„Was mir Spaß macht"*) oder jemand der tendenziell erfolgs-orientiert denkt (der Großteil der Sticker befindet sich im Kreis *„Was ich gut kann"*). Wie gesagt: Es ist eine erste grobe Tendenz und keiner dieser vor Ihnen liegenden, richtungsweisenden Ergebnisse sollte Sie erschrecken. Es gibt hier kein ideales Ergebnis, kein richtig, kein falsch, kein „gewonnen" und schon erst recht kein „voll dane-ben"!

Sie sind, wie Sie sind, und das ist gut und richtig so!

Jetzt geht es an den zweiten Teil unserer Stärkenfindung. Sie gehen jetzt jeden einzelnen der angepappten Sticker noch einmal durch und analysieren, ob dieser neben der Zuordnung zu dem einen Kreis viel-leicht darüber hinaus noch in einen weiteren Kreis „gehört" oder ggf. sogar einen echten Bezug zu allen Kreisen hat.

Haben Sie diese Entscheidung getroffen, verschieben Sie diesen Sticker entsprechend in die Schnittfläche (jenen Teil der Kreisflächen, den die betroffenen Themenkreise gemeinsam haben) bzw. in die Mitte und somit in die Schnittfläche aller drei Kreise. Diese zentrale Fläche ist jene, die wir abschließend am stärksten betrachten werden. Dort nämlich befinden sich die Merkmale bzw. Aspekte, bei denen Sie der Überzeugung sind, dass sie Ihnen nicht nur Spaß machen, sondern Sie an dieser Stelle zudem auch über besondere oder zumindest gute Kenntnisse verfügen und Ihnen dieser Aspekt in Ihren ganz persönlichen Wertvorstellungen darüber hinaus auch besonders wichtig ist. Diesen Schritt wiederholen Sie mit allen gepappten Post-it-Stickern, die Sie gern auch noch mehrfach versetzen können, bis Sie abschließend gemeinsam der Überzeugung sind, *„…ja, das ist es, das gibt mich richtig wieder …"*.

Prima, jetzt sind Sie fast durch mit der Findung Ihrer Stärken und der Suche nach einem entsprechenden beruflichen Werdegang, der nach Möglichkeit alle Aspekte berücksichtigt, die sich im Zentrum, in der Schnittfläche aller drei Kreise befinden.

Kleben Sie die bisher ja nur anhaftenden Post-it-Sticker jetzt mit Retusche-Kleber (z. B. Marabu Fixogum) oder auch mit einem normalen Klebestift auf der „Tapete" fest. Der Vorteil des Retusche-Klebers ist der Umstand, dass Sie auch nach dem Kleben die Sticker durch einfaches Abziehen noch einmal versetzen können, ohne dass Sie Gefahr laufen, diese zu zerreißen. Wenn das Werk (das Abbild Ihrer Stärken und Visionen) nun fertig ist, hängen Sie es auf, fotografieren es (mit dem Handy, da Sie es später mitnehmen werden) und rollen es dann wieder zusammen, um es eine gewisse Zeit zur Seite zu legen (rund 14 Tage).

Nach Ablauf dieser Zeit holen Sie es erneut hervor und validieren (Überprüfung der Gültigkeit) - gern bzw. sogar vorzugsweise unter Hinzuziehung einer anderen Person als beim ersten Durchlauf - noch einmal, ob das „Bild", das dort von Ihnen bezüglich Ihrer Werte, Visionen und Wesenszüge dargestellt ist, mit diesem Zeitabstand, immer noch dem Bild, das Sie selbst von sich haben bzw. dem, das der hinzugezogene Dritte von Ihnen hat, entspricht.

Letzteres ist fast noch wichtiger, weil objektiver, zumal man tendenziell dazu neigt, sich selbst kritischer zu sehen, als man von Außenstehenden wahrgenommen wird. Insofern ist es durchaus realistisch, dass sich die Liste im Kreis „Was ich gut kann" verlängert, obwohl man sich selbst diese vermeintlichen zusätzlichen Stärken gar nicht zugetraut hat.

Kommen Sie jetzt zu der gemeinsamen Überzeugung, dass die aktualisierte Fassung sie wirklich widerspiegelt, fotografieren Sie das Werk erneut und verwahren Ihr Profil, Ihren Selbstversuch, das Ergebnis Ihrer „Potenzialanalyse light" bzw. die Visualisierung Ihrer Stärken und Visionen.

Mit dem Foto begeben Sie sich auf eine „Recherche-Tour", um anhand der Argumente, Attribute und Neigungen aus den Schnittmengen der Kreise eine Reihe möglicher passender Berufsbilder zu identifizieren. Stöbern Sie zu diesem Zweck in Stellenprofilen, Stellenausschreibungen, den Beschreibungen von Studiengängen im Internet, Fachzeitungen und den Katalogen der Berufsberatungen. Suchen Sie nach einer möglichst großen Zahl an inhaltlichen Übereinstimmungen mit Ihren Stärken, um so zu einer Auswahl möglicherweise passender Berufsbilder und/oder Studiengänge zu finden.

Haben Sie so eine kleine Liste möglicher Ausbildungs- und/oder Studiengänge herausgearbeitet, sollten Sie sich diese im nächsten Schritt genauer ansehen und auf eine „Kompatibilität" mit Ihren Vorstellungen hin untersuchen. Ich bin sicher, es stehen jetzt auch Berufsbilder auf der Liste, an die Sie vorher nicht einmal im Ansatz gedacht haben. Vielleicht finden Sie später genau in einem dieser unerwarteten Berufsbilder Ihre Berufung und Ihr Glück, was ich Ihnen von Herzen wünsche. So könnte zum Beispiel bei den drei Stickern „Sport", „Umgang mit Menschen", und „Rechnen" im Zentrum der Kreise, eine Ausbildung zum Fitness-Kaufmann eine Option sein, die Ihrem Profil in besonderer Weise gerecht wird.

Schauen Sie sich in diesem Zusammenhang auf jeden Fall auch einmal folgenden Link an

https://karrierebibel.de/berufsorientierung/#10-Berufsorientierungstests-im-Ueberblick

auf den ich im Kapitel 4 (Die Botschaft an die Jugendlichen) schon etwas näher eingegangen bin.

Die zuvor erwähnte „Verträglichkeitsuntersuchung" führen Sie vorzugsweise in Form von Praktika durch. Ja, zugegeben, das ist anstrengend und zeitaufwendig, aber es geht ja schließlich auch um die gewissenhafte Vorbereitung der wichtigsten und nachhaltigsten Entscheidung (neben der Partnerwahl), die Sie in Ihrem Leben zu treffen haben, und da ist ein solcher Aufwand doch durchaus gerechtfertigt, oder?

Sie werden erstaunt sein, dass viele Arbeitgeber und Betriebe bereit sind, ein solches Unterfangen zu unterstützen, zumal es sich ja nicht um ein schulisch vorgegebenes „Zwangspraktikum", sondern um ein solches „aus freien Stücken" handelt und Sie sich den potenziellen Praktikumsbetrieb ja nicht ausgesucht haben, weil er besonders bequem von zu Haus aus zu erreichen ist, sondern weil das dort vermittelte Berufsbild in besonderer Weise Ihren Neigungen entspricht. Nehmen Sie also das Ergebnis Ihrer Potenzialanalyse unbedingt mit zum Praktikums-Vorstellungsgespräch, weil Sie so aufzeigen können, warum Sie sich gerade in dieser Branche einen Einblick verschaffen möchten.

Die Bereitschaft des Betriebes, Ihnen die Durchführung eines Praktikums zu ermöglichen, vergrößert sich zudem ungemein, wenn Sie im ersten Gespräch eine so gute Figur abgeben, dass Sie sogar als interessanter Kandidat für einen Ausbildungsplatz in Betracht gezogen werden (ohne dass Sie sich an der Stelle schon festlegen müssen).

Tipps für eine professionelle Aufbereitung der Bewerbungsunterlagen und eine optimale Vorbereitung des Vorstellungsgespräches (von besonderer Bedeutung sind dabei „intelligente Antworten" auf die Fragen nach dem Hintergrund der Auswahl gerade dieser Branche und genau dieses Betriebes) finden Sie auf weiteren Seiten des sehr umfangreichen und fundierten Portals *karrierebibel.de*, das von vielen Experten aus den unterschiedlichsten Bereichen der beruflichen Praxis „bestückt" und stetig erweitert bzw. aktualisiert wird.

Viel Spaß, Glück und Erfolg bei der Suche und erst recht bei der Findung Ihrer ganz persönlichen Berufung!

Teil IV

Epilog

Kapitel 26 - Selbstzufriedenheit durch Horizont-erweiterung

Sie fühlen sich durch dieses Buch darin bestärkt, dass Ihnen eine Abwechslung bzw. Horizonterweiterung guttun würde, trauen sich aber nicht, den ganz großen Schritten der Protagonisten der geschilderten Lebensgeschichten zu folgen? Absolut o. k. und auch nachvollziehbar! Sie räumen sich selbst ein, dass die Liste der Dinge, die Sie eigentlich schon immer einmal erleben wollten, eigentlich zu lang ist und vor allem schon seit Langem keinen neuen „Erledigungs-vermerk" mehr erfahren hat? Dann helfen Ihnen vielleicht die nachfolgend, völlig willkürlich zusammengestellten Vorschläge, die Sie natürlich auf Ihre individuellen Verhältnisse anpassen müssten, um Ihrem Wunsch nach (temporärer) Veränderung oder zumindest einer Abwechslung Rechnung zu tragen, und der Seele mal wieder etwas Balsam zu verabreichen ...

Sie sind geschäftlich viel unterwegs, kennen bei allen großen Hotel-ketten inzwischen sogar schon die Anordnung der Käsesorten auf dem Frühstücksbüffet auswendig, essen dort tendenziell zu viel (Sie würden sich sonst ja schwarzärgern, wenn Sie die € 17,00 für das Frühstücks-büffet dort nicht „abessen" würden) und werden an der Rezeption schon mit einem „Welcome home" begrüßt? Dann werden Sie diese Begleitumstände entweder als Entspannung empfinden (weil Sie sich nach einem harten Tag voller anstrengender Besprechungen zumin-dest an der Stelle nicht mehr neu orientieren müssen) oder aber Sie erschrecken sich, weil Ihr Leben auch an dieser Stelle nur noch von Routine und unendlichen Wiederholungen geprägt zu sein scheint und kommen zu dem Schluss, dass es an der Zeit ist, über Veränderungen nachzudenken.

Um es richtig radikal zu machen (nur dann ist es ja eine echte Horizonterweiterung) geht mein Vorschlag dahin, doch einmal das große Abenteuer zu wagen und die nächste Übernachtung in einer Jugendherberge zu buchen.

Es ist, das kann ich Ihnen aus eigenem Erleben berichten, eine großartige Erfahrung, morgens zusammen mit 30 kreischenden koreanischen Kinder-Judokas an der Essensausgabe zu stehen, um die obligatorischen zwei Brötchen in Empfang zu nehmen und sich im Nachgang mit ihnen fotografieren zu lassen (weil die noch nie einen „alten" Mann in der Jugendherberge gesehen haben) und das Geschirr selbst sortiert in die Küche zurückzubringen. Inzwischen gibt es auch immer mehr Familien, die dort ganze Urlaube verbringen (mit z. T. fantastischen Angeboten für alle denkbaren Aktivitäten seitens der Herberge; ich habe z. B. in einer Jugendherberge meinen Kfz-Führerschein gemacht) und sich freuen, wenn sie abends Gesellschaft am Lagerfeuer haben. Sie müssen ja nicht die „Hardcore-Variante" mit dem Sechsbettzimmer wählen, sondern können natürlich versuchen, eines der Zweibett- oder Familienzimmer zur alleinigen Nutzung zu buchen (geht inzwischen auch schon über das Internet). Sie sollten aber bzw. müssen im Vorwege Mitglied des Deutschen Jugendherbergsverbandes (DJH) geworden seien, weil Ihnen sonst das Quartier wahrscheinlich verweigert wird (richtet sich nach der Auslastung). Mit dieser Mitgliedschaft können Sie übrigens weltweit alle Jugendherbergen nutzen. Probieren Sie es aus, Sie werden sicherlich positiv überrascht sein, weil Sie erkennen, dass die Ammenmärchen von den strengen Herbergseltern und der zwangsweisen Abschaltung des Lichts um 22.00 Uhr längst Geschichte sind. Selbst wenn Sie im Nachgang beschließen sollten, dass das nicht „ihr Ding" ist, haben Sie eine nicht alltägliche Erfahrung gemacht, über die Sie sich in diversen Runden trefflich unterhalten können.

Ja, es kann sein, dass Ihre Reisekostenabrechnung Probleme bereiten wird, weil ja dieses Quartier gar nicht auf der offiziellen Hotelliste steht. Die Erfahrung sollte es Ihnen wert sein. Akzeptieren Sie dann halt die Übernachtungspauschale, damit wäre die Rechnung für dieses „Abenteuer" auch schon weitgehend beglichen. „Meilen" oder sonstige „Bonus Rewards" gibt es für diese Form der Übernachtung natürlich nicht.

Sie gehen mit Ihrem Partner einmal im Monat zu Ihrem „Lieblings-Griechen" und bestellen immer die Nr. 31 bzw. 42 („... *da wissen wir, was wir haben* ..."), waren eigentlich die letzten Male schon nicht mehr so ganz mit dem Ambiente zufrieden („... *die Gardinen könnten auch mal wieder gewaschen werden* ...") und das Ganze hatte eigentlich schon zunehmend das Empfinden von Pflicht und Routine statt einer „Belohnung" im Alltag? Wer sagt oder wo steht, dass Sie zu diesen Ritualen stehen müssen? Wer oder was hindert Sie daran, sich wieder einmal richtig „flott" anzuziehen, Ihren Partner zum neuen Italiener in der Nachbarstadt zu entführen, von dem neulich die örtliche Presse so überschwänglich berichtet hat? Sie haben die Chance, vielleicht eine neue Lieblingslokalität zu entdecken, in jedem Fall aber die Gewissheit, eine neue und ggf. sogar nachhaltige Erfahrung zu machen, von der sie dann im Freundes- und Kollegenkreis berichten können und die sie selbst noch lange in Erinnerung behalten werden.

Sie waren noch nie im Leben in einer (staatlichen konzessionierten) Spielbank, haben die Geschichten von Hannes und Thomas gelesen und sich gesagt, dass der Besuch eines Casinos doch durchaus mal eine gute und zudem auch spannende Idee sei? Verbinden Sie doch die Vorschläge miteinander. Sie sind doch ohnehin schon chic gekleidet für den Besuch beim „Edel-Italiener". Es spricht daher doch einiges dafür, von dort aus auch noch der Spielbank einen Besuch abzustatten, um den Abend dann wirklich abzurunden und unvergesslich zu machen, oder was meinen Sie? Vermutlich wird sich Ihr Partner über die völlig „neue Art" an Ihnen wundern, dieses aber mit Sicherheit im positiven Sinne. Erläutern Sie ihm, dass dieses definitiv nichts mit irgendeiner Form schlechten Gewissens zu tun hätte, sondern allein dem Umstand geschuldet sei, dass Sie sich vorgenommen hätten, von nun an mehr Ihrem Bauchgefühl zu folgen und dem Grundsatz des „Lebe heute" mehr gerecht zu werden. In der heutigen Zeit wissen wir weniger denn je, ob wir morgen noch die Chance haben werden, diese Ideen, denen wir schon lange nachhängen, verwirklichen und umsetzen zu können.

Ja, es kann sein, dass sich später sagen, dass der Hunderter, den Sie beim Italiener und in der Spielbank gelassen haben, ja eigentlich nicht nötig gewesen wäre, aber seien Sie sicher, dieser Ärger ist schnell wieder verflogen, die Erinnerung an einen absolut großartigen Abend wird hingegen so deutlich nachhaltiger sein, dass Sie davon noch stolz Ihren Enkelkindern berichten werden. Außerdem ist es ja durchaus nicht unrealistisch, dass Sie die Spielbank sogar mit einem Gewinn wieder verlassen, eine spannende, neue Erfahrung ist es allemal.

Absolut treffend formulierte der italienische Schriftsteller Giovanni Boccaccio (1313-1375)

> *„... Es ist besser, zu genießen und zu bereuen, als zu bereuen, dass man nicht genossen hat ...".*

Noch prägnanter beschrieb es der englische Philosoph und Schriftsteller Samuel Butler (1835-1902) indem er anmerkte

> *„... Alle Lebewesen außer den Menschen wissen, dass der Hauptzweck des Lebens darin besteht, es zu genießen ..."*

Kapitel 27 - Der Umgang mit der Unzufriedenheit

Sie ärgern sich schon lange über bestimmte Umstände in Ihrem Leben, trauen sich aber eher nicht, die erforderlichen Änderungen anzugehen, um eben diese Missstände abzustellen? Dann sollten Sie sich zumindest Methoden aneignen, um mit diesen Widrigkeiten besser umzugehen und gelassener mit ihnen zu leben.

Der amerikanische Theologe, Philosoph und Politikwissenschaftler Reinhold Niebuhr (1892 - 1971) hinterließ uns folgende Weisheit, die wir uns allesamt viel häufiger ins Gedächtnis rufen sollten

> *„... God, grant me the serenity to accept the things I cannot change, courage to change the things I can and wisdom to know the difference ..."*

was übersetzt Folgendes bedeutet:

> *„... Gott, gib mir die Gelassenheit, Dinge hinzunehmen, die ich nicht ändern kann, den Mut, Dinge zu ändern, die ich ändern kann und die Weisheit, das eine vom anderen zu unterscheiden..."*

Wenn Sie sich diesen Leitsatz durch Selbstsuggestion (die Vorgehensweise haben Sie im Abschnitt zum Thema „... Erfüllung bedeutet für mich ..." in Kapitel 24 kennengelernt) verinnerlichen und in Ihrem Unterbewusstsein manifestieren, werden Sie schon recht bald feststellen, dass Sie - ohne sich darauf konzentrieren zu müssen - ganz anders, nämlich deutlich gelassener mit den Dingen umgehen können, die Sie bisher so nachhaltig belastet haben. Sie werden eine positive Veränderung an sich feststellen und Ihr persönliches Umfeld wird es Ihnen danken ...

Kapitel 28 - Die unvermeidlichen Schlussworte

Nachdem ich nunmehr dieses Buchprojekt trotz vieler Zweifler in meinem persönlichen Umfeld (was ich ihnen bei einer Laufzeit von rund drei Jahren - mit mehreren schöpferischen Pausen - auch nicht wirklich verübeln kann) tatsächlich zu Ende gebracht habe, ist es auch Zeit für mich, ein Fazit zu ziehen und den Fortgang dieses spannenden Vorhabens in einer Rückschau zu betrachten.

Ich bin einmal mit einer ganz anderen Zielrichtung und Intention gestartet, nämlich der „Abrechnung" mit einem eigenen beruflichen Werdegang gestartet, bin dann aber schon früh zu der Überzeugung gelangt, dass das zum einen niemanden außerhalb des unmittelbaren persönlichen Umfeldes wirklich interessieren würde (und jene bräuchten es nicht zu lesen, weil sie mit den Gegebenheiten ohnehin vertraut sind) und zum anderen niemandem damit geholfen wäre.

So wurde aus der einst geplanten „Abrechnung" ein Appell an Eltern, Jugendliche und potenziellen Berufswechsler, meinen einschneidenden Fehler, nämlich den, nicht der eigenen Intuition, sondern ausschließlich der sogenannten Vernunft und den gesellschaftlichen Konventionen gefolgt zu sein, nicht zu wiederholen. Vielmehr sollten wir dem besten Berater, den wir haben, nämlich unserer ureigenen Intuition viel mehr Gehör schenken und den Mut aufbringen, ihr zu folgen und uns dabei die Chance bewahren, das Glück, die persönliche Berufung zum Beruf zu machen, zu finden.

Es war eine absolut großartige Erfahrung, die Protagonisten, meine „Helden des Bauchgefühls", deren Lebensgeschichte Sie jetzt gelesen haben, kennengelernt zu haben und so unerwartet tiefgehende und persönliche Gespräche mit ihnen führen zu dürfen. Ich bewundere sie alle, weil sie nicht nur geträumt haben, sondern tatsächlich den Mut aufgebracht haben, ihren, in vielen Fällen durchaus auch mit Risiken behafteten, Weg auch wirklich zu gehen.

Nochmals Respekt und Anerkennung für Euren Mut und aufrichtigen Dank dafür, dass Ihr mich daran habt teilhaben lassen.

Keines dieser intensiven Gespräche möchte ich in der Nachschau missen, sie waren alle einzigartig, kurzweilig und nachhaltig. Sie haben mich stets darin bestärkt, weiterzumachen und meinen Strauß an bauchgesteuerten, glücklichen Lebensgeschichten zu erweitern. Deshalb ist auch keine der Geschichten „herausgefallen", auch wenn das bei der Häufung der Geschichten aus der Berufsgruppe der Flugbegleiter vielleicht geboten erscheint. Nein, alle Protagonisten aus dieser Sammlung haben mit ihrem ureigenen, individuellen Werdegang den gleichberechtigten Anspruch, sich hier wiederzufinden.

Selbst wenn ich diesen Verlag nicht gefunden hätte und das Buch nie erschienen wäre, würde ich das Projekt - aus meiner Sicht - nicht als gescheitert oder verlorene Zeit betrachten.

Die Horizonterweiterung, die mein Leben durch den Kontakt mit den „Helden des Bauchgefühls", erfahren hat, wäre „Lohn" genug gewesen. So aber kann ich mit der Veröffentlichung meines „Ratgebers" hoffen, dass sich der eine oder andere unter Ihnen vielleicht nunmehr auch motiviert fühlt, unseren Protagonisten zu folgen und dem eigenen Bauchgefühls Gehör zu schenken.

Ja, natürlich muss ich einräumen, dass es keine Garantie dafür gibt, dass Sie mit einem solchen mutigen Schritt, wie ihn die Protagonisten unserer Bauchgefühl-Lebensgeschichten begangen haben, immer und in jedem Fall Ihre Berufung und Ihr Glück finden.

Ja, es gibt ein „Restrisiko", das Erich Kästner in der verblüffend einfachen Weisheit

„... Leben ist immer lebensgefährlich ..."

treffend formuliert hat, aber eben auch die große Chance, das Glück unserer Protagonisten, die Berufung zum Beruf zu machen, zu teilen. Sie werden es nie erfahren, wenn Sie es nicht probieren und werden sich später - wie so viele andere, mich eingeschlossen - darüber ärgern, diesen Mut eben nicht aufgebracht zu haben.

Gerne wiederhole ich an dieser Stelle die Losung des italienischen Schriftstellers Giovanni Boccaccio (1313-1375), die ich bereits zuvor zitiert habe:

„... Es ist besser zu genießen und zu bereuen, als zu bereuen, dass man nicht genossen hat ...".

Im übertragenen Sinne hat doch diese uralte These durchaus auch einen treffenden Bezug zu unserem Thema, oder?

Sie kommen aber nicht umhin, selbst den ersten Schritt machen zu müssen, den Blick in die Kristallkugel, um das Gelingen Ihres Vorhabens schon vorab zu sehen, gibt es nicht, was der dänische Philosoph und Theologe Søren Kierkegaard (1813–1855) mit seinem bekannten Zitat

„... Das Leben kann nur in der Schau nach rückwärts verstanden, aber nur in der Schau nach vorwärts gelebt werden ..."

sehr einprägsam zum Ausdruck gebracht hat.

Lassen Sie mich schließen mit einer Passage aus dem Buch „Raus aus den alten Schuhen" des Psychologen Robert Betz (geb. 1953), das unter der ISBN 978-3-453-70304-9 im Heyne Verlag erschienen ist.

„... Erst wenn ich immer wieder still werde und lausche, erhalte ich Zugang zu der größten Quelle von Wissen und Weisheit. Dein Herz hat den direkten Zugang zur größten Datenbank der Welt, zum All-Wissen in dir und es ist nur allzu bereit, dich zu führen. Nur müssen wir dafür auch die Bedingungen schaffen, unter denen es möglich wird, zu lauschen und zu verstehen.

Während der Verstand versucht, uns einzureden, dafür wäre keine Zeit bei all unseren Plänen und Checklisten, spricht das Herz eine andere Sprache. Wer sich am Morgen und am Abend dreißig Minuten in die Stille zurückzieht, der öffnet einen Kanal, der anderen verschlossen bleibt. Er öffnet die Tür für Inspiration und intuitives Wissen. Er erhält mehr und mehr Signale, Ideen und Bilder aus dem Inneren. Ich selbst bin immer wieder erstaunt, wie viele Anregungen ich für mein Leben und meine Arbeit aus diesen Zeiten der Stille schöpfe ...".

Ich wünsche Ihnen, dass Sie diese Muße und Stille für sich finden, um Kraft, Intuition, Ideen und Visionen für sich, Ihre Partnerschaft, Ihre Familie, Ihr Leben und Ihre ganz persönliche Berufung zu finden!

Kapitel 29 - Sie sind selbst ein „Held des Bauchgefühls"?

Sie haben die Bauchgefühl-Lebensgeschichten unserer Protagonisten gelesen und sind für sich zu der Erkenntnis „... *da hätte ich doch mit meinem Lebensweg auch gut reingepasst* ..." gelangt oder kennen jemanden, der es auch „verdient" hätte, mit der eigenen Geschichte zum „Helden des Bauchgefühls" zu werden und Teil einer solchen Sammlung zu sein?

Prima, darüber freue ich mich. Wenden Sie sich - natürlich nur, wenn Sie mögen und damit einverstanden wären, mit Ihrer Geschichte Eingang in diese Sammlung zu finden - doch bitte mit Ihren Kontaktdaten und ein paar Stichworten zu Ihrer „Geschichte" per E-Mail direkt an mich (andreas.kakerbeck "at" t-online.de) oder auch postalisch an den Verlag, der dann Kontakt mit mir aufnimmt und Ihr Ansinnen an mich weiterleitet.

Ich kann mir gut vorstellen, eine Fortsetzung zu schreiben, wenn genügend neue „Bauchgefühl-Lebensgeschichten auf diesem Wege zusammenkommen. Fest versprechen kann ich es an dieser Stelle aber noch nicht. Schauen wir mal, was mein Bauchgefühl dann zu mir sagt ...

Danksagungen

Diese Danksagung richtet sich an alle, die mir in den unterschiedlichsten Entwicklungsphasen bei der Entstehung dieses Buches mit Rat und Tat in mannigfaltiger Art und Weise geholfen haben und somit entscheidend mit dazu beigetragen haben, dieses Werk in der vorliegenden Form vollenden zu können. Mein ganz besonderer Dank gilt hierbei:

Cornelia

die mir in mehreren, intensiven Gesprächen die Methoden und „Werkzeuge" vermittelt hat, die es mir ermöglicht haben, den nach innen gerichteten Blick zu wagen, um mir selbst meiner wirklichen, tieferliegenden Wünsche und Visionen - mit erstaunlichen Ergebnissen - bewusst zu werden und mich in ihrer ganz besonderen Art nachhaltig darin bestärkt hat, dieses Buchvorhaben auch tatsächlich umzusetzen und dabei den Tenor entscheidend mit beeinflusst und mir eine Vielzahl redaktioneller Hinweise geliefert hat

Dagmar

meiner Frau, die mir überhaupt erst den Blick auf ganz andere und viel bedeutendere Lebensinhalte öffnete, mir nachhaltig vermittelt hat, dass das „Carpe Diem" nicht nur ein dekorativer Schriftzug im Hausflur ist, mich in der Idee, meine Träume hier und jetzt zu leben, aufrichtig, authentisch und kontinuierlich unterstützt hat, mir viele Denkanstöße im Sinne des „Lebe heute" gegeben und mir regelmäßig die Tritte in den Allerwertesten verpasst hat, ohne die dieses Buch wohl nie fertiggestellt worden wäre

Yasmin

die mir mit ihrer genialen Idee und tatkräftigen Unterstützung den Weg ausgeleuchtet hat, auf dem ich im weiteren Verlauf einige der Protagonisten kennenlernen durfte, die mit ihrer individuellen, intuitiv gesteuerten Lebensgeschichte den Kern dieses Buches ausmachen und uns allen aufgezeigt haben, dass wir unseres eigenen Glückes Schmied sein können, wenn wir denn unserer Intuition, als bestem Berater, den wir haben, mehr Gehör schenken würden

und natürlich meiner Lektorin Carina, die dieses Werk akribisch durchgearbeitet, ihm den letzten Schliff gegeben und es mit brillanten Formulierungsvorschlägen lesbar gemacht hat sowie Theresa, meiner Autorenbetreuerin im Hause tredition, die mich mit Engelsgeduld und vielen technischen Tipps in die Lage versetzt hat, das etwas chaotische Manuskript in druckfähige Vorlagen zu transformieren.

Mein aufrichtiger Dank gilt Euch Allen!

Quellen- und Literaturverzeichnis

Literarische Quellen:

Susan Friedrich: „Zur eigenen Berufung finden" in „Natur und Heilen" Ausgabe 11/2014).

Bas Kast: „Wie der Bauch dem Kopf beim Denken hilft - Die Kraft der Intuition" (Fischer Verlag ISBN 978-3-596-17451-5)

Gerd Gigerenzer: „Bauchentscheidungen – Die Intelligenz des Unbewussten und die Macht der Intuition" (C. Bertelsmann Verlag ISBN: 978-3-442-15503-3)

Robert Betz: „Raus aus den alten Schuhen" (Wilhelm Heyne Verlag ISBN 978-3-453-70304-9)

Cornelia Cornels-Selke: „Die Welt ist schön – Begleitende Briefe durch das Jahr" (ISBN 978-3-00-044257-5)

Jannike Stöhr: „Das Traumjob-Experiment – 30 Jobs in einem Jahr"; Eichborn Verlag, ISBN 978-3-8479-0606-3

Online Quellen:

http://www.berufsreport.com/flugbegleiter-markenbotschafter-hoch-ueber-der-erde/

http://www.karrierebibel.de

http://lebenskarriere.com

http://www.lernologie.de

http://www.welt.de/gesundheit/psychologie/article2416185/Bauchgefuehl-siegt-ueber-Berechnung.html

https://jannikestoehr.com/

Fotos:

Andreas Naujoks
https://www.fotocommunity.de/fotograf/1boller/2208145